O ELO PERDIDO

Carmen Migueles
Marco Tulio Zanini
ORGANIZADORES

O ELO PERDIDO

Cultura, produtividade e competitividade

FGV | EBAPE EDITORA

Copyright © 2021 Carmen Migueles; Marco Tulio Zanini

Direitos desta edição reservados à
FGV EDITORA
Rua Jornalista Orlando Dantas, 9
22231-010 | Rio de Janeiro, RJ | Brasil
Tels.: 0800-021-7777 | 21-3799-4427
Fax: 21-3799-4430
editora@fgv.br | pedidoseditora@fgv.br
www.fgv.br/editora

Impresso no Brasil / *Printed in Brazil*

Todos os direitos reservados. A reprodução não autorizada desta publicação, no todo ou em parte, constitui violação do copyright (Lei nº 9.610/98).

Os conceitos emitidos neste livro são de inteira responsabilidade dos autores.

1ª edição: 2021

COPIDESQUE: Sandra Frank
EDITORAÇÃO ELETRÔNICA: Abreu's System
REVISÃO: Adriana Alves | Fatima Caroni
CAPA: Estúdio 513

Dados internacionais de Catalogação na Publicação
Ficha catalográfica elaborada pelo Sistema de Bibliotecas/FGV

> O elo perdido : cultura, produtividade e competitividade / Carmen Migueles, Marco Tulio Zanini (organizadores). – Rio de Janeiro : FGV Editora, 2021.
> 252 p.
>
> Inclui bibliografia.
> ISBN: 978-65-5652-038-4
>
> 1. Desenvolvimento organizacional. 2. Cultura organizacional. 3. Desempenho. 4. Inovação. 5. Concorrência. I. Migueles, Carmen Pires. II. Zanini, Marco Tulio Fundão. III. Fundação Getulio Vargas.
>
> CDD – 658.406

Elaborada por Amanda Maria Medeiros López Ares – CRB-7/1652

Sumário

Introdução   7
    Carmen Migueles e Marco Tulio Zanini

1 **Cultura e resultados:
entendendo as relações causais para avançar**   41
    Carmen Migueles

2 **Confiança como ativo da cultura organizacional**   83
    Marco Tulio Zanini

3 **Confiança: o desafio intangível da competitividade brasileira**   105
    José Roberto Vieira de Resende

4 **Variáveis culturais e desempenho organizacional:
uma jornada em busca da relação entre variáveis**   161
    Grace Aparecida de Oliveira Melo

5 **Inovação e diversidade:
sugestões de ganhos de competitividade**   183
    Alexandra de Lauro Paiva

6 **Agilidade e antifragilidade:
navegadores para um mundo VICA**   217
    Jose Mauro Gonçalves Nunes

Autores   247

Introdução

Carmen Migueles e Marco Tulio Zanini

Este livro, de muitas maneiras, é o resultado da busca por compreender e desvendar o enigma da baixa competitividade do Brasil no cenário global e a dificuldade de resolver problemas internos às nossas organizações que se apresentam como entraves à prosperidade. É a "busca pelo elo perdido" que possa conectar nosso potencial como nação a nossa capacidade de produzir riquezas com resultados desejados por todos. Há uma grande interrogação sobre o país: temos abundantes riquezas naturais, uma grande quantidade de pessoas com excelente qualificação, mas amargamos posições ruins nos *rankings* globais de competitividade, produtividade e inovação.[1]

Vivemos nos perguntando sobre a razão, sobre as causas, em busca de explicações e saídas. Recentemente, a ideia de que o problema estaria na qualidade da educação e nos baixos investimentos em infraestrutura dominaram e ainda dominam nossa imaginação, e parecemos tão convencidos disso que não investigamos outras possibilidades. Mas o fato é que outros países, com menos gente qualificada, menos recursos para investimentos e com desafios climáticos e geográficos muito maiores que os nossos, vêm avançando mais rapidamente. Uma breve olhada nos *rankings* globais de inovação e de competitividade revela isso.

Na última edição do *ranking* global de inovação 2018,[2] o Brasil aparece em 66º lugar no índice de eficiência da inovação em um comparativo de 129 países, ou seja, bem no meio da tabela. Mas temos uma população

---

1 Ver Wipo (2019), WEF (2019) e OECD (2019).
2 Ver Cornell University, Insead e Wipo (2019).

educada muito maior do que muitos que estão em nossa frente, uma economia com mais recursos e uma infraestrutura de pesquisa maior. Temos um grande número de mestres e doutores e uma grande parcela da população com educação de nível superior. Apenas cursando a graduação no Brasil, em 2018 tínhamos 8,3 milhões de estudantes, o que corresponde a uma vez e meia a população da Finlândia, que aparece em 11º lugar no *ranking*, com um número absoluto de registros de patentes aprovadas muito maior do que o nosso. Comparado com esse pequeno país, nosso número de mestres e doutores equivale a mais de 20% de sua população total. Como pode um país com uma população de 5.513.000 habitantes, ou seja, menor do que o município do Rio de Janeiro, produzir mais patentes do que um país com quase 210 milhões de pessoas e com muito mais cientistas? Ficamos atrás de países como Grécia, Rússia, Chile, Índia, México, Irã, Uruguai e África do Sul.[3]

De 2017 para 2018, o Brasil não avançou. Ficamos em 21º lugar em número absoluto de patentes. Na comparação com os países de renda média para alta, ficamos em 16º lugar, atrás da China, Índia e Rússia; 5º na região da América Latina e Caribe, atrás do Uruguai, México, Costa Rica e Chile.

No *ranking* de competitividade, estamos em 8º lugar na América Latina. Sim! Oitavo na América Latina e na 71ª posição global. O primeiro lugar no continente é do Chile, na 33ª posição. O que mais nos mantém nessa posição é a baixa qualidade das nossas instituições. A pergunta que não quer calar é: por quê? Seguida de: o que podemos fazer sobre isso? O índice compara países por meio de vários indicadores, que são: instituições, capital humano, infraestrutura, sofisticação do mercado, sofisticação dos negócios, resultados de conhecimento e tecnologia e resultados criativos. O Brasil vai bem em sofisticação de negócios e no capital humano, mal em instituições, sofisticação do mercado e em produção de criatividade

---

3 O índice é composto pela média ponderada entre o valor com que o país é avaliado em 13 itens. E o *ranking* é a posição dele comparado com os outros países. Estes são números referentes a 2018.

(marcas registradas e produtos culturais). O índice de eficiência mostra que gastamos muito dinheiro para produzir pouco conhecimento. Há ilhas de excelência: a USP é uma das 10 universidades mundiais que mais registram patentes. Por que não aprender com o que dá certo com ela?

Há algum tempo, correu um texto na internet: uma piada daquelas que fazemos sobre nós mesmos. Era sobre o que aconteceria com o Brasil se trocássemos de território com os japoneses. Na brincadeira, a conclusão era a de que em pouco tempo o Brasil seria um país riquíssimo. Mas o Japão andaria para trás. A "graça" da piada está no fato de que muitos concordam. Temos isso de bom: somos capazes de rir dos nossos problemas. Esse exemplo é uma evidência de que reconhecemos, formal e informalmente, a relevância "dos fatores humanos" e da "cultura" como determinantes do sucesso das nações e das organizações dentro delas. De alguma forma, reconhecemos que há algo na forma como pensamos e trabalhamos que traz resultados indesejáveis. Mas não investimos tempo e esforço em compreender isso melhor. E esse talvez seja o fator que mais nos prenda nessa posição. Se entendermos claramente o que nos prende, poderemos agir sobre isso. Este livro pretende ser uma contribuição nessa direção.

Ora, se há fatores dessa natureza que têm o poder de manter uma nação inteira presa a círculos viciosos que impedem os avanços, precisamos compreendê-los! Poucos esforços nos parecem mais relevantes do que esse. Ganhos de produtividade, competitividade e inovação significam mais dinheiro para resolver nossos problemas de pobreza persistente, da falta de acesso à saúde, da exclusão de milhões de crianças de uma educação de qualidade e da redução da degradação do meio ambiente, que demanda investimentos no tratamento de esgotos e efluentes e novas tecnologias, abrindo espaço para o futuro que desejamos. Ao compreender de forma objetiva a natureza desses fatores, podemos ver como superá-los.

Sabemos que cultura faz diferença. Sabemos que japoneses, alemães, ingleses, mexicanos e brasileiros são muito diferentes entre si. Sabemos que há uma relação direta, inegável, entre cultura, instituições e desenvolvimento econômico.[4] Mas avançamos pouco em entender as relações de causalidade. Há uma série de paradigmas de pensamento em pesquisa que dificultam esse avanço. E há também o fato de que países que estão indo melhor estão convencidos de que têm a cultura certa e que, se melhorar a comunicação entre indivíduos, os poucos problemas restantes se resolverão. Há uma relação entre cultura e identidade muito grande. E, se as coisas estão dando certo, é fácil desenvolver certo tipo de "narcisismo cultural", muito próximo da ideia de superioridade cultural e que dá uma sensação confortável de pertencer ao time certo. Mas um livro como este, voltado para o público em geral, de diferentes profissões e formações, com maior ou menor interesse acadêmico, não é o lugar para discutir esses paradigmas. Há um número muito grande de estudos sobre cultura, suas definições e os desafios da pesquisa aplicada sobre o tema. Para quem tiver interesse em um mergulho conceitual, disponibilizo aqui esses outros textos e completo com referências no fim deste capítulo (Migueles, 2004).

A nossa proposta aqui é construir um texto não para o especialista em estudos culturais, mas para os especialistas e interessados em gestão. Pensamos em algo análogo ao que fez o Yuval Noah Harari (2017) com seu livro *Sapiens* e demais trabalhos: compartilhar a macrovisão sobre o desafio da antropologia aplicada que, embora ancorada em pesquisas, se desprende desta para permitir um olhar mais geral. Aqui, proponho mergulhar naquilo que consideramos o maior desafio de cultura para ganhos de produtividade, competitividade, inovação e segurança: garantir o alinhamento necessário, dentro das organizações, que permita que a comunicação e a colaboração sejam efetivas, de modo que as pessoas possam, de fato, fazer o que é necessário para que o conjunto das ações traga mais resultados. E de modo que seja possível desenvolver o sentimento de pertencimento, que garanta o engajamento e comprometimento, e a clareza de que há ganhos para todos nos arranjos

---

4 Ver North (1990); Ostrom (1990); Williamson (1996); Casson (1997); Zak e Knack (2001).

econômicos que impulsionam a cooperação para resultados melhores. Isso é fundamental para a capacidade de formular e agir de acordo com uma visão de médio e longo prazos, que é pré-requisito para a meritocracia que gera valor sustentável e melhor gestão de riscos, e que é também a base para o desenvolvimento das organizações e dos arranjos produtivos. Em síntese, a essa capacidade de gerar alinhamento pela formulação de uma visão comum no tempo, abrindo espaços para uma comunicação efetiva, e a subsequente capacidade de implementar as ações de forma eficiente, somando inteligências e esforços, chamamos de coordenação informal. Muitos chamam de cultura. Mas preferimos esse nome para dar foco no que realmente importa.

A cultura na gestão empresarial

Em 1938, Chest Barnard, um executivo, escreve um livro que se transforma em um clássico nos estudos de administração. E ele chama esse livro de *As funções do executivo*. Uma questão fundamental está no coração desse trabalho: como resolver o desafio da cooperação e da colaboração nas organizações? Como garantir que as pessoas estejam integradas e engajadas em um esforço conjunto orientado para o sucesso? Essas perguntas não estão adequadamente respondidas até hoje. A questão da cultura permanece no centro dessa questão como uma "caixa-preta" a ser investigada.

Em busca desse alinhamento e dessa colaboração, muitas empresas brasileiras gastaram muito dinheiro com projetos de cultura que não produziram resultado algum. Grace Melo, que escreve nesta coletânea, era executiva de recursos humanos de uma grande empresa brasileira de transporte de óleo e gás e não estava convencida de que investimentos nesses projetos retornariam de forma clara. Antes de mergulhar de cabeça na proposta mais bonita, ela decidiu fazer um mestrado executivo para entender as relações de causalidade que justificariam investimentos nessa área. Em nossa primeira conversa, eu no papel de sua orientadora acadêmica, ela me disse, literalmente:

Não estou confiante em alocar recursos dos acionistas em algo que eu não consigo explicar como vai retornar. E as explicações são muito vagas. A minha sensação é a de que estou comprando "terreno na Lua". E não me sinto confortável em fazer isso com o dinheiro dos outros [informação verbal].

Os resultados dessa investida acadêmica, pouco animadores, ela publica aqui. Apesar de esse tema ter surgido nos anos de 1980, o que já soma cerca de 40 anos de pesquisa nessa área, a relação de causa e consequência, básica para um bom diagnóstico, não está claramente estabelecida na literatura acadêmica nacional e internacional. Muitos acreditaram que o alinhamento de valores e crenças traria resultados excepcionais. Isso não se confirmou. Essa era a promessa na década de 1980, quando surgiram os primeiros trabalhos sobre o assunto. Faltou compreender os pré-requisitos para que isso funcionasse. E faltou o desenvolvimento de metodologias adequadas para resolver os problemas reais que se colocam para avançar nesse tema. Sobram explicações místicas no mercado sobre o que funcionaria em projetos de cultura organizacional. E gente disposta a acreditar nelas. Há muitas razões para isso. Inclusive erros conceituais consideráveis. Mas as principais, no estado atual das pesquisas, analisamos aqui.

Os pesquisadores de cultura, na academia, na falta de resultados mais animadores, acabaram por migrar para estudos de diversidade, inclusão e internacionalização e deixaram a questão de resultados de lado. A exceção foram os pesquisadores de segurança e gestão de riscos. Influenciados pelas descobertas das empresas aéreas, de que a "distância de poder" oriunda da cultura nacional afetava o grau de diferença hierárquica entre piloto e copiloto na cabine de comando e era a principal causa de "erro humano" nos grandes acidentes aéreos, passaram a olhar para a cultura com mais cuidado. As escutas das caixas-pretas das aeronaves ofereciam evidências de que, em culturas mais hierárquicas, o copiloto demorava mais para apontar problemas e quando o fazia era demasiadamente sutil. Quando o problema finalmente era compreendido pelo piloto, já se havia perdido um tempo precioso para evitar a catástrofe. Essa distância hierárquica, que está para além da hierarquia formal, é medida como "distância de poder" nos trabalhos de cultura comparada de Geert Hofstede, que desde o fim da década de 1960 vinha (pois faleceu agora, em 2020) lapidando indicadores para a comparação entre culturas (Hofstede, 2001). Recentemente, vem se descobrindo que esse indicador está por trás não só de causas ocultas de acidentes, impactando negativamente a gestão de risco, mas também responde pelas dificuldades culturais de avançar com a inovação, qualidade e governança. Sua combinação com outros elementos da cultura, que Carmen Migueles trata no primeiro capítulo, explica muito das nossas dificuldades.

Poucos sociólogos e antropólogos se dedicam ao tema. Há trabalhos clássicos, como os de Andrew Hoppkins, que analisa o efeito da cultura sobre os acidentes, e de Diane Vaughan, que por anos se debruçou sobre os acidentes da Nasa que redirecionaram os esforços de pesquisa. Mas o silêncio sobre os desafios de países com problemas mais complexos e sistêmicos, como o nosso, é impressionante na literatura. Para além de uns poucos trabalhos, esparsos e sem diálogo com pesquisas similares de outros países, simplesmente não há pesquisa suficiente sobre o tema.

Nosso interesse pela pesquisa na relação entre cultura e segurança começou com um convite para entender as causas de grandes acidentes em uma grande empresa brasileira em torno do ano 2000. A empresa havia feito tudo o que parecia necessário do ponto de vista da tecnologia, do desenho de processos ao treinamento para evitá-los. Havia contratado uma das empresas de consultoria mais reconhecidas globalmente pela qualidade do seu modelo de gestão de riscos e eliminação de acidentes. Ainda assim, quatro acidentes de grande magnitude ocorreram após esses investimentos. Havia uma pergunta que rondava como um fantasma todas as conversas. Por quê? O que nos faltou fazer? Quem estava ao lado dos executivos e demais empregados da empresa podia verificar que essa dúvida era real. Havia algo que estava para além do conhecimento disponível e que havia escapado a todos. Os enormes esforços não haviam sido suficientes para impedir o acúmulo de falhas que levou aos acidentes.

Por outro lado, observando as posições dos órgãos reguladores e da imprensa, havia a insinuação, ou a afirmação de fato, de que a "empresa" — ente abstrato ao qual todos atribuíam responsabilidades — havia falhado ou por má índole (havia se eximido de fazer os investimentos necessários) ou era incompetente ou omissa. Acusações vinham de todos os lados. As comunidades do entorno falavam na imprensa de suas dores e perdas. Os dramas humanos dos acidentes eram observáveis. Indesejados. Inaceitáveis. Isso não se discutia. Por outro lado, grupos de oportunistas pareciam surgir de todos os buracos e bueiros como lideranças autoproclamadas da defesa dos interesses dos afetados e do meio ambiente. As comunidades, traumatizadas, tinham ainda de descobrir como se desvencilhar dos urubus que buscavam tirar um naco da desgraça alheia e que dificultavam enormemente o bom andamento das negociações de reparação. E as equipes internas tentavam compreender o que havia acontecido. Depois de quase seis meses de observações e entrevistas, entregamos um relatório especificando os fatores que, em nossa observação, haviam contribuído para o ocorrido. Parte desse relatório foi posteriormente transformada em livro (Migueles, Lafraia e Costa, 2007).

De lá para cá, nossas pesquisas continuaram. E parte do resultado que compartilhamos aqui é o produto delas. Resultado de pesquisas como se faz no Brasil: como dá. Entre trabalhos de consultoria, preparação de aulas e orientação de teses que não se consegue costurar adequadamente pela falta de recursos que permitam a continuidade do trabalho de forma sistemática. Pesquisa no Brasil é mais produto da boa vontade e dedicação do que de recursos e profissionalização. E isso é parte do problema que enfrentamos hoje. Não raro, se adapta a pesquisa a algum edital, com regras que, em nossa experiência, mais atendem às restrições de equipamentos e espaço das universidades federais do que aos objetivos e méritos do projeto da pesquisa propriamente dita. E com uma escassez de recursos privados só comparável com a percepção de que pesquisa que não seja estritamente voltada para a engenharia e desenvolvimento tecnológico não serve mesmo para muita coisa. Há muito o que fazer. A visão de pesquisa aplicada no Brasil é muito rasa.

A grande maioria das pessoas com as quais interagimos fora do mundo acadêmico parece acreditar que no Brasil não se sabe fazer isso. Ponto. Mas essa visão é produto dos mesmos fatores culturais que operam dificultando o desenvolvimento de soluções adequadas em várias áreas. Ainda assim, consideramos os resultados animadores.

Nós conseguimos, apesar das dificuldades, encontrar as relações de causalidade que nos permitem explicar onde os esforços se perdem. E este livro é um esforço para compartilhar esses resultados e conseguir ampliar o debate para aumentar a capacidade dessa descoberta e fazer alguma diferença prática.

Apesar dos esforços dos pesquisadores da área de gestão de riscos e segurança do trabalho, os resultados ainda são genéricos e superficiais.[5] Alguns poucos estudos mostram evidências de impactos negativos de alguns traços de culturas nacionais em acidentes aéreos. No entanto, não existem estudos suficientes para estabelecer relações de causalidade mais precisas. A maioria dos estudos busca encontrar correlações estatísticas entre dimensões das culturas nacionais e os acidentes. Faltam, no entanto, estudos empíricos demonstrando essas relações em situações concretas. E embora os números indiquem que as correlações refletem um problema real com graves consequências, poucos sociólogos e antropólogos se dedicam ao tema.

Esses trabalhos clássicos, dos quais falamos anteriormente, redirecionaram os esforços de pesquisa. Mas o silêncio sobre os desafios de países com problemas mais complexos e sistêmicos, como o nosso, é impressionante na literatura. Para além de uns poucos trabalhos, esparsos e sem diálogo com pesquisas similares de outros países, simplesmente não há pesquisa suficiente sobre o tema. As dificuldades de avançar são enormes. Além da falta de recursos de pesquisa típica em países como o nosso, encontramos o desafio de dialogar com os pesquisadores dos países que estão indo melhor, pois os comitês

---

5 Ver Weick (1990); Weener e Russell (1994); Merriti e Helmreich (1996); Soeters e Boer (2000); Li e Harris (2005); Koc (2013); Alam (2015).

editoriais das grandes revistas acadêmicas internacionais acham que os temas relativos aos nossos problemas "estão fora" do interesse dos pesquisadores que criaram as revistas e seus públicos-alvo.

No entanto, se levarmos em conta só os países dos Brics, mais do que 40% das pessoas do planeta vivem sob arranjos institucionais que estão "fora do interesse" desses pesquisadores.

Se somarmos a isso toda a África subsaariana, o Sudeste asiático e o Oriente Médio, veremos que as descobertas e o interesse das revistas científicas de ponta em gestão são relativos ao que, em tese, funcionaria em uma porção muito pequena das sociedades humanas do planeta, que são as que conseguem levantar recursos de pesquisa para estudar seus problemas. Logo, aquilo que afeta a maior parte das sociedades do planeta permanece oculto pela falta de estudos, pela falta de recursos e pela falta de interesse.

Ao tentar explorar melhor essa ideia, entender o que está por trás dela, observamos que a própria crença de que não há nada que possamos fazer sobre isso é a primeira barreira com a qual precisamos lidar. A ideia de que isso é produto da história e da cultura e não há o que se possa fazer é o primeiro falso paradigma a ser superado. Como não é possível compreender a cultura de uma nação sem uma visão sistêmica, olhando para o conjunto das variáveis de forma integrada, o fatalismo expresso na crença de que não há nada a fazer é o primeiro elemento a ser desconstruído para avançar. Há muito o que se pode fazer. E compreender as causas ajuda bastante nesse começo.

Fatores culturais como passivos intangíveis

Há fatores de cultura nacional que nos prendem em arranjos que podem ser mudados. E a boa notícia é que, como esses fatores são produtos do nosso modelo mental, não precisamos de muito para mudar, a não ser nos repensar e costurar alianças para dar suporte às mudanças. O que isso demandará de nós é visão de médio e longo prazos e algum investimento de tempo. Mas os retornos prometem ser desproporcionalmente maiores do que esses investimentos. Talvez devido a uma certa complacência com nossa situação, nossos vícios fatalistas e vitimistas (não é raro ouvir as pessoas se colocando como vítimas desse arcabouço econômico, político e institucional que nos impede de avançar), nunca tenhamos parado seriamente para estudar o papel da cultura na construção dos mecanismos de coordenação de que precisamos. Inclusive das nossas instituições, das quais, com razão, tanto reclamamos.

A proposta de olhar os desafios de competitividade, produtividade e inovação pela cultura é exatamente esta: examinar nossos modelos mentais e encontrar saídas para esses entraves. Modelos mentais dão forma a arranjos políticos e institucionais e a maneiras de pensar e trabalhar dentro das hierarquias. E essas maneiras de pensar podem mudar, se enxergarmos com clareza o que precisa ser revisto. Nos sabotamos muito. Um mergulho mais acadêmico é importante para que tenhamos bases sólidas sobre as quais nos apoiar.

Este livro pode ser pensado como um barco flutuando sobre as águas e os autores como mergulhadores: olhando em volta, temos uma visão geral dos desafios que compartilhamos. Mas, em alguns momentos, é necessário saltar do barco rumo ao fundo para ver o que está lá nos impedindo de avançar. A opção por desenvolver o livro nesse formato está relacionada a nossa observação de que o tema não é novo, mas nem por isso foi estudado adequadamente. Esse tema tem sido visto como um livro depositado sobre uma estante para a qual olhamos frequentemente, sobre o qual muito ouvimos falar, mas sem que nunca, de fato, tenhamos parado para ler. Sabemos que há algo ali que nos interessa, mas com o tempo perdemos o interesse por abrir. É hora de abri-lo. E descobrir as imensas possibilidades que guarda.

A relação entre a cultura, a arquitetura das nossas instituições e a forma como elas operam é direta, em muitos momentos parece determinista. Por saber disso, não abandonamos o tema totalmente. Desde a década de 1980, é comum ver as empresas investindo em projetos de "cultura organizacional". Mas nossas pesquisas mostram que o tema nunca foi levado a sério com a complexidade que merece, nem tratado com o potencial que traz para os resultados. Presos na crença de que esse tema é coisa menos relevante, compraram-se inúmeras soluções superficiais. Há muito "produto" de consultoria nessa área, em que cultura é tratada quase como entretenimento, como desenvolvimento da consciência individual ou como fator de "iluminação pessoal", que não resistem às perguntas mais básicas, como: qual é o resultado esperado desses esforços? Ou ainda: como podemos acompanhar e medir os resultados dos esforços de implementação? Se cultura e liderança são duas faces de uma mesma moeda, nossos problemas com a cultura não podem ser outra coisa que não o reflexo de como pensamos ou entendemos os desafios de liderança.

A falta de estudos estabelecendo relações de causa e efeito sobre o tema dificultou o desenvolvimento de lideranças para a gestão da mudança. Alguns tentaram avançar, mas pouquíssimos conseguiram. Por quê? Se há algo que séculos de desenvolvimento científico nos auxiliaram a entender é que fenômenos empíricos devem ser pensados e trabalhados a partir de evidências. A falta de evidências é um tipo de apelo à intuição e à alquimia. E líderes sabem que isso dificilmente traz resultados consistentes.

Aceitamos a compra de produtos de consultoria com cara de "terrenos na Lua" e "cortinas de fumaça" talvez por duas razões: (1) porque a maioria dos gestores é egressa da área de engenharia ou economia; logo, o custo pessoal de estudar e entender o tema é grande demais, pois teriam de se dedicar ao estudo de outras ciências e isso escapa a suas funções; (2) porque a literatura afirma de forma tão contundente que o tema é importante, que parece pouco inteligente contrariar sem provas. Mas no fundo raríssimos são aqueles, dentro e fora das organizações, que acham que esse tema merece de fato todo o esforço necessário para ser devidamente levado a sério. O estudo e os trabalhos de cultura entraram para o rol das "fofices organizacionais", aquilo que fazemos para mostrar que valorizamos as pessoas.

Após três décadas de pesquisa sobre cultura como um fator de coordenação informal, conseguimos isolar os fatores culturais que impedem a evolução da cooperação entre nós no Brasil. Este livro apresenta esses resultados. Mas, diferentemente da maioria dos livros sobre esse tema, que apresentam soluções fáceis sobre como motivar as pessoas a agir orientadas por valores ou como transformar a cultura de uma organização se comportando de acordo com o que os líderes pregam, vamos mergulhar na natureza do desafio. Ao descobrir as relações de causalidade, conseguimos ver mais facilmente as estratégias de solução que precisamos desenvolver para aprimorar a qualidade da integração interna. Mas tudo o que podemos prometer é que o sucesso na gestão dessa mudança dependerá de esforços consistentes dos gestores e do suporte político e financeiro dos conselhos de administração.

Nossas pesquisas hoje comprovam que os fatores intangíveis, como confiança e cultura, são os que melhor explicam as baixas produtividade e competitividade das organizações brasileiras. E os resultados são promissores desde o nível mais macro, em que encontramos forte correlação entre a baixa competitividade e a baixa confiança utilizando e cruzando indicadores globais (ver capítulo 3, de José Roberto Vieira de Resende), até o nível mais micro, em que conseguimos isolar os fatores de gestão que, internamente na firma, geram inúmeras perdas não mensuráveis (ver capítulos 1, de Carmen Migueles, e 2, de Marco Tulio Zanini). Para as organizações, as perdas decorrentes de não tratar desses fatores são altas. Alexandra de Lauro Paiva mostra, no capítulo 5, a relação entre diversidade e competitividade e como, ao politizar o tema, perdemos o foco no que mais importa.

As análises dos baixos impacto e retorno dos investimentos em educação e infraestrutura em produtividade e competitividade mostram que, embora para o senso comum esses sejam os fatores críticos para a alavancagem da nossa economia, os fatores críticos de fato são internos às nossas organizações, por um lado, e externos na forma como as organizações e as lideranças empresariais interagem com o ambiente externo. Naturalmente, a qualidade das instituições e a incerteza decorrente têm impactos negativos significativos sobre os riscos e decisões empresariais. Mas a pergunta permanece em relação à permanência dessas inadequações ao longo do tempo. Há muito espaço de atuação para empreendedores, gestores e demais lideranças que compreendem essas oportunidades. José Roberto Vieira de Resende analisa essa questão no capítulo 3.

Confiança como capital social empresarial

Em um trabalho que influenciou muitos estudos posteriores, Robert Putnam (1993), cientista político norte-americano, estudou as diferentes trajetórias de desenvolvimento da Itália do norte e central e suas diferenças em relação ao sul, tentando compreender por que a primeira era mais rica (em 1993), mais próspera e com menos problemas de crime e corrupção, enquanto a segunda lutava com esses problemas com menos efetividade. Regiões em um mesmo país, com as mesmas leis e resultados muito diferentes. Nesse estudo, Putnam recupera o conceito de "capital social", utilizado pela primeira vez por Alexis de Tocqueville, que nota que onde há mais cultura cívica e engajamento dos cidadãos no aprimoramento da cooperação, a democracia funciona melhor. Capital social é compreendido como a base para o funcionamento efetivo de grupos e comunidades gerado pela qualidade dos relacionamentos interpessoais, projetos comuns e entendimento compartilhado de regras, valores e objetivos da cooperação que alavancam a reciprocidade. Nesse estudo, ele nota que o sucesso da democracia depende da qualidade dos vínculos horizontais e cooperativos entre os cidadãos. Logo, problemas como comportamentos oportunistas, patrimonialismo, personalismo e corrupção não são eliminados pela sorte de encontrar políticos que representem o melhor interesse da sociedade nem pelo aumento do investimento em educação numa sociedade. Pelo contrário. Quando o tecido social é esgarçado e há baixa cooperação, os membros educados ficam isolados e sem capacidade de afetar os resultados coletivos. Há seleção adversa na política e falta de representação. Seguindo essa linha e os estudos que ela gera, podemos afirmar que o que causa a baixa qualidade das nossas instituições públicas, bem como sua apropriação por elites políticas e econômicas, é a baixa articulação dos indivíduos na sociedade civil, como veremos adiante. Esses resultados estão em linha com os estudos de Oliver Williamson e Elinor Ostrom, que repartem o prêmio Nobel de Economia em 2009.

Oliver Williamson mostra que as sociedades *não* mudam de forma ordenada do nível macro (da política e das instituições federais) para o micro, para o nível em que os indivíduos atuam. Ele nota também que os indivíduos isolados têm pouco poder de transformação. As sociedades evoluem naquilo que ele chama de nível *meso*, em que a evolução da cooperação e da governança podem de fato operar. A qualidade da ação coletiva é passível de aprimoramento dentro das empresas, nas federações de indústria e comércio, nos sindicatos, nos arranjos produtivos, em que é possível fazer e executar o planejamento dos resultados da cooperação coletiva e ter transparência de seu desdobramento. Quando a sociedade civil participa dos esforços de aprimorar as instituições e se faz representar, a democracia funciona. Quando não faz isso, as instituições são facilmente ocupadas por oportunistas, criando um círculo vicioso de incertezas e impossibilidades.

Essas descobertas são relevantes para as empresas brasileiras e para o desenvolvimento das nossas instituições públicas. O avanço da pesquisa aplicada sobre esses temas pode destravar o crescimento a partir da gestão desses níveis *meso*, em que a cooperação interna às firmas e a cooperação entre firmas (em arranjos produtivos horizontais, nas relações entre clientes e fornecedores, ou outras formas de associativismo), podem ser trabalhadas para a obtenção de melhores resultados coletivos, ou seja, para o conjunto dos indivíduos que delas participam e para o aprimoramento da gestão pública que esse engajamento gera.

No entanto, para colocar esse movimento em ação, é importante levar em conta os achados de Elinor Ostron (1990, 2005). Em seus estudos, ela descobre que o principal fator que obstrui a evolução da ação coletiva é o sistema de *patronagem*, quando indivíduos se apropriam das posições e dos interesses coletivos para benefício pessoal, acumulando mais poder e influência para realizar ações discricionárias do que o cargo de fato lhes permitiria. E isso é facilmente observável no Brasil. É fácil observar como as organizações de nível *meso*, que deveriam liderar a busca pelo melhor interesse coletivo, são lideradas politicamente por indivíduos que não lideram essas ações. Marco Tulio Zanini trata disso no capítulo 2.

Um exemplo clássico de organizações de nível *meso* que poderiam ter liderado, desde a década de 1940, a busca pelo aprimoramento das condições de produção e competição no Brasil são as confederações da indústria e do comércio e as federações estaduais a elas ligadas. Se elas tivessem atuado à altura de seu potencial, não estaríamos na 144ª posição no *ranking* global de liberdade econômica (Miller, Kim e Roberts, 2020), não teríamos nosso inferno tributário e nem seriamos vítimas da corrupção e dos excessos de regulamentação. No entanto, confederações e federações são arranjos burocráticos. Pessoas jurídicas. E uma das evidências mais contundentes nos estudos do capital social é que não se podem delegar a arranjos burocráticos ações próprias de cultura cívica. Ou seja: essas organizações, como outras entre nós, não funcionaram como poderiam ou deveriam. E não o fazem porque os indivíduos que por elas deveriam ser representados não as utilizam para os melhores fins. Guerreiro Ramos, sociólogo brasileiro da década de 1950, já denunciava a ineficiência do formalismo para produzir resultados desejados. Tendemos sempre a buscar alterar a realidade criando arranjos formais, leis e regras. No entanto, o formalismo não é suficiente para a conquista dos resultados desejados. É necessário que os indivíduos o utilizem de forma consciente para os fins desejados, alinhando-os, como meios, aos fins desejados. E isso demanda uma cultura cívica, que é o entendimento de que o melhor resultado é produzido pelo envolvimento, vigilância e influência de cada indivíduo sobre como as ações se desdobram.

O sistema de patronagem, que é uma forma de apropriação privada do interesse coletivo, causa a redução do potencial das organizações entre nós. Há um círculo vicioso entre a ausência de participação da maioria, que deixa vácuos de poder que são fáceis de serem ocupados, e o oportunismo dos patrões. A ausência de participação cívica abre espaço para os sistemas de patronagem e para o oportunismo, que, uma vez instalados, são difíceis de mudar sem uma orquestração de vários fatores necessários à mudança. Como os patrões fecham espaços para a emergência de líderes desalinhados com seus próprios interesses, os círculos viciosos tendem a se perpetuar. A micropolítica se impõe sobre a boa governança.

Em contextos de forte participação, não há como sequestrar o interesse coletivo nem como ocupar posições como resultado de reconhecimento de valor e mérito. Ao contrário de países com maior liberdade econômica e apoio meritocrático àqueles que podem fazer a diferença, não fizemos a nossa "revolução burguesa", tal como a revolução inglesa, francesa e norte-americana, em que as camadas industriais, comerciais e de serviços lutaram para eliminar os vícios e privilégios promovidos pelo Estado e buscaram fundar a sociedade de forma mais orientada para o suporte ao trabalho e à produção como forma de gerar enriquecimento. Nem buscamos nos organizar para moldar os processos públicos de forma a representar os interesses da maioria.

Desenvolvemos, entre nós, por um lado, aquilo que Sérgio Lazzarini (2011) denomina "capitalismo de laços", descrevendo nossas formas de sequestro das estruturas públicas por entes econômicos privados. Um processo que explica a influência pública sobre os atores econômicos privados que, sem acesso àqueles indivíduos que ocupam o poder político, ou seja, no isolamento, não têm forças para lutar contra as pressões às quais o Estado os sujeita e assistem às benesses que o processo de captura facilita a outros. Esses diferentes processos de captura geraram uma imbricação perversa entre público e privado que atua como fator de estagnação para as transformações institucionais necessárias ao desenvolvimento de soluções mais competitivas e meritocráticas por um lado e, por outro, mantendo o grosso das empresas menores fora desses arranjos, lutando com irracionalidades regulatórias e fiscais que punem o trabalho produtivo.

Gestão da cultura para ganhos de cooperação

Fatores intangíveis, como cultura, propensão a confiar e história (*path dependence*), atuam como mecanismos de coordenação informal e flexíveis, de forma oculta sob as estruturas formais das organizações, com impactos positivos ou negativos sobre a capacidade dos indivíduos de cooperar para a produção de resultados superiores. E os impactos da coordenação sobre a economia são enormes. Para recordar o peso da coordenação sobre os resultados econômicos, basta lembrar que o início da era da produção em massa, no final do século XIX, trouxe um enriquecimento sem precedentes para a humanidade. E isso foi possível graças ao aumento da racionalidade na gestão, que melhorou os fluxos e a divisão de trabalho e o uso dos recursos. Se houve uma inovação na história que teve impacto na vida de milhões de pessoas em um tempo relativamente curto, foi a revolução da gestão. Essa reorganização interna das firmas gerou ganhos de produtividade da ordem de 300 vezes em relação aos estágios anteriores à sua introdução. Desde o início da aplicação do que então se chamava administração científica, os ganhos de produtividade e competitividade, pela primeira vez na história, levaram prosperidade para muitos.

Muita água passou por baixo da ponte desde que Taylor começou esse trabalho em 1880, nos Estados Unidos. O sucesso dessas ferramentas de gestão levou à sua enorme difusão pelo mundo. Até que a competição de empresas assim organizadas aumentou enormemente, já no começo dos anos 1980, e levou à mudança nas regras do jogo. O crescimento da demanda por conhecimento agregado e fatores intangíveis, como qualidade, *design* e inovação, reduziu de maneira significativa a capacidade de gerar valor das metodologias que controlavam apenas o fluxo físico dos trabalhos. Peter Drucker, o grande guru da administração da época, apontava para os desafios que isso traria. Ele afirma, em um livro chamado *A sociedade pós-capitalista* (1999), que a gestão do conhecimento teria impacto negativo sobre a produtividade exatamente pela dificuldade de coordenação que esta trazia embutida em si. Dito e feito. Os *rankings* globais de produtividade desde esse período refletem essas dificuldades (OECD, 2015). As sociedades que melhor conseguem coordenar esforços colaborativos conseguem se sair melhor.

O fato é que esse fenômeno não afetou a todas as sociedades de forma linear. O Japão surfou bem essa onda e, na década de 1980, bateu a indústria automobilística norte-americana com carros menores, mais econômicos e de maior qualidade. E ainda com capacidade de produzir diferentes modelos em uma mesma linha de montagem. Como? Por quê? Foi nesse momento que a questão da cultura apareceu na cena de gestão empresarial, porque a capacidade de coordenação informal, de promoção da cooperação e do uso do conhecimento dos operários para ganhos de vantagem competitiva começou a ficar óbvia. Apesar de muitos esforços para compreender os feitos da indústria japonesa, as conclusões apontavam para um fato: há algo na cultura nacional japonesa que ajudou muito, e isso não era possível replicar. Uma sociedade coletivista, com grande dedicação do indivíduo aos resultados do grupo e uma forte predisposição a cooperar para resultados coletivos, leva a uma enorme resiliência das equipes para aprender e melhorar a cada problema que encontravam. O resultado nós conhecemos.

Nessa época, vários livros tentavam compreender as causas do sucesso japonês, e um, entre eles, chama a atenção de forma especial. Thomas P. Rohlen, em 1979, lança um livro chamado *For harmony and strength*, uma análise antropológica da forma de trabalhar no Japão que nos leva ao coração da complexidade do tema. De fato, a cultura nacional e as formas de coordenar o trabalho dentro das empresas tinham uma correlação inegável. O que fazer? Como competir? Metodologias japonesas foram copiadas em vários lugares, com maior ou menor sucesso, mas sem nunca produzir os mesmos resultados a que se chegava no Japão. Até que os norte-americanos responderam a seu modo: a reengenharia de processo abriu espaço para que a dinâmica do individualismo e do empreendedorismo norte-americano liberasse energia para a resposta. Reduziram o peso da hierarquia. Desenharam processos mais ágeis e flexíveis. E deram poder para os indivíduos nas gerências média e abaixo resolverem problemas. Ao mesmo tempo, iniciaram a caça aos bons pesquisadores, aos talentos e às inovações onde quer que estivessem. As empresas se aproximaram das universidades. A nova corrida do ouro norte-americana foi por cérebros.

As metodologias de gestão, desenvolvidas em um contexto histórico e cultural (como metodologias norte-americanas e japonesas), no entanto, não produziram o mesmo resultado quando replicados aqui. A razão para isso é que essas metodologias não são culturalmente neutras e funcionam muito bem nos locais em que foram pensadas porque se adaptam à cultura e às instituições locais, que são pré-requisitos para sua efetividade. Os americanos não tiveram sucesso importando metodologias japonesas. O sacrifício individual pelas metas coletivas não era culturalmente traduzível. A resposta veio usando o que a cultura protestante tem de melhor: a liberdade individual para buscar melhores alternativas. Ambas as metodologias — norte-americana e japonesa — são produtos de esforços locais para resolver problemas práticos observáveis e, quando dão resultados esperados, acabam por entrar para o rol das soluções universais de gestão como se fossem soluções aplicáveis e replicáveis em qualquer contexto.

No Brasil, assim como na enorme maioria de países do mundo, sempre fomos importadores desse tipo de solução de gestão. Não investimos, ao longo da nossa história, em compreender os fatores que atuam sobre nossas práticas de forma teórica e metodologicamente adequada. Esses elementos, que no Brasil dificultam a implementação adequada das soluções de gestão importadas, tenderam a ser tratados como *fatores irrelevantes que atrapalham um pouco, sobre os quais pouco podemos fazer*. Ou como uma parte inelutável do "custo Brasil". Nossas pesquisas apontam para as perdas não percebidas por essas inadequações e para a importância de fazer gestão desses aspectos baseada em evidências.

Em livro por nós publicado (Migueles, Lafraia e Costa, 2007), analisamos os desafios para a adaptação das metodologias de gestão importadas. Falamos sobre os ajustes que se fazem necessários para que essas metodologias funcionem como desejável em nosso contexto cultural. A continuidade dessas pesquisas nos levou a isolar as três dimensões de cultura nacional que, juntas, funcionam como passivo intangível em nossa economia, drenando energia e tempo de nossas equipes, com impacto negativo sobre nossa competitividade, capacidade de inovar e de agir de modo seguro.

Pesquisas em organizações que reduziram o impacto negativo desses fatores — como o Batalhão de Operações Policiais Especiais da Polícia Militar do Estado do Rio de Janeiro (Bope/RJ) e o Hospital Albert Einstein (HIAE), em São Paulo — comprovam que, ao nível da cultura das organizações, é possível mitigar esses impactos abrindo espaço para a construção de ativos intangíveis — como a confiança e a coordenação horizontal que facilitam a inovação, a gestão do conhecimento e a produção de resultados desejáveis em programas de saúde, segurança e meio ambiente (Zanini, Nunes e Migueles, 2018; Zanini, Migueles e Colmerauer, 2014). Se a cultura organizacional consegue mitigar os efeitos negativos da cultura nacional sobre a produtividade e a competitividade das organizações, esse pode ser o gatilho de nível *meso* necessário para uma grande mudança.

Nosso contexto cultural é de grande distância de poder (dimensões de cultura comparada de Hofstede, 2001), forte aversão às incertezas e baixíssima propensão a confiar (Zanini, 2016). Nesse contexto, tendemos ao planejamento mais reativo, ao foco nas tarefas e resultados de curto prazo, ao não envolvimento da base na gestão do conhecimento necessária ao aprimoramento contínuo e a um foco muito maior em controles do que as sociedades que investem em pesquisa para o desenvolvimento de modelos e metodologias de gestão. O volume imenso de controles, tanto externos (legislação, fiscalizações etc.) quanto internos (normas, padrões, procedimentos, monitoramentos e controles), faz parte daquilo que Williamson (1996) chama de custos de transação. O foco nos controles do comportamento e a falta de suporte para que os talentos tenham a chance de inovar, somados aos riscos de falar o que precisa ser dito e enfrentar problemas de frente, têm sido uma bola de ferro presa aos nossos pés. A falta de confiança e o peso dos controles consomem uma quantidade enorme de tempo produtivo e cria riscos e dificuldades imensas para o executante que quer colaborar para resultados melhores, além de abrir espaços para inúmeros comportamentos oportunistas (abordamos isso nos capítulos 1 e 2). A escassez de pesquisas sobre esses fatores nas organizações brasileiras dificulta os esforços em aprofundar as análises, trazer mais evidências empíricas, analisá-las e tratá-las adequadamente, o que é fundamental para aprimorar modelos de gestão adequados ao nosso contexto e de maior impacto nos resultados das empresas brasileiras.

Há um ciclo vicioso terrível em nosso modelo mental. Como não buscamos e não trabalhamos pela construção de interesses encapsulados de forma horizontal, ficamos isolados como indivíduos em um contexto relativamente caótico, dependentes dos sujeitos que detêm o poder nas organizações ou no Estado. A sensação de isolamento e impotência dele derivada retroalimenta o imaginário hierárquico, pois o que domina o senso comum é que somente com mais poder sobre o "sistema como um todo" as coisas podem melhorar. Daí parte da América Latina, e o Brasil dentro dela, estar sempre flertando com a possibilidade de encontrar um bom ditador, que seja capaz de fazer aquilo que o conjunto dos indivíduos não se acha capaz de fazer. Ou das nossas empresas, sempre atrás de um líder carismático capaz de fazer a mágica de obter desse conjunto resultados excepcionais. Vivemos a ilusão de que uma mosca branca ou um cisne negro, com características excepcionais, nos salvaria das dificuldades coletivas, quando, na verdade, esse desejo é o que nos prende onde não queremos estar.

O problema com esse recurso — concentração ainda maior de poder — é que, em vez de nos ajudar a resolver de fato e com método o desafio da coordenação dos esforços de muitos, retroalimenta a esperança pela solução mágica, aquela que definitivamente nos livrará dos esforços de termos que lidar com "pessoas". E lidar com pessoas em contexto de forte heterogeneidade e forte desigualdade pode ser realmente desesperador. A não ser que tenhamos uma metodologia adequada para fazê-lo (ver capítulo 1 desta obra).

O tempo e a energia despendidos nesse esforço, se investidos no desenvolvimento de coalizões orientadas para resultados desejáveis, abririam o caminho para a estabilidade desejada. As pesquisas no Brasil e no mundo mostram que equipes capazes de apresentar resultados excepcionais e ter forte resiliência para aprender com as dificuldades precisam de autonomia para trabalhar. A qualidade da informação, a previsibilidade e confiabilidade em relação aos objetivos e aos recursos disponíveis são a base para o desenvolvimento dessa autonomia. A falta de estabilidade por excessiva dependência de autoridades, a falta de planejamento e planos táticos e operacionais alinhados no tempo são os maiores inimigos dos resultados esperados, especialmente da gestão de riscos da qualidade e da inovação.

Aqui há outro círculo vicioso da cultura: se não confiamos, trabalhamos com sistemas desordenados e instáveis. Como os sistemas são desordenados e instáveis, focamos no controle e no curto prazo para garantir que, no mínimo, as pessoas façam sua parte. Como focamos no controle e no curto prazo, inibimos o desenvolvimento, mantendo o sistema desordenado e instável, com altos custos de transação (Zanini, 2016). Sem planejamento e envolvimento das pessoas na busca por soluções dentro de jogos ganha-ganha não há saída possível. Presos nesse jogo, buscamos líderes capazes de nos fazer avançar. A dependência de líderes mantém a instabilidade. O jogo perde-perde, de foco no curto prazo e nos controles, que impede o desenvolvimento de organizações capazes de crescer e inovar sobre todo o potencial que temos, afeta nossa competitividade e o desenvolvimento. Perdem os acionistas, perdem os talentos, perdem os cientistas. O sistema, como resultado estatístico do conjunto dessas ações, beneficia o oportunismo.

O que ocorre entre nós é o somatório das disfunções clássicas das burocracias com uma cultura hierárquica de baixa confiança e alta distância de poder. Nesse contexto, o cisne negro não chega ao topo. Primeiro, porque em uma sociedade de baixa confiança pune-se a verdade como se fosse um ato de traição ou falta de pé na realidade. Logo, aquele que vê alternativas e trabalha para tentar viabilizá-las não sobe. Depois, porque a desorganização da cooperação facilita o surgimento de vazios que são facilmente ocupados por oportunistas, que buscam o autointeresse com gula em detrimento dos melhores interesses de todos os *stakeholders* e são hábeis em mostrarem-se como excelentes aliados na busca por resultados de curto prazo, impedindo o desenvolvimento do sistema. São indivíduos aparentemente dóceis e leais, que dizem tudo que o chefe quer ouvir e que entregam de forma consistente dentro de um sistema disfuncional, criando muita pressão para baixo, aprofundando o fosso da baixa confiança. Com uma governança melhor e compartilhamento dos esforços para avançar, iremos mais rápido.

Estrutura do livro

No capítulo 1, Carmen Migueles analisa os desafios da redução da distância de poder e da confiança via aprimoramento da cooperação interna. No capítulo 2, Marco Tulio Zanini analisa as relações de captura e seu papel na redução da confiança. O capítulo 3, de José Roberto Vieira de Resende, analisa a relação entre competitividade e confiança. No capítulo 4, Grace Aparecida de Oliveira Melo analisa os artigos dos últimos cinco anos publicados nas revistas de maior fator de impacto acadêmico na área de administração em busca de evidências de que cultura afeta resultados. Alexandra de Lauro Paiva analisa, no capítulo 5, o desafio da diversidade para a inovação a partir do estudo da relação entre equidade de gêneros e desempenho. No capítulo 6, Jose Mauro Gonçalves Nunes faz uma síntese das macrotendências com as quais precisaremos lidar e para as quais deveremos aumentar nossa capacidade de resposta.

Apesar do quadro de dificuldades que apontamos, este livro é fruto do trabalho de pessoas otimistas e que acreditam no Brasil. Nada melhor do que compreender toda a extensão do problema para conseguir resolvê-lo. Acreditamos muito que um esforço compartilhado nessa direção pode trazer resultados excepcionais para todos. Quando pararmos de falar como um brasileiro fala dos "brasileiros", como se fossem outros, como uma espécie de coletivo mal desenvolvido do qual cada um se sente diferente, avançaremos. Sim, há uma dificuldade de identidade e identificação com o conjunto dos cidadãos que habitam neste imenso território. Há, também, a sensação de falta de vínculos. Mas o fato é que a única coisa que nos impede de mudar esse quadro são nossas formas de pensar. O que habita entre nós e o Brasil que queremos somos nós mesmos. E isso não deixa de ser uma boa notícia.

Referências

AGOTE, L.; ARAMBURU, N.; LINES, R. Authentic leadership perception, trust in the leader, and followers' emotions in organizational change processes. *The Journal of Applied Behavioral Science*, v. 52, n. 1, p. 35-63, 2016.

ALAM, M. A. Cockpit learning in power distant cockpits: the interaction effect of pilot's interdependence and inclination to teamwork in airline industry. *Journal of Air Transport Management*, v. 42, p. 192-202, jan. 2015.

ARENDT, H. Communicative power. In: LUKES, S. (Ed.). *Power*. Nova York: New York University Press, 1966. p. 59-74.

BARKI, H.; HARTWICK, J. Conceptualizing the construct of interpersonal conflict. *International Journal of Conflict Management*, v. 15, n. 3, p. 216-244, 2004.

BARNARD, C. *The functions of the executive*. Cambridge, MA: Harvard University Press, 1938.

BEINHOCKER, E. D. *The origin of wealth*. Boston, MA: Harvard Business School Press, 2006.

BIRD JR., F. E.; GERMAIN, G. L. *Practical loss control leadership*: the conservation of people, property, process and profits. Oslo: Det Norske Veritas, 1996.

BOURDIEU, P. *Outline of a theory of practice*. Cambridge: Cambridge University Press, 1977.

_____. *Masculine domination*. Stanford: Stanford University Press, 1998.

BROCKNER, J. et al. When trust matters: the moderating effect of outcome favorability. *Administrative Science Quarterly*, v. 42, n. 3, p. 558-583, 1997.

CARSON, J. B.; TESLUK, P. E.; MARRONE, J. A. Shared leadership in teams: an investigation of antecedent conditions and performance. *The Academy of Management Journal*, v. 50, n. 5, p. 1217-1234, 2007.

CASSON, M. *The economics of business culture*: game theory, transaction costs, and economic performance. Oxford: Clarendon, 1997.

CGEE (Centro de Gestão e Estudos Estratégicos). *Mestres e doutores 2015*: estudos da demografia da base técnico-científica brasileira. CGEE, 2016.

CLAPP-SMITH, R.; VOGELGESANG, G. R.; AVEY, J. B. Authentic leadership and positive psychological capital: the mediating role of trust at the group level of analysis. *Journal of Leadership & Organizational Studies*, v. 15, n. 3, p. 227-240, 2009.

CLARK, M. C.; PAYNE, R. L. Character-based determinants of trust in leaders. *Risk Analysis*, v. 26, n. 5, p. 1161-1173, 2006.

CORNELL UNIVERSITY; INSEAD; WIPO. *The global innovation index 2019*: innovation feeding the world. Genebra: Wipo, 2019.

COSTIGAN, R. D. et al. The effect of employee trust of the supervisor on enterprising behavior: a cross-cultural comparison. *Journal of Business and Psychology*, v. 21, n. 2, p. 273-291, 2006.

DALE, C.; GUPTA, V.; JAVIDAN, M. Power distance. In: HOUSE, R. J. et al. (Ed.). *Culture, leadership and organizations*: the Globe study of 62 societies. Thousand Oaks: Sage, 2004. p. 513-559.

DASS, G. G.; BEARD, D. W. Dimensions of organizational task environments. *Administrative Science Quarterly*, v. 29, n. 1, p. 52-73, 1984.

DIRKS, K. T.; FERRIN, D. L. The role of trust in organizational settings. *Organization Science*, v. 12, n. 4, p. 450-467, 2001.

_____; _____. Trust in leadership: meta-analytic findings and implications for research and practice. *Journal of Applied Psychology*, v. 87, n. 4, p. 611-628, 2002.

DORFMAN, P. W.; HANGES. P. J.; BRODBECK, F. C. Leadership and cultural variation: the identification of culturally endorsed leadership profiles. In: HOUSE, R. J. et al. (Ed.). *Culture, leadership and organizations*: the Globe study of 62 societies. Thousand Oaks: Sage, 2004. p. 669-713.

_____; HOWELL, J. P. Dimensions of national culture and effective leadership patterns: Hofstede revisited. *Advances in International Comparative Management*, v. 3, n. 1, p. 127-150, 1988.

DOUGLAS, M. *How institutions think*. Syracuse: Syracuse University Press, 1986.

DRUCKER, P. *A sociedade pós-capitalista*. São Paulo: Cengage Learning, 1999.

ECO, H. *La Structure absente*. Paris: Mercure de France, 1972.

FARAJ, S.; YAN, A. Boundary work in knowledge teams. *Journal of Applied Psychology*, v. 94, n. 3, p. 604-617, 2009.

FARRELL, M. A. The effect of downsizing on market orientation: the mediating roles of trust and commitment. *Journal of Strategic Marketing*, v. 1, n. 1, p. 55-74, 2003.

FORNELL, C.; LARCKER, D. F. Structural equation models with unobservable variables and measurement error: algebra and statistics. *Journal of Marketing Research*, v. 18, n. 3, p. 382-388, 1981.

FUKUYAMA, F. *Trust*: the social virtues and the creation of prosperity. Londres: Penguin Books, 1995.

FURUBOTN, E. G.; RICHTER, R. *Institutions and economic theory*: the contributions of the new institutional economics. Ann Arbor, MI: The University of Michigan Press, 2001.

GAMBETTA, D. Can we trust? In: _____. (Ed.). *Trust*: making and breaking cooperative relationships. Cambridge, MA: Basil Blackwell, 1988. p. 213-237.

GEERTZ, C. *The interpretation of cultures*. Nova York: Basic Books, 1973.

GERHART, B. How much does national culture constrain organizational culture? *Management and Organization Review*, v. 5, n. 2, p. 241-259, 2009.

GILLESPIE, N. Measuring trust in working relationships: the behavioral trust inventory. In: EUROPEAN ACADEMY OF MANAGEMENT CONFERENCE, 3., 2003, Milão, *Proceedings*... Academy of Management. Seattle, WA: Academy of Management, 2003.

GONÇALVES FILHO, A. P.; ANDRADE, J. C. S.; MARINHO, M. M. O. Modelo para a gestão da cultura de segurança do trabalho em organizações industriais. *Produção*, v. 23, n. 1, p. 178-188, 2013.

GRANOVETTER, M. Economic action and social structure: the problem of embeddedness. *American Journal of Sociology*, v. 91, n. 3, p. 481-510, 1985.

GUADAGNOLI, E.; VELICER, W. F. Relation to sample size to the stability of component patterns. *Psychological Bulletin*, v. 103, n. 2, p. 265-275, 1988.

GUIDDENS, A. *The consequences of modernity*. Stanford: Stanford University Press, 1990.

HAIR, J. F. et al. *Multivariate data analysis*. 7. ed. Upper Saddle River: Prentice Hall, 2010.

HANNAH, S. T. et al. A framework for examining leadership in extreme contexts. *Leadership Quarterly*, n. 6, p. 897-919, 2009.

HARARI, Y. N. *Sapiens*: uma breve história da humanidade. Porto Alegre: L&PM, 2017.

HARDIN, R. *Trust and trustworthiness*. Nova York: Russell Sage Foundation, 2002.

HASSAN, A.; AHMED, F. Authentic leadership, trust and work engagement. *International Journal of Human and Social Sciences*, v. 6, n. 3, p. 164-170, 2011.

HOFSTEDE, G. *Culture's consequences*: comparing values, behaviors, institutions and organizations across nations. 2. ed. Thousand Oaks: Sage, 2001.

HOUSE, R. J. et al. (Ed.). *Culture, leadership and organizations*: the Globe study of 62 societies. Thousand Oaks: Sage, 2004.

INGLEHART, R.; WELZEL, C. *Modernization, cultural change, and democracy*: the human development sequence. Nova York: Cambridge, 2005.

ISP (Instituto de Segurança Pública). *Estatísticas de segurança*: número de policiais mortos em serviço. ISP, 2018. Disponível em: <www.ispdados.rj.gov.br/estatistica.html>. Acesso em: ago. 2019.

JEHN, K. A. A multimethod examination of the benefits and detriments of intragroup conflict. *Administrative Science Quarterly*, v. 40, n. 2, p. 256-282, 1995.

JI, Y. et al. Power distance orientation and employee help seeking: trust in supervisor as a mediator. *Social Behavior and Personality*, v. 43, n. 6, p. 1043-1054, 2015.

JOHNSON, J. L.; CULLEN J. B. Trust in cross-cultural relationships. In: GANNON, M.; NEWMAN, K. (Ed.). *The Blackwell handbook of cross-cultural management*. Oxford: Blackwell, 2002.

JONES, G. R.; GEORGE, J. M. The experience and evolution of trust: implications for cooperation and teamwork. *Academy of Management Review*, v. 23, n. 3, p. 531-546, 1998.

KOC, E. Power distance and its implications for upward communication and empowerment: crisis management and recovery in hospitality services. *The International Journal of Human Resource Management*, v. 24, n. 19, p. 3681-3696, 2013.

LAZZARINI, S. G. *Capitalismo de laços*. Rio de Janeiro: Campus-Elsevier, 2011.

_____; MILLER, G. J.; ZENGER, T. R. Dealing with the paradox of embeddedness: the role of contracts and trust in facilitating movement out of committed relationships. *Organization Science*, v. 19, n. 5, p. 709-728, 2008.

LEE-KELLEY, L.; CROSSMAN, A.; CANNINGS, A. A social interaction approach to managing the "invisibles" of virtual teams. *Industrial Management & Data Systems*, v. 104, n. 8, p. 650-657, 2004.

L'ESTOILE, B. de. Money is good, but a friend is better: uncertainty, orientation to the future and the economy. *Current Anthropology*, v. 55, n. 9, p. 62-73, 2014. ("Crisis, value and hope: rethinking the economy").

LEVY, M. S. O papel da migração na evolução da população brasileira 1872-1972. *Revista de Saúde Pública*, n. 8, p. 49-90, 1974.

LI, W.-C.; HARRIS, D. HFACS analysis and ROC Air Force aviation accidents: reliability analysis and cross-cultural comparison. *International Journal of Applied Aviation Studies*, v. 5, n. 1, 2005.

LIDEN, R. C. et al. Servant leadership and serving culture: influence on individual and unit performance. *Academy of Management Journal*, v. 57, n. 5, p. 1434-1452, 2014.

LUHMANN, N. *Trust and power*. Hoboken, NJ: John Wiley & Sons, 1979.

MAYER, R. C.; DAVIS, J. H.; SCHOORMAN, D. F. An integrative model of organizational trust. *The Academy of Management Review*, n. 20, p. 709-734, 1995.

MCEVILY, B.; PERRONE V.; ZAHEER, A. Trust as an organizational principle. *Organization Science*, n. 14, p. 91-103, 2003.

MELESSEN, P. *Countries, corporations and cultures*: a multilevel approach. Uitgeverij BV: Eburon, 2017.

MERRITI, A. C.; HELMREICH, R. L. Human factors on flight deck: the influence of national culture. *Journal of Cross-Cultural Psychology*, v. 27, n. 1, p. 5-24, 1996.

MEYER, J. P.; ALLEN, N. J. A three-component conceptualization of organizational commitment. *Human Resource Management Review*, v. 1, n. 1, p. 61-89, 1991.

MIGUELES, C. *Cultural responsibility*. 2004. Disponível em: <www.symballein.com.br/pt/social-responsibility-vs-cultural-responsibility>. Acesso em: ago. 2018.

_____; LAFRAIA, J.; COSTA, G. *Criando o hábito da excelência*. Rio de Janeiro: Qualitymark, 2007.

_____; ZANINI, M. T. The volitional nature of motivation and cultural creativity: an anthropological investigation. *Cadernos Ebape.BR*, v. 16, n. 3, p. 16-32, 2018.

MILLER, T.; KIM, A. B.; ROBERTS, J. B. *2020 Index of Economic Freedom*. Washington, DC: The Heritage Foundation, 2020. Disponível em: <www.heritage.org/index/about>. Acesso em: 15 maio 2020.

MILLIKEN, F. J. Three types of perceived uncertainty about the environment: state, effect and response uncertainty. *The Academy of Management Review*, v. 12, n. 1, p. 133-143, 1987.

MINTZBERG, H. *Structures in fives*: designing effective organizations. Englewood Cliffs, NJ: Prentice-Hall, 1983.

NACHTIGALL, C. et al. Pros and cons of structural equation modeling. *Methods Psychological Research Online*, v. 8, n. 2, p. 1-22, 2003.

NORTH, D. C. *Institutions, institutional change, and economic performance*. Cambridge: Cambridge University Press, 1990.

OBENG, K.; UGBORO, I. Organizational commitment among public transit employees: an assessment study. *Journal of the Transportation Research Forum*, v, 57, n. 2, p. 83-98, 2003.

OECD (Organização para a Cooperação e Desenvolvimento Econômico). *The future of productivity*. Paris: OECD, 2015. Disponível em:

<www.oecd.org/economy/growth/OECD-2015-The-future-of-productivity-book.pdf>. Acesso em: out. 2019.

_____. *OECD compendium of productivity indicators 2017*. Paris: OECD, 2017a.

_____. *Education at a glance 2017*: OECD indicators. Paris: OECD, 2017b.

_____. *OECD compendium of productivity indicators 2019*. Paris: OECD, 2019. Disponível em: <https://data.oecd.org/lprdty/gdp-per-hour-worked.htm>. Acesso em: 30 dez. 2020.

OSTROM, E. *Governing commons*: the evolution of institutions for collective action. Cambridge: Cambridge University Press, 1990.

_____. *Understanding institutional diversity*. Princeton, NJ: Princeton University Press, 2005.

PAREHK, B. *Rethinking multiculturalism*. Cambridge: Harvard University Press, 2000.

PILLAI, R.; SCHRIESHEIM, C. A.; WILLIAMS, E. S. Fairness perceptions and trust as mediators for transformational and transactional leadership: a two-sample study. *Journal of Management*, v. 25, n. 6, p. 897-933, 1999.

PODSAKOFF, P. M. et al. Transformational leader behaviors and their effects on followers' trust in leader, satisfaction, and organizational citizenship behaviors. *The Leadership Quarterly*, v. 1, n. 2, p. 107-142, 1990.

PUTNAM, R. D. *Making democracy work*: civic traditions in modern Italy. Princeton, NJ: Princeton University Press, 1993.

RASMUSEN, E. *Games and information*: an introduction to game theory. 4. ed. Hoboken, NJ: Blackwell, 2007.

ROBINSON, S. L. Trust and breach of the psychological contract. *Administrative Science Quarterly*, v. 41, n. 4, p. 574-599, 1996.

ROHLEN, Thomas P. *For harmony and strength*: Japanese white-collar organization in antropological perspective. Center for Japanese Studies. Berkeley: University of California Press, 1979.

SAUNDERS, M. N. K. et al. *Organizational trust*: a cultural perspective. Cambridge: Cambridge University Press, 2010.

SCHEIN, E. H. Coming to a new awareness of organizational culture. *Sloan Management Review*, v. 25, n. 2, p. 3-16, 1984.

SCHNEEWIND, J. B. *The invention of autonomy*. Cambridge: Cambridge University Press, 1998.

SCHOORMAN, F. D.; MAYER, R. C.; DAVIS, J. H. An integrative model of organizational trust: past, present, and future. *The Academy of Management Review*, v. 32, n. 2, p. 344-335, 2007.

SCHWAB, K.; MARTIN, S. I. X. *The global competitiveness report 2013-2012*. Genebra: The World Economic Forum, 2012.

_____. *The global competitiveness report 2014-2013*. Genebra: The World Economic Forum, 2013.

_____. *The global competitiveness report 2014-2015*. Genebra: The World Economic Forum, 2014.

_____. *The global competitiveness report 2015-2016*. Genebra: The World Economic Forum, Genebra, 2015.

_____. *The global competitiveness report 2016-2017*. Genebra: The World Economic Forum, 2016.

SOETERS, J. L.; BOER, P. C. Culture and flight safety in military aviation. *The International Journal of Aviation Psychology*, v. 10, n. 2, p. 111-133, 2000.

STANDER, F. W.; DE BEER, L. T.; STANDER, M. W. Authentic leadership as a source of optimism, trust in the organisation and work engagement in the public health care sector. *SA Journal of Human Resource Management*, v. 13, n. 1, p. 1-12, 2015.

STEWART, A.; ALDRICH, H. Collaboration between management and anthropology researchers: obstacles and opportunities. *Academy of Management Perspectives*, v. 29, n. 2, p. 173-192, 2015.

THE GLOBAL ECONOMY. *Portal institucional*. Disponível em: <www.theglobaleconomy.com/Brazil/economic_freedom/>. Acesso em: jan. 2020.

UDEHN, L. *Methodological individualism*: background, history and meaning. Nova York: Routledge, 2001.

UNITED NATIONS DEVELOPMENT PROGRAMME. *Human development*: evaluation of the national human development report system, por Celina Souza. UNDP, 2006. Disponível em: <http://web.undp.

org/evaluation/documents/thematic/nhdr/BRAZIL.pdf>. Acesso em: set. 2019.

WALUMBWA, F. O. et al. Authentic leadership: development and validation of a theory-based measure. *Journal of Management*, v. 34, n. 1, p. 89-126, 2008.

WEBER, M. *Economy and society*. Ed.: C. Roth e C. Wittich. Berkeley: University of California Press, 1968.

WEBER, R.; CAMERER, C. Cultural conflict and merger failure: an experimental approach. *Management Science*, v. 49, n. 4, p. 400-415, 2003.

WEENER, E. F.; RUSSELL, P. D. Aviation safety review: regional perspectives. In: THE INTERNATIONAL AIR TRANSPORTATION ASSOCIATION TECHNICAL CONFERENCE, 22., Seattle, 1994. *Proceedings*... Seattle: Iata, 1994.

WEF (World Economic Forum). *The global competitiveness report 2019*. Klaus Schwab, WEF, 2019. Disponível em: <http://www3.weforum.org/docs/WEF_TheGlobalCompetitivenessReport2019.pdf>. Acesso em: 30 dez. 2020.

WEICK, K. E. The vulnerable system: an analysis of the Tenerife air disaster. *Journal of Management*, v. 16, n. 3, p. 571-593, 1990.

WILLIAMSON, O. E. *The mechanisms of governance*. Oxford: Oxford University Press, 1996.

WIPO (World Intellectual Property Organization). *Global innovation index 2019 12th edition*. Genebra: Wipo, 2019. Disponível em: <https://www.wipo.int/global_innovation_index/en/2019>. Acesso em: 30 dez. 2020.

WONG, C. A.; CUMMINGS, G. G. The influence of authentic leadership behaviors on trust and work outcomes of health care staff. *Journal of Leadership Studies*, v. 3, n. 2, p. 6-23, 2009.

WORLD BANK. *Worldwide Governance Indicators (WGI) Project*. Washington, DC: The World Bank, 2017a.

_____. *Gini Index*. Washington, DC: The World Bank, 2017b.

ZAHEER, A.; MCEVILY, B.; PERRONE, V. Does trust matter? Exploring the effects of interorganizational and interpersonal trust on performance. *Organization Science*, n. 9, p. 141-159, 1998.

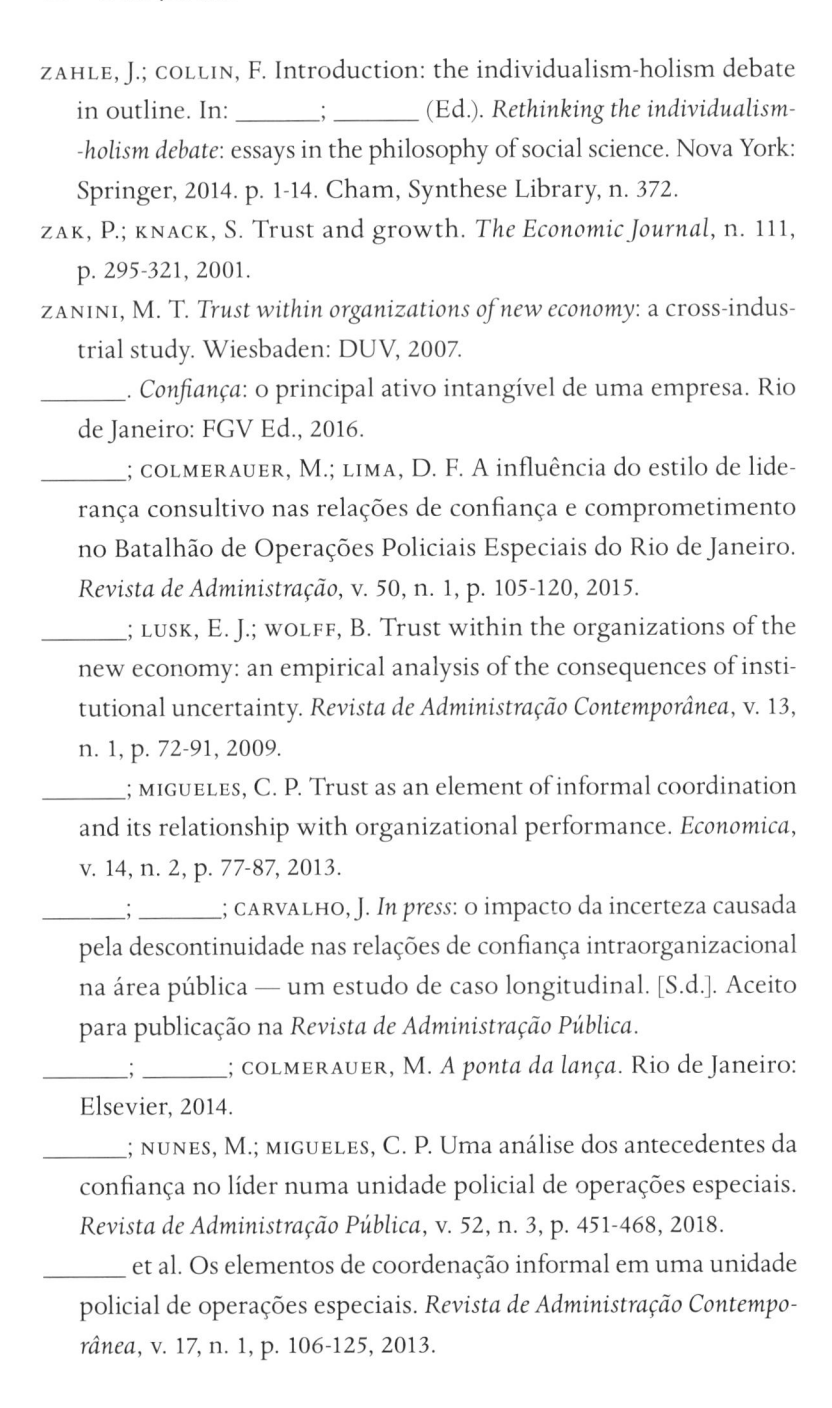

ZAHLE, J.; COLLIN, F. Introduction: the individualism-holism debate in outline. In: _____; _____ (Ed.). *Rethinking the individualism--holism debate*: essays in the philosophy of social science. Nova York: Springer, 2014. p. 1-14. Cham, Synthese Library, n. 372.

ZAK, P.; KNACK, S. Trust and growth. *The Economic Journal*, n. 111, p. 295-321, 2001.

ZANINI, M. T. *Trust within organizations of new economy*: a cross-industrial study. Wiesbaden: DUV, 2007.

_____. *Confiança*: o principal ativo intangível de uma empresa. Rio de Janeiro: FGV Ed., 2016.

_____; COLMERAUER, M.; LIMA, D. F. A influência do estilo de liderança consultivo nas relações de confiança e comprometimento no Batalhão de Operações Policiais Especiais do Rio de Janeiro. *Revista de Administração*, v. 50, n. 1, p. 105-120, 2015.

_____; LUSK, E. J.; WOLFF, B. Trust within the organizations of the new economy: an empirical analysis of the consequences of institutional uncertainty. *Revista de Administração Contemporânea*, v. 13, n. 1, p. 72-91, 2009.

_____; MIGUELES, C. P. Trust as an element of informal coordination and its relationship with organizational performance. *Economica*, v. 14, n. 2, p. 77-87, 2013.

_____; _____; CARVALHO, J. *In press*: o impacto da incerteza causada pela descontinuidade nas relações de confiança intraorganizacional na área pública — um estudo de caso longitudinal. [S.d.]. Aceito para publicação na *Revista de Administração Pública*.

_____; _____; COLMERAUER, M. *A ponta da lança*. Rio de Janeiro: Elsevier, 2014.

_____; NUNES, M.; MIGUELES, C. P. Uma análise dos antecedentes da confiança no líder numa unidade policial de operações especiais. *Revista de Administração Pública*, v. 52, n. 3, p. 451-468, 2018.

_____ et al. Os elementos de coordenação informal em uma unidade policial de operações especiais. *Revista de Administração Contemporânea*, v. 17, n. 1, p. 106-125, 2013.

1

Cultura e resultados: entendendo as relações causais para avançar

Carmen Migueles

O que, na cultura, dificulta a coordenação e a integração interna de forma concreta, observável, diária e persistente? Se há "problemas de cultura" que precisamos resolver para trabalhar melhor, que problemas são esses? O que faz com que a interação entre um indivíduo e outro, entre o líder e sua equipe ou entre colegas de trabalho seja mais ou menos produtiva de um país para outro? Para responder a essas questões, é importante compreender as precondições para a evolução da confiança, que é um pré-requisito para a evolução da cooperação, para construir bases sólidas para prosseguir. Cultura e confiança estão imbricadas. Na introdução deste livro, falamos sobre a importância da confiança para o desempenho econômico. Neste capítulo, vou analisar como nossa grande heterogeneidade cultural, que pode ser fonte de muita criatividade, funciona como uma barreira para a cooperação, dificultando o entendimento mútuo e reduzindo nossa capacidade de agir sobre os problemas. E como nossa grande desigualdade produz o mesmo efeito. Reduzindo esse efeito, abrimos espaço para o desenvolvimento de equipes de alto desempenho e para a inovação.

Neste capítulo, vou mergulhar nos aspectos mais micro das relações internas nas organizações para que consigamos enxergar mais precisamente como, nas interações sociais mais ordinárias, cotidianas, perdemos oportunidades de avançar. O somatório dessas perdas resulta em nossas baixas produtividade e competitividade. A descrição concreta dessas práticas e a analise teórica de suas causas podem nos ajudar a aprimorar os modelos de governança e a forma como desenvolvemos e apoiamos líderes e subordinados para chegar a resultados superiores. Para começar, é importante entender o papel da cultura nas organizações de forma objetiva, nos livrar do excesso de subjetivismo e das cortinas de fumaça que foram criadas sobre o tema. E esse problema já começa na definição do termo cultura. Indevidamente busca-se primeiro compreender o que a cultura é de fato para depois buscar compreender seu impacto nas organizações. Isso nunca dará certo! Por uma razão filosófica e epistemológica (que se refere ao que o ser humano consegue saber com algum grau de certeza) razoavelmente simples. Imagine que cada vez que um engenheiro quisesse projetar um avião começasse tentando definir o que é força na física para depois de ter o melhor conceito de força, de resistência (do ar e da gravidade), entre outras, para, só então, partir para a elaboração de um projeto! Não iria acabar nunca e jamais chegaria a uma conclusão concreta. Cada vez que penso nisso, lembro-me de um dos famosos paradoxos do grego Zeno of Elea (490-430 a.C.), que mostra que, se formos muito fundo, até os problemas matemáticos mais simples se perdem na metafísica.

Zeno olha para a medida de um metro. Ora! Para os gregos, o metro, como medida, não se refere a nenhuma realidade objetiva, nem a um objeto qualquer, mas é uma medida "humana" em comparação com a "medida divina". Um metro é mais ou menos equivalente a um passo de um homem adulto. Mas Zeno dizia, com licenças poéticas, pois de fato não sei exatamente como ele falou: "Posso partir o metro ao meio. E cada metade ao meio. E cada 1/4 ao meio. E assim indefinidamente. Logo, um metro é igual ao infinito". A certeza absoluta de que um metro são 100 centímetros não advém da natureza, mas de como os gregos pensavam a relação do homem com os deuses, como inventaram medidas para representar nossos limites e como imaginaram uma régua para mensurá-las. O metro não é produto da natureza, nem da física, nem da matemática. É produto da maravilhosa criatividade cultural.

Na verdade, podemos "brincar" disso com muitas coisas, sempre produzindo dúvida e incerteza. Isso é importante na filosofia e tem importantes reflexos na sociologia. Mas não tem muita graça na administração. A física precisa tomar as medidas como fixas para poder avançar. Sabemos que a medida fixa não está estabelecida por conhecimentos concretos ou por verdades absolutas. Mas não importa. O que de fato importa, para fins instrumentais, é que funcione e que o avião voe. E, de preferência, que não caia. E o campo da administração, assim como o da engenharia, é instrumental por natureza. Sabemos da importância da interdisciplinaridade quando trabalhamos na interseção entre os limites de duas disciplinas para avançar na produção do conhecimento, e da multidisciplinaridade quando usamos várias disciplinas para compreender a complexidade de certo fenômeno, mas não podemos nos perder nesse exercício nem deixar de segurar o "fio da meada", senão acabaremos perdidos em um labirinto de paradoxos.

Por essa razão, precisamos abandonar, ao menos no campo da administração, a busca pelo mais completo e verdadeiro conceito de cultura e começar a pensar sobre como resolver os problemas que chamamos de "problemas de cultura". Que problemas são esses? São fundamentalmente os problemas de coordenação causados por fatores invisíveis para o senso comum e que só conseguimos enxergar com uma análise mais profunda, com métodos adequados. São os problemas que derivam dos modelos mentais e das formas de pensar e agir que os seres humanos aprenderam desde a infância e que reproduzem "automaticamente" em suas práticas no trabalho. E as formas de pensar e trabalhar que aprenderam nas organizações, também de forma automática e pouco consciente. Há, dentro das organizações, assim como em toda atividade humana, um fenômeno de coordenação informal, invisível a olho nu, que afeta a forma como interagimos e, por consequência, afeta a competitividade e a produtividade das organizações. E esse fenômeno é causado pela imbricação entre a cultura nacional e, dentro desta, o repertório de códigos culturais e linguísticos que aprendemos na família, na escola e na sociedade, e a cultura organizacional, que são as formas de coordenação que foram inventadas nas empresas na busca de soluções de integração interna que garantissem a melhor adaptação externa, como dizia Edgar Schein, embora ele não tenha conseguido chegar ao coração da questão, ou seja, como isso de fato ocorre.[1] Os conceitos complexos e holísticos sobre cultura nos trouxeram, depois de tanto tempo de pesquisa sobre o tema no campo da administração, a inúmeros becos sem saída.

Em termos antropológicos, a cultura pode ser pensada como um código, que opera de forma similar à linguagem. A língua é um sistema de códigos, com léxicos, gramática e regras. Ela opera permitindo a comunicação e o pensamento. Enquadrando, sem jamais determinar, o que o falante pode dizer ou pensar.[2] Há nela um sistema de signos e símbolos, que se organizam em uma teia de significados, como afirma Clifford Gertz, seguindo Max Weber. Em termos de linguagem de máquinas, Geert Hofstede usa a metáfora de que a cultura é uma "programação da mente", pois ela funciona, se pensarmos de forma reducionista, de forma similar à linguagem de máquinas. É difícil para milhares de programadores cooperar no mundo. Mas quando alguém cria uma linguagem comum, como a linguagem Java, por exemplo, de repente a cooperação emerge, tendo, agora, essa base em comum em cima da qual cooperar. Isso reduz o imenso volume de equiprobabilidades que torna a comunicação randômica tão improdutiva (Eco, 1997). A força desses códigos, na cultura e na linguagem, é enorme, e eles operam de forma subjacente a toda comunicação e pensamento humanos. Como o exemplo da linguagem Java nos permite pensar, a existência de um código também abre espaço para a criatividade e para a inovação. Milhares de programadores criaram inúmeras soluções a partir dessa base.

---

[1] Tratamos essa relação em profundidade em Migueles (2003) e Zanini e Migueles (2018).
[2] Para um texto mais elaborado sobre essa ideia, ver Migueles (s.d.b).

Compreender onde e como esses códigos podem prejudicar a cooperação e a comunicação e saber trabalhá-los a nosso favor é importante. É possível criar e aumentar a coordenação e cooperação para aprimorar as formas de pensar e fazer as coisas. Mas isso só é possível em determinadas condições, como evolvendo o conjunto das pessoas no seu aprimoramento. O pulo do gato em projetos de cultura que funcionam é partir da busca, pela organização, das práticas para que estas deem apoio às mudanças que queremos implementar. A cultura é, em grande medida, organizada e reelaborada por meio de práticas sociais articuladas sobre as quais pensamos. É um repertório de saberes tácitos articulados de forma sistêmica, relativos às formas de pensar e fazer, como veremos adiante. O papel das práticas e das formas de organização humanas para lidar com os desafios concretos que a vida nos coloca é central para o desenvolvimento da cultura de uma organização.

E aqui encontramos outra questão que sempre levou a argumentos circulares na administração: quando se pergunta se é possível gerir e aprimorar a cultura, o que está se perguntando é se é possível manipular facilmente as pessoas para que elas entreguem mais valor e maiores lucros sem que as práticas, processos, sistemas de incentivo, remuneração e políticas organizacionais sejam alterados; apenas trabalhando no desenvolvimento de novos valores e crenças. E aqui é importante notar que isso é praticamente impossível, pois sem alterar as práticas e sem aumentar a confiança e a autonomia no nível da execução da tarefa real, como veremos, não conseguimos evoluir. Valores são, na sua enorme maioria, discernimentos acerca das melhores formas de agir sobre determinadas questões. Eles emergem, na enorme maioria dos casos, das práticas; em outros, da religião. A razão é amplamente observada na antropologia. A mente precisa de uma âncora. E essa âncora se encontra na observação da realidade ou na metafísica, na fé na existência de outra ordem.

Essa é uma redução pobre da realidade social e produz um viés de análise dos problemas organizacionais que nos dificulta enormemente a análise de fatores que não sejam produto da psicologia dos indivíduos, como a cultura. Naturalmente, a cultura é produto da criatividade humana, mas cada indivíduo não inaugura esse processo de acordo com suas virtudes e vontades. A história e a evolução da topologia das relações econômicas, sociais e políticas ao longo do tempo criam o contexto preexistente dentro do qual o indivíduo aprende a pensar e a reconhecer o que são comportamentos aprováveis e reprováveis, o que é possível fazer e o que não é. Para que o indivíduo consiga inovar nas formas de se relacionar com esse contexto, há um esforço, nada trivial, de orquestração da ação coletiva que dá suporte para esse movimento individual, ou seja, um projeto organizado de gestão da mudança orquestrado pela liderança. Isso não significa negar o papel e a relevância da psicologia nos estudos organizacionais ou na gestão da mudança. Mas, voltando à questão do avião colocada anteriormente: se olharmos para o estudo da aerodinâmica do aço não por sua dureza e outros atributos mais macro, mas pelas características dos átomos e das moléculas, novamente não conseguimos isolar os atributos desse material que ajudam um avião a voar. A psicologia do indivíduo é muito relevante nas organizações, mas, se analisarmos a cultura partindo dela, novamente nos perderemos em complexidades que precisamos evitar se queremos um diagnóstico capaz de dar subsídios para a mudança. O átomo é um universo a ser explorado e descoberto. Afirmar que não devemos olhar para ele quando estamos pensando no projeto de um avião não significa que seu estudo não vale a pena e nem que ele não faz parte do aço. Significa, simplesmente, que esse estudo não ajuda para o objetivo de fazer o avião voar. Do mesmo modo nos projetos de cultura. Deixar de lado a psicologia dos indivíduos na etapa do diagnóstico não significa negar sua importância para outras etapas de um trabalho de gestão da mudança.

Se dermos foco ao desafio da coordenação interna e à busca por aprimorá-la, conseguiremos isolar os fatores críticos que operam na formação de passivos intangíveis (tudo aquilo que drena tempo, esforço e inteligência) e conseguiremos descobrir os ativos intangíveis (tudo aquilo que aumenta a capacidade de transformar os recursos de tempo, capacidade e inteligência humana) em resultado concreto, mensurável e perceptível para os clientes (via valor percebido do produto ou serviço que afeta o preço e se transforma em reputação para a marca) e para a sociedade. Não é segredo que o sucesso em gestão depende da capacidade de reduzir os passivos e aumentar os ganhos com os ativos. O desafio com projetos de cultura até hoje era a capacidade de reduzir o fenômeno a uma dimensão operacionalizável em termos de pesquisa e gestão. Sabemos, olhando para países como o Japão e a Alemanha, com produtividade maior que a nossa, que a cultura nacional ajuda na coordenação interna das firmas (trato desse tema em Migueles, s.d.b). E sabemos também que essas culturas são resultantes de um longo processo histórico. Essa constatação tem gerado, entre nós, certo fatalismo: se é assim, não há nada que possamos fazer. Mas nada poderia ser mais falso. É possível e desejável avançar. Com uma enorme vantagem para nós, no Brasil. Muitas culturas nacionais são âncoras da identidade dos indivíduos e sua fonte de orientação; as pessoas se orgulham e têm uma relação positiva com elas, o que torna o desafio da mudança difícil, dado o volume de resistências conscientes. No Brasil, ao contrário, os traços de cultura nacional que formam os passivos intangíveis que nos dificultam os avanços são traços que a maioria dos brasileiros gostaria de ver eliminados. É relativamente fácil gerar engajamento e motivação se tentarmos de fato, com planejamento e métodos adequados para os problemas que aparecem ao longo dos esforços de implementação e suporte dos conselhos de administração e das lideranças. E é possível fazer isso. Nossos estudos no Batalhão de Operações Especiais da Policia Militar do Rio de Janeiro comprovam que é possível, no nível da cultura organizacional, neutralizar os passivos intangíveis da cultura nacional (esse resultado é bastante explorado nas nossas pesquisas e está descrito nos livros e artigos que colocamos no final da lista de referências deste capítulo).

Fatores que causam o quadro de passivos intangíveis que distorcem a coordenação e desincentivam a cooperação

Compreendendo nossas fraquezas

Nossas pesquisas apontam para a interseção entre três grandes traços da cultura nacional que impactam negativamente a qualidade da coordenação interna. Eu proponho aqui examinar esses traços para depois, ao fim deste texto, entender a relação que eles têm com o código linguístico, com as práticas e com os valores e o que é possível fazer para avançar.

Uma boa síntese desses fatores está descrita nos trabalhos de Geert Hofstede[3;4] que usamos como métricas complementares em nossas pesquisas. Para conseguir comparar a cultura entre vários países, ele isolou seis macrodimensões que buscam englobar as grandes questões com as quais todas as sociedades precisam lidar. A primeira delas é o grau de concentração de poder e de aceitação da desigualdade, que ele denomina "distância de poder". A distância de poder é tanto maior quanto mais aceitamos a discricionariedade dos poderosos, o autoritarismo e a desigualdade. Em nosso caso, essa distância é grande em comparação com outros 70 países de sua amostra. Há uma correlação estatística e traços observáveis do impacto negativo dessa dimensão na capacidade de inovar e de fazer boa gestão de riscos em trabalhos acadêmicos.[5] Essa dimensão se refere a como uma sociedade lida com os desafios da construção da ordem social e da desigualdade.

---

3 Fazemos uma análise do impacto dessas disfuncionalidades em Migueles, Zanini e Lafraia (2019).
4 Neste *site* é possível consultar como cada país pontua em cada dimensão e entender o que cada dimensão mede: <www.hofstede-insights.com/product/compare-countries>. Para compreender a pesquisa em profundidade, as formas de validação estatística e a base teórica empregada, ver Hofstede (2001).
5 Ver Hofstede (2001, especialmente p. 373-391).

A segunda dimensão mede o grau de propensão ao coletivismo x individualismo, ou seja, o quanto, em uma sociedade, se valorizam a autonomia individual e o valor do indivíduo em relação aos objetivos sociais e coletivos. Somos uma sociedade mais coletivista e com os traços do que o estudo The Globe (House et al., 2004) chama de coletivismo latino-americano. O baixo individualismo atua negativamente sobre a autonomia, entendida como a ética do autogoverno (*versus* a ética da obediência, que gera submissão e que prevalece entre nós), gerando a lealdade pessoal em pequenos grupos e em relações afetivas, familiares ou quase familiares. O coletivismo asiático, outra forma de organização não individualista da sociedade, promove o sacrifício dos indivíduos pelo sucesso do coletivo. O latino-americano promove a transferência de responsabilidade do indivíduo para um coletivo genérico e pouco específico.

A terceira dimensão se refere à forma como as culturas lidam com as diferenças entre gêneros e como prefere valores normalmente predominantes em um dos gêneros. A cultura brasileira é ligeiramente feminina: tem mais simpatia pelos mais frágeis nas relações sociais e tende a ser mais avessa à competição e a ser menos simpática aos vencedores (atributo das culturas masculinas). Isso em parte explica nossa desconfiança em relação a empresas, aos vencedores na vida e empresas e à percepção de que a virtude é maior entre os pobres. Isso tem relação também com o *ethos* católico, que valoriza mais a negação da riqueza do que sua valorização, ao contrário do *ethos* protestante, que inclui uma teologia da prosperidade.

Há uma relação entre alta distância de poder e preferência por valores femininos de modo geral, que leva à valorização do paternalismo como uma forma de o mais forte demonstrar cuidado com os mais fracos e do "familismo" de ficção, em que os vínculos contratuais são vistos como mais benéficos quando as pessoas são tratadas como na família. A quarta dimensão se refere ao grau de aversão à incerteza, que diz respeito a como uma sociedade pensa as incertezas futuras e as trata. E somos muito avessos a elas; tentamos evitá-las, em grande parte controlando o comportamento humano. Sociedades com forte propensão ao controle de incertezas, como Israel, por exemplo, mas com baixíssima distância de poder (esse país tem a segunda menor distância de poder da amostra de Hofstede), buscam controlar as incertezas preparando as pessoas para lidar com elas, investindo na pesquisa e na ciência como forma de se preparar para ela.

A quinta dimensão refere-se a como nos relacionamos com o tempo: foco no curto, no médio e no longo prazos. Na pesquisa de Hofstede, temos uma orientação para o médio prazo, mas segundo nossas pesquisas esse resultado é porque essas dimensões, feitas para comparar 70 países, não capturam bem o peso da incerteza e da baixa confiança entre nós, gerando foco no curto prazo. E a última se refere a como lidamos com a gratificação pessoal, que ele denomina propensão à autoindulgência, que também é alta entre nós. Ou seja, há algo em nossa cultura, capturado pelo poeta, que reflete essa dimensão: "O que a gente leva dessa vida é a vida que a gente leva" (Tom Jobim). Ou seja, é importante prestar atenção em ser feliz, o que não deixa de ter aspectos bastante positivos.

Dessas dimensões, a alta distância de poder, o baixo individualismo e a forte propensão a evitar incertezas são elementos que, em nossas pesquisas, mais impactam negativamente a coordenação interna nas organizações. E são eles que inibem que outras características de nossa cultura, que não são capturadas nas dimensões de Hofstede, contribuam para nosso sucesso. Temos uma capacidade muito grande de nos engajar sem resistência. E uma capacidade de trabalhar com alegria também invejável. É só observar a dedicação das comunidades nos barracões das escolas de samba, virando noites para garantir o sucesso da sua agremiação do coração, onde se trabalha com foco no resultado e como parte de uma comunidade fortemente comprometida com este. Lá, esses fatores que se constituem em passivos intangíveis não estão presentes e há uma qualidade de vínculo que não existe nas empresas. Naturalmente que há outros fatores envolvidos nessa diferença entre as escolas de samba e as empresas que tornam essa comparação inadequada, mas são os fatores que encontramos no ambiente de trabalho no Japão, e não no nosso, como a qualidade do vínculo, o sentimento de pertencimento e a realização estética.[6] É importante notar que essas dimensões não medem coisas idênticas em todos os países, mas as propensões para uma certa orientação ou outra. E nem se manifestam de forma idêntica em todas as organizações no Brasil. Para compreender as especificidades de cada país e de cada organização é necessário um mergulho qualitativo. Apresento o resultado das nossas observações no final deste capítulo. E também um caminho que nos ajuda a superar essas barreiras.

Fazendo uma caricatura para ressaltar as características desses traços culturais nas organizações, apresento as considerações que se seguem.

De todas as formas de distorção na qualidade da gestão que os fatores mencionados tendem a alimentar, a que mais ameaça a evolução da organização é o personalismo, compreendido com a formação de grupos de gestão e liderança baseados em vínculos e lealdades pessoais, mais do que lealdade a princípios, valores e

---

[6] Pensando estética aqui como na filosofia, o prazer é a ligação principal que Kant faz com o belo. Por ser prazer um elemento subjetivo, ele é desprovido do sentido de conhecimento, não está vinculado à realidade de um objeto ou fenômeno; o prazer que o belo proporciona vem apenas das representações sensivelmente apreendidas (Kant, 1993). No universo do trabalho, essa necessidade pelo belo se apresenta na forma da mais bela solução, na busca da perfeição, da sensação de ter podido colaborar para a construção do ajuste mais perfeito. Para Aristóteles e Platão, a ética, a estética e a lógica formam uma unidade, pois há uma busca contínua e integrada, por parte do ser humano, pelo verdadeiro, o bom e o belo. Ver Socrátes (2000) e Platão (2000). A observação do nosso arranjo de trabalho nos leva a crer que a distância de poder, em interação com a aversão à incerteza e a baixa confiança, inibe os espaços de realização estética no trabalho. Mas isso está por ser mais bem explorado em um próximo trabalho. A escola de samba parece um espaço em que essa necessidade por pertencimento e colaboração se realiza sem a mediação do poder e dos interesses econômicos, como na empresa. A cultura japonesa e a forma de pensar a *kaisha*, ao mesmo tempo "empresa" e "casa", reúnem esses atributos na organização dos arranjos de trabalho.

resultados esperados.[7] O personalismo é a maneira como a cultura de alta distância de poder operacionaliza o comando e os controles de forma subliminar nas organizações. Na sua forma mais extrema, o personalismo se confunde com o nepotismo. O nepotismo e as nomeações por lealdades pessoais, conhecidos como a arte de colocar jabutis em cima de árvores, têm efeitos mais profundos do que apenas destruir as bases da meritocracia, que literalmente significa o governo do mérito, ou o mérito como o critério ideal para ascensão social e para o exercício do poder. Jabutis têm medo de cair de árvores. Logo, não causam danos apenas por ter ocupado o cargo sem méritos, mas por trabalhar para ocultar o trabalho de quem tem mérito e impedir que essa informação apareça, pois o mérito o ameaça e deixa claras suas vulnerabilidades. O jabuti desenvolve um grande esforço por demonstrar lealdade pessoal ao superior, muitas vezes acusando os outros de incompetência para demonstrar seu empenho e lealdade em controlá-los e fazê-los trabalhar apesar de "sua falta de virtude". O jabuti tem por estratégia ressaltar as fraquezas alheias e o risco de apoiar projetos bem pensados e seus desenvolvedores ao longo da hierarquia.

O personalismo tem várias faces, mas a mais comum entre nós, e na qual os modelos de governança impedem o nepotismo de forma mais direta, é a seleção de "amigos muito bons": colegas de colégio ou faculdade que tinham excelentes notas, ex-companheiros de trabalho que deram ao líder personalista conforto emocional ao longo da vida, ocultando dele tanto os desafios quanto suas verdadeiras falhas. O personalismo blinda o líder do desafio da dificílima tarefa de aprimorar a coordenação interna e conviver com o diferente. Sob o manto de preservar o líder para questões mais estratégicas, cria o

---

[7] Essa questão é tratada, nos comparativos internacionais, sob o conceito de "coletivismo latino-americano", que é relativo a uma forma de organização social que valoriza os vínculos de lealdade pessoal nos pequenos grupos. Essa forma de coletivismo é diferente do oriental, que é uma medida do sacrifício individual para resultados coletivos, ou lealdade ao grupo. Ver House et al. (2004).

muro de fazê-lo se relacionar com a organização por meio desse grupo de eleitos, que tendem a se transformar nos "intérpretes da vontade do presidente". Assim como o jabuti, bloqueiam o aprimoramento da gestão e impedem a evolução da cooperação, fragmentando a visão do conjunto e dificultando o acesso das pessoas abaixo aos níveis com recursos materiais e políticos para resolver problemas complexos ou sistêmicos e inovar. É por essa razão que Hofstede (2001:382) nota que, em países de alta distância de poder e alta aversão à incerteza, como o nosso e os latinos de modo geral, a gestão é mais política do que estratégica, prefere-se o controle à autonomia, o personalismo e as articulações entre pessoas ao desenvolvimento de sistemas mais impessoais, os planejamentos muito detalhados com *feedbacks* de curtíssimo prazo; há menos clareza sobre as informações que são relevantes para o planejamento de médio e longo prazos e um esforço constante por enfraquecer as bases analíticas que levariam ao planejamento estratégico mais robusto em favor das "certezas do dia de hoje".

Nas empresas privadas, quando não há foco no desenvolvimento da governança, o personalismo mistura os dois elementos mencionados e a eles tende a somar um terceiro: o paternalismo. O paternalismo simula um "familismo" de ficção, desigual por natureza, em que a dependência do líder tende a ser premiada com a preferência. O paternalismo infantiliza o subordinado e premia a obediência e a lealdade como capacidade de ler e antever as preferências do chefe. Tende, naturalmente, à seleção adversa, pois os indivíduos com mais vocação para a liderança e para a autonomia tendem a ter mais dificuldade de trabalhar pelos menores resultados para a organização.

Em todos esses casos, o indivíduo que pode contribuir para a inovação e para a gestão da mudança é neutralizado de duas formas: a primeira é pela falta de processos, suporte e mecanismos de reconhecimento dos melhores para que consigam acesso aos recursos materiais e políticos para fazer diferença no nível da atividade humana concreta. A segunda é porque os jabutis, os "amigos do rei" ou os intérpretes da vontade do "pai" empreenderão ativamente para que este não consiga resultados. Nesses casos, as metas propostas na estratégia, especialmente quando estão ligadas à dinâmica da inovação e da pesquisa aplicada, permanecem como uma vontade abstrata, remota, de difícil operacionalização.

Uma das formas de neutralizar os indivíduos detentores de conhecimentos, habilidades e atitudes adequadas para a inovação é aumentar a burocracia e os controles internos, pois isso facilita a discricionariedade dos grupos que estão em posições de controle, tanto sobre recursos quanto sobre as diretrizes que devem valer para o processo de inovação, quanto sobre o sistema de incentivo e reconhecimento. É comum, nas poucas organizações brasileiras que têm alguma política de inovação, contratos com poucos recursos destinados ao esforço de pesquisa, metas de curto prazo que roubam tempo e energia das metas maiores de médio e longo prazos e política de direitos autorais que dão todos os direitos sobre a inovação para a organização. Esse é um claro desincentivo para que o indivíduo invista esforços extras no processo de inovar e consiga desenhar projetos de maior impacto, pois o inventor perde o acesso não apenas ao resultado do seu grande esforço extra para superar os limites de recursos, mas também ao controle do que será feito com o produto de seu trabalho, que pode ser "engavetado" pelo jabuti ou usado para seu benefício, quando este pega o produto da inovação e transforma em resultados para sua área, aumentado sua remuneração variável ou outros ganhos em detrimento do autor dos esforços.

O personalismo, portanto, acaba criando o contexto político adequado, o caldo de cultura, para o desenvolvimento da arte de criar cortinas de fumaça para comportamentos oportunistas, com forte impacto negativo sobre a confiança, que é o principal ativo intangível das organizações e o elemento-chave para garantir a capacidade de implementação adequada da estratégia (Zanini, 2016). Nesse caso, a confiança pessoal não deriva da confiança na competência e no caráter, nem está relacionada com a percepção de integridade e consistência (que é o que é medido nas escalas internacionais de confiança), que é o tipo de confiança que gera a cooperação desejada, mas na percepção de que o ganho do subordinado com a dependência e a lealdade pessoal é suficiente para garantir subordinação.

A redução da distância de poder, portanto, passa, necessariamente, por estratégias de neutralização do personalismo e pela construção de estratégias de suporte aos indivíduos que podem inovar em diferentes áreas da organização. A inovação em processos organizacionais para fazer isso deve estar orientada para aumentar a capacidade de ouvir a base e tratar as informações ascendentes com método e metodologias adequadas. Mas dizer isso é mais fácil do que fazer. A fragilidade dos processos de coordenação interna para isso tenderá a levar a uma grande entropia caso a substituição dos sistemas personalistas por sistemas mais orientados para a meritocracia não seja fruto do desenvolvimento e implantação de mecanismos alternativos tanto de coordenação quanto de controle. Para fazer isso, é importante compreender onde os esforços de coordenação se perdem e como controlar a entropia.

Sabemos que as relações pessoais, o *networking* e os vínculos de confiança são importantes na economia. Mas há uma diferença fundamental entre estes e o personalismo, que é o foco no melhor interesse do conjunto com planejamento compartilhado e medidas de evolução. Nos países de menor distância de poder, a qualidade da coordenação informal horizontal e a necessidade de transparência para garantir o engajamento sem tanta necessidade de controle de recursos são o que garante a melhor condução dos processos de aprimoramento e inovação com o menor espaço para comportamentos oportunistas.

O desafio da autonomia

Muitas metodologias importadas de gestão pela cultura falam sobre a importância da autonomia para a segurança no trabalho, gestão de riscos e para a inovação. Partem do pressuposto de que autonomia é natural para o ser humano. Mas, na verdade, a autonomia típica de algumas sociedades é um produto da sua cultura. Autonomia não é algo universal presente em todas as culturas. De acordo com essas metodologias, indivíduos livres, autônomos, quando compreendem os valores esperados pela organização conseguem ajustar seus comportamentos para ter mais sucesso. Não percebem que a autonomia não pode ser tratada como um dado de realidade porque vivem em países onde todo o sistema educacional, em casa e na escola, busca desenvolvê-la. Mas a autonomia está relacionada não só a uma educação orientada para a ética do autogoverno e independência, como também para a capacidade de o indivíduo de fato atuar de forma autônoma. Para isso, há alguns pré-requisitos necessários: a educação para a liberdade, responsabilidade, vontade e consciência. E há desafios específicos da educação que precisam ser trabalhados para que isso se desenvolva.

Em sociedades com a ética da obediência, atrofiam-se os espaços de reflexão, percepção da capacidade e responsabilidade individuais e capacidade de atuar com liberdade de ação desde a escola. Sem a preparação para pensar os próprios espaços de liberdade, a percepção da responsabilidade por resultados, para si e para o grupo, também é reduzida. E a capacidade de assumir riscos com autoconfiança diminui. Isso dificulta o desenvolvimento da consciência sobre a importância da ação proativa, o que é um dos temas complexos que parecem desanimar esforços de mudança e que são mais fáceis de mudar do que de explicar adequadamente. O esforço que Schneewind (1998) faz para explicar essa questão é louvável. Em um livro magistral construído com uma capacidade extraordinária de relacionar os desenvolvimentos da filosofia, a transformação histórica na Europa e sua relação com teologia mostra como, na origem, a ideia de autonomia como autogoverno está ligada a uma moralidade que emerge não só de uma forma de pensar a relação do ser humano com Deus, mas também de pensar a responsabilidade do indivíduo com a sociedade, dando origem ao *ethos* protestante. Oposta a essa, está a ideia de moralidade como obediência, tão presente no *ethos* católico. A moral da obediência é também uma moral da dependência das elites europeias na vida cotidiana e política, e, na vida religiosa, do discernimento da lei de Deus pelos padres, que traduzem para os fiéis, teoricamente incapazes de discernir sem a ajuda do clero, a interpretação correta e a forma certa de se relacionar com ela.

Mas nossas pesquisas mostram que dentro de certas condições é possível desenvolver, com resultados extraordinários, essa capacidade em adultos, mas uma precondição para isso é aprimorar a confiança. Para isso, é necessário compreender como a heterogeneidade e a desigualdade a afetam negativamente em um círculo vicioso de impossibilidades que precisa ser rompido.

Para nos restringir apenas aos países europeus e suas colônias latino-americanas, podemos observar que os países com alta distância de poder e menor grau de individualismo (coletivistas) são também os de maior autoindulgência. E isso não é coincidência. Não só a autonomia mas também a dependência são aprendidas tacitamente desde a infância. Compreender o processo de formação da dependência aprendida, com consequências para a percepção de desempoderamento do indivíduo, é fundamental para a compreensão da aceitação do poder excessivamente concentrado e para o engajamento passivo em relações de subordinação. São elas, também, que formam o mundo subjetivo dos indivíduos que demandam relações paternalistas com os líderes e, mais do que aceitam, esperam e reivindicam que as autoridades constituídas os protejam e cuidem de seu futuro. A vulnerabilidade nessa posição é precondição para o funcionamento dos sistemas de patronagem, que Marco Tulio Zanini analisa no próximo capítulo, e para a aceitação da desigualdade. A dependência é o que legitima o poder concentrado. Sem ela, o poder concentrado não se manteria. A reivindicação de *status*, poder e privilégio precisa do reconhecimento social do direito do indivíduo que os reivindica a isso. Em uma sociedade de iguais, quem clamasse para si essas vantagens seria certamente objeto de risadas e não teria sucesso em seu intento.

O desafio da heterogeneidade e da desigualdade na comunicação e na confiança

Certa vez, em um trabalho de educação executiva no setor público brasileiro, em que mostrávamos todas as ferramentas de gestão estratégica de pessoas que trazem resultados melhores, ouvimos: "Entendemos. É claro como isso funcionaria. Mas essa modelagem toda é muito teórica. Primeiro porque não conseguiríamos com os excessos formalistas da gestão pública brasileira colocar isso para rodar como se deve. Depois, não conseguiríamos por causa das forças ocultas e entes invisíveis que atuam por aqui". A imbricação entre falta de confiança e excesso de controles por um lado, que dificulta a evolução das organizações com a racionalidade necessária para conectar os meios aos fins de forma eficiente, e o excesso de comportamentos oportunistas (também do topo da organização), por outro, matariam os esforços no nascedouro. Naturalmente, esses dois elementos estão fortemente relacionados. E são derivados da distância de poder que permitimos que sobreviva entre nós. Como avançar? É necessário jogar luz sobre esses mecanismos informais (Williamson, 1996). E isso pode ser feito com uma governança que coloque as forças ocultas, os entes invisíveis e o excesso de controles como as principais barreiras para os avanços e acompanhe sua remoção por meio da organização mais racional da colaboração. Esse é um projeto de diagnóstico de desafios de cultura comprometido de fato com o avanço na direção de resultados. Mas sem diferentes formas de suporte aos indivíduos que trabalhariam para isso, as chances de avançar com projetos como esses são nulas, pois os oportunistas facilmente engolem aqueles que tentam.

É importante notar que, ao contrário do que pode parecer à primeira vista, a redução da distância de poder, se pensada de cima para baixo, não resulta em autonomia do subordinado. Talvez resulte em desorientação, sentimento de abandono e vulnerabilidade. A autonomia precisa ser construída de baixo para cima, com suporte da liderança, naturalmente. A capacidade de autogoverno (*auto* = a si próprio + *nomos* = lei) é uma "tecnologia social", uma competência social que integra a construção dos espaços de liberdade, as competências, habilidades e atitudes que compõem a capacidade do indivíduo de ocupar esses espaços e a construção de regras que evitam que esse espaço lhe seja roubado e que sua autonomia se transforme em razão para ostracismo ou isolamento social. A pesquisa produziu abundantes evidências de que o desenvolvimento do contexto capacitante para o desenvolvimento da autonomia é capaz de promover uma veloz aprendizagem organizacional, que integra a aprendizagem dos indivíduos, seu compartilhamento via esforços para resolver problemas e garante o desenvolvimento de processos de gestão flexíveis, que, ao serem continuamente aprimorados como resultado dessa aprendizagem, retroalimentam o processo, melhorando o contexto de participação em um círculo virtuoso em que ganhos de autonomia melhoram a disciplina operacional, que tem impacto positivo na melhoria do engajamento e da motivação, e geram esforços compartilhados de melhoria contínua dos processos e procedimentos organizacionais, melhorando a integração interna de modo a garantir uma adaptação externa mais veloz e inovadora.

Por onde começar?

Um bom começo é pelos estudos de produtividade. Se entendermos aquilo que esses estudos medem e aquilo que não medem, conseguiremos enxergar melhor os espaços para as pesquisas aplicadas sobre o tema e os espaços de atuação dentro das organizações. Abramowitz (1956) e Solow (1957), apud McGowan et al. (2015:21), afirmam que a "medida multifatorial de produtividade relaciona um resultado (*output*) a uma definição que pareça adequada dos insumos investidos, onde a produtividade multifatorial é uma medida residual e que pode, perfeitamente, ser uma medida da nossa ignorância".[8] O que isso significa? O que os estudos econômicos demonstram? Que há diferenças claras entre países relativas à capacidade de transformar um determinado volume de recursos em um montante de produtos/serviços deles decorrentes, mas que de fato sabemos pouco sobre o que acontece dentro das empresas que acabam por gerar esse impacto. De modo geral, usamos o senso comum para preencher essa lacuna de conhecimentos. Colocamos a culpa na educação, que no Brasil, na média, é ruim, e em outros fatores. Mas como José Roberto Vieira de Resende demonstra no capítulo 3, o aumento de investimentos em educação não se transformou em ganhos de produtividade e competitividade, o que aponta para a inadequação dessa hipótese.

O fato é que não sabemos claramente tudo o que concorre para que nossa produtividade seja menor e nossa competitividade, muito ruim. Há um desafio de pesquisa na busca por soluções. E essa busca depende de ciências humanas e sociais complementares à economia. Ninguém ousaria supersimplificar as bases da engenharia para dar respostas sobre como colocar grandes obras de pé nem simplificaria seus conteúdos para facilitar a vida de leigos que gostariam de construir grandes obras. Talvez por uma razão óbvia: obras de engenharia sem respeito pelas leis da física e da química caem. Mas em ciências humanas e sociais aplicadas facilmente se aceitam explicações incompletas e parciais. Obras não caem, mas nem por isso seus fundamentos podem ser ignorados sem consequências observáveis. A pesquisa em cultura endereça essa lacuna.

Há várias falácias sobre o tema da cultura organizacional. Podemos começar por verificar sua veracidade. Uma delas é que "culturas fortes" levam ao sucesso e à motivação dos empregados e têm poderes mágicos de garantir a competitividade da empresa. Por analogia à engenharia, seria o mesmo que dizer que estruturas fortes são melhores.

---

8 Disponível em: <www.oecd.org/economy/growth/OECD-2015-The-future-of-productivity-book.pdf>. Acesso em: jul. 2020.

Mas o que é forte e por que melhores? Se força for rigidez, pode ser bom no Brasil, onde não há terremotos, e ruim no Japão, onde há. Contra choques extremos, flexibilidade é melhor que rigidez. O que é forte em termos de cultura e qual é seu impacto de forma concreta, verificável e em relação a qual objetivo? É necessário compreender essas questões.

Há quem diga que líderes visionários criam e desenvolvem culturas de forma intuitiva. Será isso de fato fruto da intuição ou de conhecimentos tácitos e experiências que ajudam a discernir com consistência e coerência? Nossas pesquisas mostram que a segunda hipótese é mais provável. Pode ser difícil para esse líder explicitar esse "patrimônio imaterial" da organização, pois saberes tácitos são difíceis de explicitar em método. Mas há antropólogos preparados para fazer isso, seja em uma tribo ou em uma empresa.

Compreender adequadamente como a cultura se estrutura é importante para entender como ela atua contra (como passivo intangível) ou a favor (como ativo intangível) da competitividade da organização e da estratégia. Uma coisa podemos dizer com algum grau de certeza: quando as pessoas compreendem por que estão fazendo o que fazem, a importância de como fazem e têm autonomia e suporte para ajustar os meios (processos, padrões, procedimentos) aos fins (segurança no trabalho, inovação, atenção aos clientes) e sistemas de incentivo condizentes, aumentamos a capacidade do conjunto de fazer o que precisa ser feito. Mas o que a cultura tem a ver com isso? Essa é a questão.

O que sabemos, de modo geral, é que nos comparativos globais somos pouco produtivos. Mas sabemos pouco sobre o que ocorre dentro das empresas para colaborar nisso. O estudo da produtividade, em uma perspectiva de gestão, está relacionado ao grau de efetividade e eficácia com que o trabalho é realizado. Se a comunicação e a coordenação fossem perfeitas, e os indivíduos cooperassem para o melhor resultado coletivo, em tese teríamos uma grande produtividade. Mas o fato é que não temos.

A redução dos impactos negativos da heterogeneidade e da desigualdade na comunicação e na confiança e seu impacto no desempenho de indivíduos e equipes

Zak e Knack (2001) consolidam os esforços para correlacionar confiança e desenvolvimento econômico em um trabalho clássico que compara os resultados dos países nos estudos globais de confiança com o produto interno bruto e *per capita* desses países e encontra uma relação direta. Nesse trabalho, e em algumas edições do World Values Survey,[9] o Brasil aparece como o país do mundo com a menor propensão a confiar. Falando assim, de forma tão macro, essa afirmação pode ficar parecendo os estudos dos historiadores da década de 1970, que afirmavam que a similaridade entre as pirâmides egípcias e as da América pré-colombiana, bem como sua relação matemática com a constelação de Orion, eram evidência da existência de deuses astronautas. E em estudos acadêmicos esse tipo de salto lógico e empírico obviamente não vale. Em termos macroeconômicos, esses autores enxergaram essa relação. É nosso trabalho explicar por que e como isso acontece.

Foi necessário mergulhar na pesquisa e trazer elementos empíricos concretos que atestem essas conclusões por meio de relações objetivas de causalidade. É importante encontrar, no nível da interação humana concreta, evidências que demonstrem como essa relação ocorre na prática. Zak e Knack (2001) afirmam que a confiança é menor onde há maior heterogeneidade. Indivíduos em sociedades étnica e culturalmente mais homogêneas tendem a confiar mais. E essa é uma excelente pista para o avanço da pesquisa. Descobrimos por que isso ocorre. E descobrimos que heterogeneidade de fato dificulta o desenvolvimento de relações de confiança e que desigualdade (econômica e social) tem o mesmo efeito. A boa notícia é que, compreendida a causalidade, podemos resolver com relativamente pouco esforço e pouco investimento os problemas que esses dois fatores geram ao

---
[9] Disponível em: <www.worldvaluessurvey.org>. Acesso em: jan. 2020.

nível da firma se nosso modelo mental e os hábitos de pensamento permitirem, ou seja, se a cultura nacional e a forma como ela orienta nossa visão de mundo não impedir.

A cultura é um poderoso mecanismo de coordenação. Harari (2017) fez um brilhante trabalho em demonstrar isso. E a cultura opera como um código, que sincroniza nosso pensamento. Onde há maior homogeneidade étnica e cultural, a comunicação funciona como em computadores programados com a mesma linguagem. É fácil transmitir e abrir documentos, editar e devolver. Mas quando trabalhamos com computadores com diferentes sistemas operacionais e diferentes *softwares*, a sincronização é dificílima. Perde-se tempo. Há frustração. E desconfiamos se o outro está de fato tentando e se tem competência para trabalhar. O volume de esforço extra que se torna necessário para trabalhar em equipe é enorme. E os resultados nem sempre são bons.

Como a heterogeneidade impacta negativamente na confiança

A sociedade brasileira está certamente entre as mais heterogêneas do mundo. Nossa população mais do que quintuplicou nos 80 anos que se passaram entre 1870 e 1950 graças ao intenso fluxo imigratório. De acordo com o censo de 1872,[10] a população brasileira era de 9.930.478 habitantes. Em 1953, já era de 51.944.397. De acordo com as estatísticas nacionais de imigração, entraram, nesse período, cerca de 1,565 milhão de italianos, 1,450 milhão de portugueses, 675 mil pessoas de diferentes origens e nacionalidades, 650 mil espanhóis, 210 mil alemães, 190 mil japoneses e 120 mil russos, que se somaram a cerca de 225 povos indígenas.[11] De 1530 ao fim do tráfico negreiro, estima-se que cerca

---

10 Disponível em: <https://biblioteca.ibge.gov.br/biblioteca-catalogo?id=225477&view=detalhes>. Acesso em: maio 2020.
11 Disponível em: <https://brasil500anos.ibge.gov.br/index.php>. Acesso em: maio 2020.

de 5 milhões de africanos, de diferentes grupos étnicos e culturais, tenham sido trazidos para o Brasil. É importante notar que a população portuguesa em 1530 estava entre 1,2 e 1,4 milhão de habitantes,[12] ou seja, mais ou menos do tamanho da população de Campinas em 2020, e com um processo crescente de colonização não só na América do Sul, mas também na África e na Ásia. Logo, não havia como povoar e ocupar, com portugueses, os territórios conquistados.

Soma-se a esse fato outro de grande relevância: o afluxo de população de origem europeia e asiática desde cerca de 1880 até as primeiras décadas do século XX foi marcado por dois objetivos distintos: um deles, trocar a mão de obra de descendência africana nas fazendas de café, substituindo a escravidão baseada na propriedade de outro ser humano não diretamente por mão de obra livre e assalariada, mas por vínculos análogos à escravidão pelo endividamento quase impagável que os imigrantes contraíam com os donos de propriedades que adiantavam recursos para sua vinda, por um lado, e pelos esforços de branqueamento e povoamento da porção sul do território como forma de garantir o domínio da região, abandonando os imigrantes à própria sorte no esforço de dominação do território. Nenhum esforço ativo de integração foi realizado até que a obrigatoriedade do ensino em língua portuguesa na era Vargas[13] surgisse como um esforço de criação das bases para uma unidade nacional maior. Isso dificultou a vida dos imigrantes que educavam seus filhos na língua natal e em regiões onde nem os professores dominavam bem nosso idioma, sem que Vargas propusesse qualquer tipo de alternativa ao ensino local. E depois, durante o governo militar, que tentou a imposição de valores

---

12 Ver Oliveira (2015). Disponível em: <https://bv.fapesp.br/pt/auxilios/84545/viver-em-lisboa-seculo-xvi/>. Acesso em: maio 2020.

13 Para saber mais, ver: <www.scielo.br/scielo.php?script=sci_arttext&pid=S0102-44502007000100008>; <www.researchgate.net/publication/334272524_As_politicas_linguisticas_monoglossicas_da_Era_Vargas_as_proibicoes_linguisticas_em_Santa_Maria_de_Jetiba_-_Espirito_Santo>. Acesso em: maio 2020.

cívicos e morais na educação durante um curto período e de cima para baixo; logo, sem efetividade nas práticas sociais.[14]

Em comparação com países com uma longa história de evolução da cooperação para atingir objetivos comuns, como os de defesa do território e racionalização no uso dos recursos (como água, fundamental para a agricultura, base da economia por centenas ou até milhares de anos dependendo da região), nossa história é marcada pela vulnerabilidade dos indivíduos e suas famílias em um contexto de fortes incertezas e vínculos frágeis. A grande concentração de propriedade de terras desde a formação do Brasil, com as capitanias hereditárias, estimulou a formação de vínculos de patronagem e clientelismo, especialmente no Nordeste. Na região Sul, vemos o surgimento de relações cooperativas em pequenas e médias cidades que se desenvolvem no interior, mas na maioria dos casos observamos o predomínio das relações oportunistas na política, típicas do nosso desenho institucional que privilegia a concentração de recursos e poder na capital e com vínculos locais personalistas com lideranças no interior.

Em São Paulo, observamos o surgimento da industrialização para substituir importações, graças às habilidades trazidas pelos imigrantes, possível em parte pela falência dos grandes latifundiários especialmente depois da quebra da bolsa de valores na crise de 1929, abrindo espaço para a diversificação da economia brasileira. Mas ainda estamos por construir uma dinâmica colaborativa na sociedade civil que nos faça enxergar vantagens na cooperação que justifiquem o investimento de esforços de tempo e energia no adensamento da cooperação. Há muitos traços do esquema casa-grande e senzala presentes em nossas organizações contemporâneas, como a percepção de que há conflitos de interesses latentes entre patrões e empregados maiores do que a convergência de interesses. Algo muito diferente do que acontece na Ásia e mesmo nos países capitalistas mais igualitários.

---

14 Disponível em: <www.uel.br/grupo-pesquisa/gepal/terceirosimposio/natalynunes.pdf>. Acesso em: maio 2020.

Sem algum grau de percepção de convergência e entendimento mútuo, a percepção do outro como diferente e da diferença como uma ameaça permanece subjacente às relações. Mayer, Davis e Schoorman (1995) definem confiança como a vontade de um indivíduo de se colocar em uma posição vulnerável em relação a outro indivíduo ou grupo de indivíduos. A propensão a confiar é, portanto, uma medida da propensão a aceitar riscos em uma relação. Segundo Zanini (2016), a confiança reduz a percepção de risco derivada da interação, aumentando o desempenho das organizações em decorrência da reciprocidade e da qualidade dos relacionamentos entre indivíduos. Observando nossas práticas sociais, facilmente percebemos a resistência à inauguração de vínculos de dependência mútua e reciprocidade de fato.

Essa questão da confiança é mais fácil de entender quando descobrimos que temos uma doença grave e que precisamos de um bom médico para nos operar. Buscamos os indivíduos com melhor reputação do ponto de vista técnico e com um histórico de resultados positivos. Esse histórico aumenta as chances de sucesso, e as entregas passadas são indicadores de confiabilidade e previsibilidade. Quando indivíduos com competência e caráter conhecidos interagem entre si, ou quando interagimos com eles, a qualidade das trocas de informação e o grau de comprometimento na relação são maiores. Isso facilita as transferências de conhecimento e a motivação para aportar conhecimentos relevantes. A confiança mútua facilita a busca por saídas para conflitos derivados da diversidade de opiniões, afetando a capacidade de resolução de problemas. Nossas observações sugerem que, na ausência de confiança, perde-se a capacidade de transformar diferenças em complementaridade, abrindo espaço para maiores conflitos e percepção de risco difíceis de avaliar, criando um círculo vicioso em que a heterogeneidade e a desigualdade afetam negativamente a confiança, e a baixa confiança impede o desenvolvimento de maior homogeneidade e igualdade nas relações. A baixa confiança afeta a cooperação negativamente, e a baixa cooperação impede o desenvolvimento da confiança. Ambas dificultam o desenvolvimento da integração interna, mantendo as barreiras entre diferentes e perpetuando a heterogeneidade.

Zucker (1986) nota que, quando o número de similaridades sociais é maior, os agentes de uma interação têm maior predisposição a construir expectativas positivas sobre o outro, o que favorece o desenvolvimento da confiança. No nível mais micro, das relações cotidianas, o nível de confiança parece refletir a percepção de pertencimento a um sistema cultural baseado em expectativas que são compartilhadas e reciprocadas em um grupo. É nesse contexto, de maior confiança, que os valores emergem na análise de discurso como um tipo de "recurso ou diretriz de comportamento" que aumenta as chances de adaptação às circunstâncias externas. Nas trocas de conhecimentos, experiências e desafios em contextos de alta confiança, os valores aparecem como um elemento de discernimento do tipo "você, eu, ou nós, precisamos ser X para atingir o resultado Y", em que os resultados vão gradativamente servindo como teste de validade que aprova a defesa de certo sistema de valores em detrimento de outro. Logo, valores não são o ponto de partida ou o produto de preferências individuais. São um tipo de recurso comportamental, uma habilidade que precisa ser praticada, para que um sujeito racional possa se ajustar com sucesso a certo contexto externo. Em termos de pesquisa, o contexto externo funciona como o contexto dentro do qual o discurso é construído e decodificado, gerando maior ou menor unidade de entendimento (confirmando a pesquisa em comunicação de Eco, 1997) ou não gerando, no nosso caso.

Dentro de uma perspectiva semiológica, de acordo com os estudos de Eco (1997), nós podemos observar que os sentidos conotativos (e valores comunicam sentidos conotativos na sua totalidade) não são um mero resultado do significante, ou seja, do signo que forma a palavra em si. Na língua, os códigos são estabelecidos por cristalização social (Eco, 1997). O significado mais comum das palavras é média de uso construída por meio de trocas de ideias em relação a um contexto de atuação. As palavras não comunicam apenas uma informação denotativa, de modo objetivo, mas especialmente uma determinada percepção particular dos objetos. Uma grande diferença de trajetória étnica, de educação e de experiência produz uma série de impossibilidades de compreensão mútua e mantém o conflito, resultante de diferentes percepções da realidade, implicitamente oculto. Nossa pesquisa identificou a extensão na qual a heterogeneidade mantém a comunicação descontextualizada. É, em parte, por essa razão que nas pesquisas de clima das organizações a questão da comunicação é sempre apontada como um desafio. Na verdade, na falta da busca compartilhada por soluções para os problemas e por causa dos esforços por controlar o comportamento do outro, as visões individuais permanecem estáticas e não é possível evoluir para visões compartilhadas. (Zanini e Migueles, 2018).

Nossas observações qualitativas nos levam a concluir que a heterogeneidade afeta significativamente as expectativas em relação ao comportamento do outro no curso das interações sociais, e que, quanto maior o *gap* de expectativas, maior é também a diferença nos conteúdos denotativos e conotativos do código linguístico. Essa situação reduz as bases comuns sobre as quais os cálculos de previsibilidade ou as expectativas racionais de como o outro irá se comportar são construídos. Cálculos racionais só podem ser definidos como tal se tiverem alguma base razoável sobre a qual o sujeito pode projetar suas expectativas e os possíveis efeitos e consequências de uma ação. O papel das expectativas na vida social é extremamente relevante para a confiança e cooperação (Bradach e Eccles, 1989; Zucker, 1986). De acordo com Bradach e Eccles (1989), confiança é a expectativa que reduz o medo de que o outro parceiro em uma relação de troca venha a agir de forma oportunista. Nesse sentido, Gambetta (2000:217) afirma que, quando dizemos que confiamos em alguém, "nós afirmamos, ao menos implicitamente, que a probabilidade de que ele/ela realize uma ação benéfica ou pelo menos não prejudicial a mim é alta o suficiente para que eu me engaje em uma relação de cooperação". Logo, os cálculos que levam a confiar em alguém são razoavelmente possíveis quando aquele que confia consegue estimar as consequências das suas ações no comportamento daquele que é confiado. Consequentemente, as expectativas positivas sobre os parceiros nas relações de trocas e sua vontade de se engajar em uma relação de ganhos recíprocos aumentam a probabilidade de cooperação e motivação para fazer isso. A confiança é produto de um cálculo probabilístico que fazemos tacitamente. É uma análise do risco embutido em uma relação de troca ou colaboração (e os riscos podem ser de várias naturezas: de investirmos tempo e dinheiro sem que o outro faça investimento equivalente, de colocarmos nossas ideias sobre a mesa e o outro se apropriar delas para ganho próprio, ou de apontarmos um erro de qualquer natureza e o outro se aproveitar disso para apontar nossa falta de comprometimento, por exemplo, só para falar dos mais triviais).

Nossas evidências nos levam a concluir que a heterogeneidade produz a constante reincidência das frustrações dessas expectativas, e isso reduz o sentimento ou a intuição de que o outro está interessado em reciprocidade ou em se engajar em um fluxo mais positivo de interações sociais, o que afeta negativamente a propensão a confiar. Muitos dos pressupostos inconscientes sobre como as coisas funcionam e sobre como devemos atuar sobre elas nada mais são do que o repositório das aprendizagens tácitas que formam as bases para o nosso processo decisório. E são esses pressupostos que são continuamente desafiados nas interações de forte heterogeneidade. As sensações decorrentes são de frustração, de futilidade dos esforços, de trabalhos que levaram a becos sem saídas e de não ser ouvido, compreendido ou respeitado. Valores são artefatos da cultura e emergem dos esforços e do discernimento por buscar as melhores alternativas frente aos desafios concretos colocados pela realidade. Sem uma interação de maior qualidade, o compartilhamento de valores não emerge. Sem isso, a definição de propósito organizacional e de valores e crenças é inútil. É similar a acreditar na força mística das palavras, como nos rituais antigos de magia (abracadabra!) ou nas palavras mágicas da dança da chuva dos indígenas brasileiros.

Como a heterogeneidade mantém a comunicação fragmentada e impede a compreensão mútua

Já explorei essa ideia e esse exemplo em outros textos, mas continuo achando que ele é bom para dar uma visão geral do desafio. Imagine uma vaca pastando. Agora imagine uma mãe brasileira apontando para ela e dizendo: "Filho, olha a vaca!". Imagine que ali por perto há uma mãe indiana apontando para o mesmo animal e usando a palavra *gaai* (vaca) para designá-la. Olhando no dicionário, veremos que as duas palavras denotam o mesmo animal: um bovino. Imagine agora que colocamos essas duas mães, honestas, bem-intencionadas, em uma ilha deserta e que elas precisam cooperar para alimentar os filhos. A mãe brasileira, provavelmente, terá a ideia de matar a vaca para fazer um churrasco. A mãe hindu provavelmente protestará duramente. Para uma, vaca é comida. E para outra, vaca é sagrada. Há muito o que as une: a dificuldade da situação, a necessidade de cooperação para sobreviver, o desafio de buscar alimentos e cuidar das crianças ao mesmo tempo. As duas estão fortemente devotadas à meta de alimentar o filho e sobreviver naquela situação. Mas diferenças de cultura podem impedir esse esforço. Quanto mais se comunicarem sobre esse animal, mais descobrirão diferenças e chegarão à conclusão de que a outra é uma barreira para o que desejam fazer. A diferença de visão sobre esse animal não é uma escolha idiossincrática dos indivíduos. Ela é produto de uma gramática simbólica e de uma cosmovisão desenvolvida ao longo de muitas gerações e que orienta a forma de olhar para o mundo.

Assim como a cultura informa a maneira de pensar sobre a vaca, informa a maneira de pensar sobre todo o resto: sobre como as hierarquias devem funcionar, sobre quem são os indivíduos e seus papéis sociais, sobre o quanto de poder e autonomia cada um detém, entre inúmeras outras coisas (Dumont, 1980). A heterogeneidade cultural gera conflitos comunicativos não porque as pessoas são ruins de comunicação. Mas porque o código cultural é incompatível. Em países com grande heterogeneidade como o nosso, encontramos muitas situações de desentendimento cuja causa não é aparente. Países com maior homogeneidade têm mais facilidade de gerar acordos, e os indivíduos tendem a corresponder às expectativas porque compartilham uma forma comum de olhar para o mundo. Isso é razoavelmente bem compreendido na literatura tanto de antropologia quanto de linguística. Choques de modelos mentais, visões de mundo e dificuldades linguísticas como barreira para a cooperação já aparecem no Gênesis, no Antigo Testamento do texto bíblico.

Aprendemos a lidar bem com nossa imensa heterogeneidade. Dificilmente brigamos para esclarecer esse tipo de diferença na interação social direta. Buscamos pontes de identificação com o outro, e isso evitou os grandes conflitos étnicos entre nós. Há inúmeras formas de pensar a dinâmica entre identidade cultural e identificação com o diferente, e encontramos uma série de soluções para conciliar essas questões no Brasil. Mas a diferença aparece na hora de tomar decisões concretas dessa natureza. O que é liderança nesse contexto? Alguém que perceba que o ideal não é nem matar nem rezar pela vaca. Ela pode ser útil no transporte das crianças. Se morta, pode atrair urubus e insetos, piorando o ambiente. E se em vez de brigar pela vaca usássemos esse tempo e essa energia para buscar comida na ilha: frutos, folhas ou qualquer outra coisa? Estariam todos melhores no dia seguinte e nos subsequentes. Liderança é essa capacidade de formular uma visão em que todos ganham e que gera mais prosperidade no médio e, no longo prazo, abre espaço para a cooperação.

Como a desigualdade impacta negativamente na confiança

Experiências de vida e de formação em contextos muito diferentes produzem dificuldades de comunicação análogas às dificuldades culturais. Olhando bem perto, no nível das interações sociais face a face, examinamos o impacto da heterogeneidade e da desigualdade na coordenação e na cooperação e conseguimos observar seu impacto negativo em barreiras praticamente insuperáveis de comunicação que mantêm a baixa confiança e impedem o grupo de avançar em aprendizados e na capacidade de resolução de problemas. A heterogeneidade e a desigualdade afetam a forma como o código linguístico opera de modo bastante similar, impedindo o entendimento mútuo, promovendo uma visão negativa sobre o outro e, portanto, o desenvolvimento da cooperação. Uma vez compreendido isso, é possível trabalhar para eliminar esse impacto.

Descobrimos que a desigualdade tem um efeito similar ao da heterogeneidade no processo comunicativo. Estávamos apoiando uma empresa na busca pela cultura de segurança quando fomos convidados a assistir a uma palestra de um engenheiro para os operários antes de uma série de trabalhos em altura em ambiente com material inflamável. O palestrante estava mostrando um *slide* com a famosa pirâmide de Frank Bird, que mostra que, se reduzirmos comportamentos inseguros, estatisticamente reduziremos riscos e acidentes. Se reduzirmos os atos inseguros, reduziremos os "quase acidentes", com isso reduzindo as probabilidades de acidentes com afastamento, e, se reduzirmos estes, reduziremos ou eliminaremos os acidentes fatais. Era um *slide* colorido. Aparentemente didático, fácil de entender. Terminada a apresentação, o palestrante diz: "Seguindo o que foi dito, e como estamos no auditório do segundo andar, peço a todos que desçam as escadas segurando no corrimão!".

Um dos operários que estava atrás de mim na fila do auditório diz para o outro: "Viadinho, esse cara aí!". Havia aqui um enigma: por que uma fala sobre segurança do trabalho poderia ter gerado esse comentário, em parte jocoso e em parte irritado? Como estudamos esse tipo de questão de comunicação, parei do lado dele na saída e perguntei: "Eu ouvi o que você disse. Você acha isso?". E o operário me respondeu: "Segurar no corrimão! É o cúmulo da frescura. A gente faz trabalho pesado. Tirar a gente do trabalho para ouvir isso?! Olha para o cara! Tá todo arrumadinho. Parece até que a avó arrumou para a missa. Deve até estar usando perfume... A princesa vai tropeçar na escada, bater o joelhinho e a vovó não está aqui para dar beijinho... E esses caras mandam na gente!".

Continuando a conversa, foi possível entender o tipo de falha de comunicação existente: o engenheiro achou que o *slide* era autoexplicativo. Mas não percebeu que para entender a lógica por trás da pirâmide e dos números era necessário domínio do raciocínio estatístico. Aquele operário não havia concluído o segundo grau e não sabia o que estatística significava. Não entendeu todo o resto. Mas entendeu o exemplo do corrimão, que lhe pareceu completamente idiota. Continuando a conversa, fiquei sabendo que o operário morava em uma comunidade, em uma zona de risco, em um terreno muito inclinado sobre uma grande avenida de Copacabana. Cresceu soltando pipa na laje das casas, solto pelas ruelas. Antes de ir para casa, após o trabalho, era preciso ligar para saber se estava havendo tiroteio. Além da falta de conhecimento estatístico, o exemplo do corrimão não fazia nenhum sentido no conjunto dos riscos que ele enfrentava diariamente. E ele não acreditava que houvesse qualquer coisa além de estar "esperto" que pudesse ajudar a evitar um acidente.[15]

Não há como esquecer esse fato da comunicação humana: ela é dependente não só de pré-requisitos em termos de conhecimentos acumulados, mas também de contexto para a plena decodificação. Dadas essas questões, o que podemos fazer? Estaríamos condenados às comunicações ineficientes e seus impactos negativos na coordenação?

Testamos uma alternativa: em vez de começar as palestras pelo conhecimento acumulado e testado que todos deveriam aprender, que é sempre a escolha mais autoritária, começamos pelos pré-requisitos: o engenheiro abriu a palestra perguntando à plateia de operários: "Alguém aqui já perdeu um amigo?". Quase todos levantaram a mão. Ora, quem mora em comunidades pelo Rio de Janeiro já perdeu alguém.

---

15 Para mais discussões sobre o tema, ver nossos artigos: Zanini e Migueles (2018) e Migueles, Zanini e Lafraia (2019).

Investiram-se uns 30 minutos em ouvir algumas histórias. Terminada essa parte, o engenheiro disse: "Nós sabemos disso! E isso é muito triste. Agora vocês fazem parte de uma empresa, de um time, que acredita que é possível que não morra ninguém no trabalho. Precisamos voltar vivos para casa. Todos nós. Mesmo que isso signifique perder tempo nas tarefas". Ele mostrou imagens de operários que haviam aprendido a andar com a escada de cinco metros entre as pernas, como se fossem de circo. E de outros que haviam criado uma engenhoca de rodas para colocar sob o andaime e fazer o trabalho mais rapidamente. E disse: "Trabalhar mais rápido para quê? E para quem? Não é isso que a empresa espera. Não queremos que ninguém coloque a vida em risco para fazer o trabalho mais rápido". Mas os operários acreditavam que isso não era verdade. Foi necessário investir um tempo esclarecendo isso também. Aí, sim, ele explicou a pirâmide de Bird, dizendo que isso é o que aprenderam com o tempo. Mas completou: "Sozinhos nós não vamos conseguir. Compartilhamos o que sabemos. Precisamos que vocês compartilhem também". E convocou: "Quem está dentro de um projeto para garantir que todos voltem para casa vivos e saudáveis?". As pessoas levantaram a mão. E estavam comovidas, engajadas. Haviam compreendido e se sentiam parte. Nos dias seguintes, pequenos vídeos começaram a circular, por iniciativa dos operários, para melhorar a segurança da operação. No fim, eles quiseram apresentar uma música que compuseram e um teatro que fizeram para ajudar os outros a compreender a questão. Era só um começo...

As causas culturais e linguísticas são antigas e profundas. Mas a mudança na forma de endereçar o problema foi capaz, muito rapidamente, de recolocar os objetivos e abrir espaço para a colaboração. O que nós pudemos concluir, depois de muitos anos de estudo dessa questão, é que a organização da participação é capaz de eliminar os impactos negativos da heterogeneidade e da desigualdade primeiro na comunicação, depois no desenvolvimento de equipes e nos processos de aprendizagem contínua no trabalho. No fundo, é isto que qualquer programa de desenvolvimento de cultura organizacional precisa fazer:

garantir as bases para a compreensão mútua, para o desenvolvimento da colaboração e para a responsabilidade compartilhada com que se executam as tarefas. Há inúmeras formas e metodologias para fazer isso. A participação na reflexão sobre a natureza de um problema e nas formas de solucioná-lo resolve boa parte do alinhamento necessário à promoção da colaboração e ao aumento da disciplina operacional. Se somada a metodologias de aprimoramento contínuo, garante avanços contínuos.

O que descobrimos, também, foi que o mesmo processo de visão fragmentada, foco no curto prazo, foco na tarefa e desalinhamento de macro-objetivos que formam as dificuldades para progredir com ganhos de produtividade são os mesmos que afetam negativamente a segurança e gestão de riscos, a qualidade, a capacidade de inovar e avançar na transformação digital. Logo, afetam a competitividade. A melhor forma de reduzir a distância de poder, a aversão à incerteza e aumentar a confiança é melhorar o aprendizado e a colaboração por meio do esforço conjunto para resolver problemas concretos com liderança compartilhada, reduzindo a politização da gestão que o personalismo, a distância de poder e a aversão à incerteza geram, para aumentar a capacidade de pensar sobre os problemas como parte de um time. Isso desenvolve a autonomia dos indivíduos e, com ela, a capacidade de trabalhar de forma mais efetiva e orientada para resultados. O texto acadêmico mais completo sobre isso está disponível para consulta (Zanini e Migueles, 2018; Migueles, Zanini e Lafraia, 2019). Mas é importante entender melhor o que podemos fazer.

Abrindo espaço para a potência transformadora

Por onde começar o processo de mudança? Como o código linguístico fixa conteúdos compartilhados? Há um termo complexo, em antropologia filosófica, que afirma que a criatividade cultural (por meio da qual novas palavras e um novo repertório de olhares sobre o mundo e práticas decorrentes são produzidos e incorporados na cultura) se processa por meio da "dialética das intersubjetividades".[16] Essa expressão, aparentemente hermética, condensa o segredo da evolução de que precisamos na cultura das nossas organizações. O que isso quer dizer é que, quando confrontados com um objeto, um problema ou um desafio, precisamos do outro para pensar. E quando pensamos juntos, avançamos por meio das contradições que conseguimos eliminar na fala do outro, que se reflete na evolução da nossa forma de pensar e falar, em um círculo virtuoso de aprendizagem compartilhada.

Em um exemplo prático, isso significa que, em vez de buscar resolver um problema de redução de acidentes, por exemplo, simplesmente explicando o procedimento criado por engenheiros distantes da operação como a forma correta de realizar a tarefa e apresentando as normas e diretrizes para que os empregados sigam, criando instâncias de monitoramento e controle para garantir a execução, apresente-se o desafio de garantir a operação mais segura, os procedimentos que foram pensados para reduzir o risco e convide-se o executante para aprimorá-los de modo contínuo, com momentos de reflexão e revisão do que deu certo e do que deu errado na execução. Algo simples, que falhamos em fazer quando implementamos os programas de qualidade total e abandonamos o *kaizen* como forma de aprender continuamente, entre tantos outros programas que não aplicamos adequadamente.

Quando apresentamos os objetivos a serem atingidos dentro do contexto adequado, sem apresentarmos as regras fixas criadas para atingi-los e confessamos que não sabemos como garantir que esse objetivo seja atingido da melhor forma possível, nos colocamos "voluntariamente vulneráveis na relação com o outro", base para o estabelecimento de relações de confiança, e abrimos espaço para que o outro coopere, como adulto e capaz, nas descobertas sobre como avançar a partir da reflexão sobre problemas do dia a dia. O debate sobre como melhorar, a partir da tarefa, do aprimoramento de um

---

16 Ver Zanini e Migueles (2018).

processo ou procedimento, ou como criar oportunidades para melhorias e inovações, abre o espaço para que a dialética das intersubjetividades emerja, desbloqueando o caminho para o surgimento de entendimentos compartilhados que estão na base dos julgamentos de valor adequadamente ancorados na cultura. Se descobrimos que para agir com maior segurança é necessário estar alerta para oportunidades de mitigar riscos e debatemos continuamente que riscos podemos mitigar para proteger a nós mesmos e os colegas de acidentes de trabalho, o valor segurança se fixa como prática social articulada em um duradouro conjunto de relações. Com o tempo, entra para o portfólio de saberes tácitos e passa a ser transmitida de maneira informal, sem custos e sem gestão.

O mesmo ocorre com todas as outras aprendizagens permanentes: uma vez fixadas como prática por meio da coconstrução dos procedimentos e regras, incorporam-se ao repertório cultural do grupo. A participação na construção, por si, gera o reconhecimento do valor da regra e sua importância social, que é a base para o desenvolvimento da autonomia como essa capacidade de autogoverno ou de dar a si mesmo a lei e a regra sem tanta necessidade de monitoramento e controle.

Há vários exercícios, metodologias e formas de garantir que essa "dialética das intersubjetividades" ocorra, garantindo que a melhor criatividade cultural esteja na base no desenvolvimento da cooperação e da colaboração. Mas a distância de poder, a aversão à incerteza e a baixa confiança impedem o desenvolvimento do contexto capacitante para seu desenvolvimento e para o desvelamento das competências que essa dialética gera.

Começar pequeno, com um experimento com uma equipe de operação, e ir expandindo essas práticas por meio do envolvimento de mais pessoas é um bom começo. Evita grandes rupturas na rotina organizacional e pode se dar gradualmente. Se isso for feito paralelamente a uma estratégia de comunicação que explique o objetivo, o experimento e compartilhe frequentemente seus resultados, o impacto na vontade de participar tenderá a emergir como resposta, pois isso abre espaço para a experiência estética de colaborar para construir algo melhor, mais perfeito, como membro de uma comunidade.

A participação no aprimoramento das atividades, dos processos e da organização aumenta a percepção de previsibilidade e confiabilidade, base para o desenvolvimento da confiança e para o compartilhamento de conhecimentos. Naturalmente, ao longo do tempo, abrir espaços para estratégias emergentes pensadas de baixo para cima, bem como o compartilhamento da macroestratégia e seus planos de médio e longo prazos, será importante para dar norte e consistência aos esforços. Mas essas estratégias terão muito mais chances de se desdobrar em planos táticos e operacionais eficazes se as bases para a confiança e colaboração forem sólidas.

A construção de espaços de colaboração e cooperação com transparência sobre recursos disponíveis e suporte para a construção de resultados orientados para objetivos desejáveis é a base para os avanços. Parece muito simples. Mas é o que as pesquisas confirmam como o fundamento das mudanças necessárias. Como tudo o que é simples, não é necessariamente fácil de fazer. Mas os resultados claramente compensam os esforços.

Referências

BRADACH, J. L.; ECCLES, R. G. Price, authority, and trust: from ideal types to plural forms. *Annual Review of Sociology*, v. 15, n. 1, p. 97-118, 1989.

BROUSSSEAU, E.; GLACHANT, J. M. *The economics of contracts*: theories and applications. Nova York: Cambridge University Press, 2002.

CALDEIRA, J. *História da riqueza no Brasil*. Rio de Janeiro: GMT, 2017.

DASCAL, M. *Interpretação e compreensão*. São Leopoldo, RS: Unisinos, 1999.

DOUGLAS, M. *How institutions think*. Nova York: Syracuse University Press, 1986.

DUMONT, L. *Homo hierarchicus*: the caste system and its implications. Chicago, IL: University of Chicago Press, 1980.

ECO, U. *A estrutura ausente*. São Paulo: Perspectiva, 1997.

_____. *Kant e o ornitorrinco*. Rio de Janeiro: Record, 1998.

FURUBOTN, E.; RICHTER, R. (Ed.). *Institutions and economic theory*: the contribution of the New Institutional Economics. Ann Arbor, MI: The University of Michigan Press, 1998.

GAMBETTA, D. Can we trust. In: _____ (Ed.). *Trust*: making and breaking cooperative relations. Department of Sociology, University of Oxford, 2000. cap. 13, p. 213-237. Disponível em: <www.sociology.ox.ac.uk/papers/gambetta213-237.pdf>. Acesso em: ago. 2020.

GEERTZ, C. *A interpretação das culturas*. Rio de Janeiro: LTC, 1989.

HARARI, Y. N. *Sapiens*: uma breve história da humanidade. Porto Alegre: L&PM, 2017.

HOFSTEDE, G. *Culture's consequences*. Londres: Sage, 2001.

HOPKINS, A. *Safety, culture and risk*. Sydney: CCH, 2005.

HOUSE, R. J. et al. *Culture, leadership, and organizations*. Londres: Sage, 2004.

IBGE (Instituto Brasileiro de Geografia e Estatística). Brasil 500 anos. [s.d.]. Disponível em: <https://brasil500anos.ibge.gov.br/index.php>. Acesso em: jan. 2020.

_____. Recenseamento do Brazil em 1872. [1874?]. Disponível em: <https://biblioteca.ibge.gov.br/biblioteca-catalogo?id=225477&view=detalhes>. Acesso em: jan. 2020.

KANT, I. *Crítica da faculdade do juízo*. Rio de Janeiro: Forense Universitária, 1993.

KANTER, R. M. *Confidence*. Nova York: Three River, 2004.

MAYER, R. C.; DAVIS, J. H.; SCHOORMAN, D. F. An integrative model of organizational trust. *The Academy of Management Review*, n. 20, p. 709-734, 1995.

MAZZELLI, L. As políticas linguísticas monoglóssicas da era Vargas: as proibições linguísticas em Santa Maria de Jetibá — Espírito Santo.

In: SAVEDRA, M. M. G.; PEREIRA, T. C. A. S.; GAIO, M. L. M. (Org.). *Repertórios plurilíngues em situação de contato*. Rio de Janeiro: LCV, 2019. p. 38-49.

MCGOWAN, M. A. et al. *The future of productivity*. OECD, 2015. Disponível em: <www.oecd.org/economy/growth/OECD-2015-The-future-of-productivity-book.pdf>. Acesso em: jan. 2020.

MIGUELES, C. O estudo da cultura organizacional: as dificuldades estão no objeto ou nas formas de defini-lo? *Cadernos Ebape.BR*, Portugal e Brasil, v. 1, n. 2, p. 1-16, 2003.

_____. *Pesquisa*: por que administradores precisam entender disso? Rio de Janeiro: E-papers, 2004.

_____. (Org.). *Antropologia do consumo*: casos brasileiros. Rio de Janeiro: FGV Ed., 2007.

_____. Managing in the dark: strategies and circumstances of socialization in an industrial organization. *Symbállein*, [s.d.a]. Disponível em: <www.symballein.com.br/pt/managing-in-the-dark>. Acesso em: ago. 2019.

_____. Responsabilidade cultural. *Symbállein*, [s.d.b]. Disponível em: <www.symballein.com.br/pt/responsabilidade-cultural>. Acesso em: set. 2020.

_____; LAFRAIA, J. R. B; SOUZA, G. C. de. *Criando o hábito da excelência*: compreendendo a força da cultura na formação da excelência em SMS. Rio de Janeiro: Qualitymark, 2007. v. 1.

_____; ZANINI, M. T. *Liderança baseada em valores*. Rio de Janeiro: Elsevier, 2009.

_____; _____ (Org.). *Excelência em gestão pública*: espaços para atuação. Rio de Janeiro: Alta Books, 2015.

_____; _____; LAFRAIA, J. R. B. Safety and risk management at work: the search for culturally and institutionally embedded solutions. *SSRN*, 30 out. 2019. Disponível em: <https://ssrn.com/abstract=3492673> e <http://dx.doi.org/10.2139/ssrn.3492673>. Acesso em: nov. 2019.

NOVAK, M. *Business as calling*. Nova York: The Free Press, 1996.

NUNES, N.; REZENDE, M. J. *O ensino de educação moral e cívica durante a ditatura militar*. [S.d.]. Disponível em: <www.uel.br/grupo-pesquisa/gepal/terceirosimposio/natalynunes.pdf>. Acesso em: ago. 2019.

OLIVEIRA, L. *Viver em Lisboa*: século XVI. Biblioteca Virtual da Fapesp, 2015. Disponível em: <https://bv.fapesp.br/pt/auxilios/84545/viver-em-lisboa-seculo-xvi/>. Acesso em: jan. 2020.

OSTROM, E. *Governing the commons*: the evolution of institutions for collective action. Nova York: Cambridge University Press, 1990.

_____. *Understanding institutional diversity*. Princeton: Princeton University Press, 2005.

_____; AHN, T. K. *Foundations of social capital*. Cheltenham: Edward Elgar, 2003.

PAREKH, B. *Rethinking multiculturalism*: cultural diversity and political theory. Cambridge: Harvard University Press, 2000.

PLATÃO. *Os pensadores*. Rio de Janeiro: Nova Cultural, 2000.

PUTNAM, R. *Comunidade e democracia*: a experiência da Itália. Rio de Janeiro: FGV Ed., 1992.

SCHEIN, E. *Organizational culture and leadership*. São Francisco, CA: Jossey-Bass, 2004.

SCHNEEWIND, J. B. *The invention of autonomy*. Cambridge: Cambridge University Press, 1998.

SILVA, F. L. da. Notas sobre livros. *Delta*, São Paulo, v. 23, n. 1, 2007. [Notas sobre *A política da língua na era Vargas*: proibição do falar alemão e resistências no sul do Brasil, de Cynthia Machado Campos, Ed. Unicamp, 2006].

SÓCRATES. *Os pensadores*. Rio de Janeiro: Nova Cultural, 2000.

UDEHN, L. (Ed.). *Methodological individualism*. Nova York: Routledge, 2001.

VAUGHAN, D. Autonomy, interdependency, and social control: Nasa and the Space Shuttle Challenger. *Administrative Science Quarterly*, n. 35, p. 225-257, 1990.

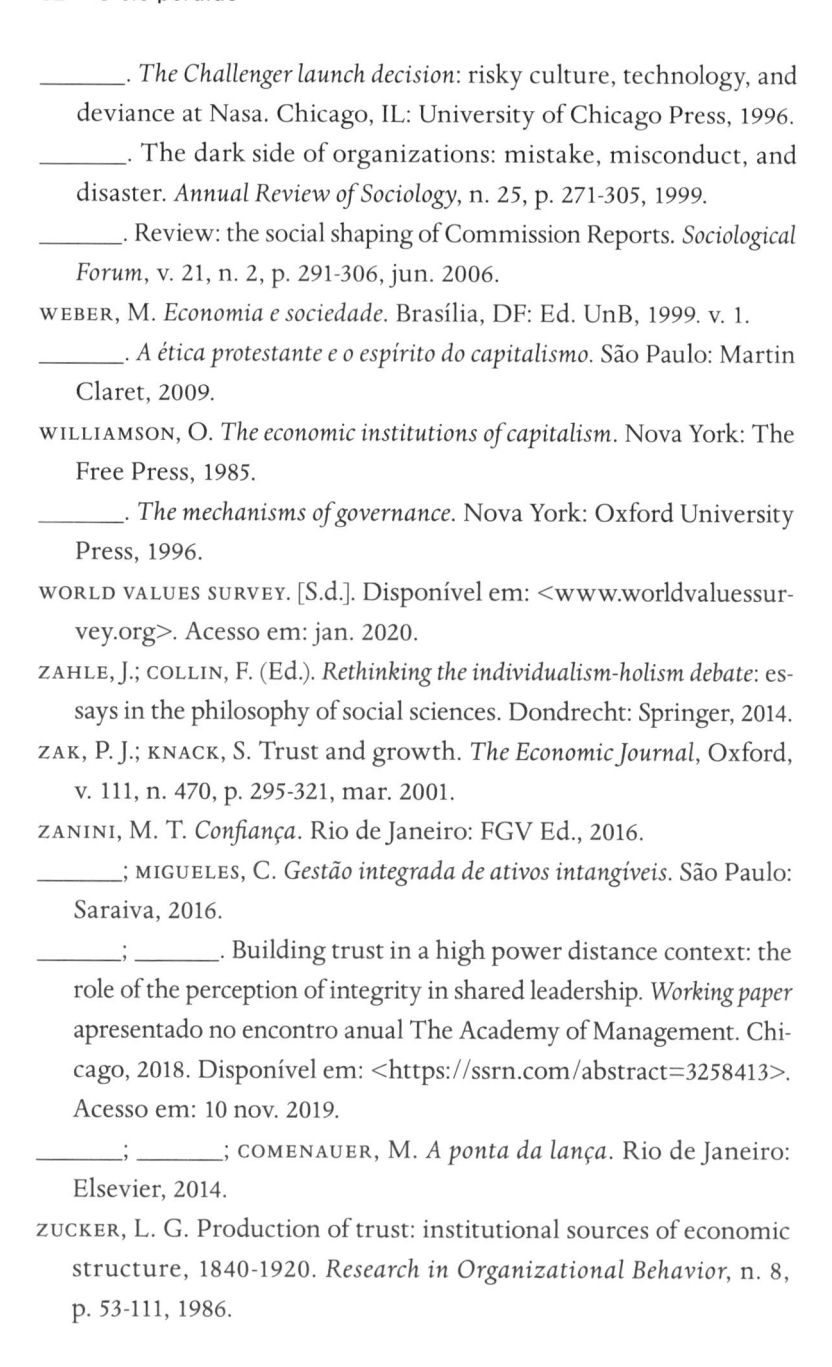

_____. *The Challenger launch decision*: risky culture, technology, and deviance at Nasa. Chicago, IL: University of Chicago Press, 1996.

_____. The dark side of organizations: mistake, misconduct, and disaster. *Annual Review of Sociology*, n. 25, p. 271-305, 1999.

_____. Review: the social shaping of Commission Reports. *Sociological Forum*, v. 21, n. 2, p. 291-306, jun. 2006.

WEBER, M. *Economia e sociedade*. Brasília, DF: Ed. UnB, 1999. v. 1.

_____. *A ética protestante e o espírito do capitalismo*. São Paulo: Martin Claret, 2009.

WILLIAMSON, O. *The economic institutions of capitalism*. Nova York: The Free Press, 1985.

_____. *The mechanisms of governance*. Nova York: Oxford University Press, 1996.

WORLD VALUES SURVEY. [S.d.]. Disponível em: <www.worldvaluessurvey.org>. Acesso em: jan. 2020.

ZAHLE, J.; COLLIN, F. (Ed.). *Rethinking the individualism-holism debate*: essays in the philosophy of social sciences. Dondrecht: Springer, 2014.

ZAK, P. J.; KNACK, S. Trust and growth. *The Economic Journal*, Oxford, v. 111, n. 470, p. 295-321, mar. 2001.

ZANINI, M. T. *Confiança*. Rio de Janeiro: FGV Ed., 2016.

_____; MIGUELES, C. *Gestão integrada de ativos intangíveis*. São Paulo: Saraiva, 2016.

_____; _____. Building trust in a high power distance context: the role of the perception of integrity in shared leadership. *Working paper* apresentado no encontro anual The Academy of Management. Chicago, 2018. Disponível em: <https://ssrn.com/abstract=3258413>. Acesso em: 10 nov. 2019.

_____; _____; COMENAUER, M. *A ponta da lança*. Rio de Janeiro: Elsevier, 2014.

ZUCKER, L. G. Production of trust: institutional sources of economic structure, 1840-1920. *Research in Organizational Behavior*, n. 8, p. 53-111, 1986.

2

Confiança como ativo da cultura organizacional

Marco Tulio Zanini

O que gera confiança, afinal? Após décadas de estudos em diferentes países e por diferentes perspectivas, está claro o papel da confiança no desenvolvimento econômico das nações e no desempenho das organizações, por diferentes critérios: desde a relevância da confiança para a inovação e gestão do conhecimento até seu impacto na sustentabilidade financeira e na reputação da marca. Mas uma questão permanece por ser respondida: como gerar confiança? Essa questão é especialmente relevante para nós, brasileiros. Em diferentes edições das pesquisas do World Values Survey, aparecemos como o país do mundo com a menor propensão a confiar. Neste capítulo, gostaria de explorar duas questões centrais para os gestores no Brasil para promover as relações de confiança: a importância dos interesses encapsulados e a eliminação dos sistemas de patronagem como fundamentais para aumentar a geração de riquezas.

Ao longo dos últimos anos, realizamos algumas dezenas de diagnósticos em grandes e médias empresas, o que nos permitiu desenvolver instrumentos e escalas para a avaliação do modelo de governança, perfil das lideranças e desempenho de equipes. Conseguimos identificar competências organizacionais necessárias para aumentar a efetividade das equipes. Entre esses elementos, identificamos que a capacidade de desenvolver e manter relações de confiança é um fator crítico para a efetividade de equipes de alto desempenho, seja numa empresa privada ou numa organização da administração pública.

Confiança entre os indivíduos e nas lideranças é uma condição necessária para explicar a eficiência e a efetividade dessas equipes, pois tem papel mediador nas relações entre o perfil da liderança e os desempenhos individual e coletivo. Neste capítulo, aprofundamos a compreensão da confiança como elemento de coordenação informal para a gestão de equipes de alto desempenho. O que chamamos aqui de "coordenação informal" é a capacidade de as organizações gerarem soluções tácitas para a integração interna, críticas para a disciplina e eficiência operacional. A seguir, apresentamos uma definição da confiança como interesses encapsulados. Depois, apresentamos os modelos organizacionais que surgem em nossos estudos sobre cultura organizacional no Brasil. Ao final, discutimos a construção da confiança em ambientes de alta incerteza e risco e o papel da liderança compartilhada.

Confiança como interesses encapsulados

Confiança entre os membros de uma organização é vital para qualquer trabalho que dependa de uma equipe para ser realizado. Quando os membros de uma organização confiam em seus colegas de trabalho, eles conseguem concentrar seus esforços e seu foco na tarefa a ser realizada. Quando esses membros não conseguem confiar em seus colegas de trabalho, boa parte desses esforços passa a se concentrar em controle, monitoramento e comportamentos de autoproteção. Uma vez que esses comportamentos não estão relacionados estritamente com a tarefa a ser realizada e passam a consumir recursos cognitivos e muita atenção, a capacidade de realizar a tarefa é prejudicada. Além disso, quando o controle e o monitoramento se tornam demasiadamente altos, acabam elevando a carga de trabalho e o estresse, aumentando a tensão no ambiente de trabalho.

Numa perspectiva econômica, que entendo ser mais pertinente ao seu estudo nas organizações contemporâneas, minha definição da confiança é "uma aceitação antecipada e voluntária de um investimento de risco, abdicando de mecanismos de segurança e controle, na expectativa de que a outra parte não agirá de uma forma oportunista" (Zanini, 2016:22-23). Entendo, portanto, a confiança como uma subclasse das situações de risco relacionadas ao comportamento humano. Nesse sentido, para que um investimento de confiança possa se caracterizar, é necessário que coexistam dois componentes: voluntariedade e vulnerabilidade (Zanini, 2016).

Confiança é uma propriedade inerente às relações humanas e se desenvolve em diferentes dimensões em sociedades de menor ou maior escala. Seu desenvolvimento pressupõe a existência de acordos formais, como contratos e regras escritas, e informais, como os hábitos e regras informais inseridos na cultura, que podem reforçar o cumprimento de expectativas e contratos. Quando as expectativas são confirmadas, fruto do cumprimento dos acordos e de comportamentos repetidos previsíveis que se confirmam, a confiança se reforça num ciclo virtuoso, reduzindo as ameaças do oportunismo alheio e aumentando a percepção de segurança para realizar transações. Ao contrário, quando as expectativas passam a ser frustradas por comportamentos inesperados, quebra de promessas, acordos não atendidos ou oportunismos, as pessoas tendem a se proteger dos riscos de dano ou prejuízo, e tendem a reduzir as transações solicitando maiores proteções formais, num ciclo vicioso de quebra de expectativas e redução da confiança.

A manutenção dessas expectativas ocorre porque a confiança emerge sob uma lógica de encapsulamento de interesses entre as partes (Hardin, 2002). O encapsulamento de interesses pode ser compreendido pela percepção de interesses convergentes que motivam os indivíduos a honrar mutuamente os investimentos de confiança que recebem, ou seja, quando é claro para um indivíduo que é do seu melhor interesse atender ao interesse de outra pessoa, ou conjunto de pessoas, e que os ganhos maiores e mais sustentáveis advêm da capacidade de obter resultados dos esforços mútuos de cooperação, cooptação e influência.

A coalizão entre duas ou mais pessoas se forma à medida que se estabelecem expectativas positivas entre as partes, tendo como consequência relações de confiança e reciprocidade. Quando o indivíduo A (quem realiza o investimento de confiança) percebe que o indivíduo B (quem recebe o investimento) possui motivos suficientes para honrar tal investimento, o encapsulamento de interesses convergentes passa a reforçar uma relação de confiança e cooperação espontânea.

A ideia de que a confiança pode ser definida por uma relação de risco consiste no fato de que a percepção de A sobre as reais motivações de B nunca será perfeita. O risco existe entre o tempo do investimento da confiança de A e a resposta de B. Como nos mostra a teoria dos jogos, a repetição de uma sequência de investimentos de confiança no tempo pode assegurar uma regularidade, reforçando expectativas positivas de ambas as partes e incentivando as transações, ainda que nunca ofereça uma garantia formal (Zanini, 2016).

Para compreendermos melhor as razões que levam as pessoas a investir e a tomar a confiança, devemos considerar os aspectos de contexto específico (X). O contexto deve levar em consideração aspectos como o grau de risco envolvido entre as partes, aspectos culturais, temporais e assimetrias nas relações de poder. O encapsulamento de interesses, portanto, poderá ocorrer por um determinado tempo, com algum grau de risco percebido e motivado por hábitos e costumes em uma determinada cultura, dentro de relações de poder mais ou menos simétricas.

No entanto, o surgimento da confiança pode não estar baseado em acordos formais e garantias contratuais. As organizações e atividades informais e ilegais que não estão asseguradas por contratos formais são exemplos. Nesses casos, a confiança pode se tornar um fator crítico quando não é possível a existência de acordos legais que possam oferecer alguma forma de proteção e garantia para o cumprimento das expectativas entre as partes. Nas atividades ilegais, em que os contratos não podem estar assegurados pela lei, o risco é desproporcionalmente maior pela inexistência de garantias contratuais. Nesses casos, a cooperação somente poderá ocorrer por coerção ou se a confiança entre as partes for suficiente para garantir a manutenção das expectativas.

Meritocracia como componente moral da confiança

No contexto das organizações legais, nas empresas e organizações públicas, as relações de confiança possuem o papel de coordenação informal das atividades, uma vez que reforçam o encapsulamento de interesses entre seus membros. Interesses encapsulados, por outro lado, estimulam a cooperação, que por sua vez favorece o aprimoramento das relações de confiança num ciclo virtuoso para a construção de valor. Assim como planejamentos, projetos, procedimentos, regras escritas e processos coordenam formalmente fluxos e rotinas de trabalho, a confiança existente na cultura organizacional coordena informalmente, reduzindo a percepção de riscos e potenciais conflitos e aumentando a predisposição à interação. A disposição à interação favorece o alinhamento organizacional e a solução de problemas.

Nas organizações de mercado baseadas em contratos de trabalho entre indivíduos livres, a meritocracia representa o componente moral das relações de confiança. A liberdade individual de adesão ao contrato de trabalho numa empresa pressupõe expectativas bilaterais das partes: a empresa, na figura de um gestor executivo que monitora o empregado, espera que o subordinado tenha atitudes e comportamentos para atender aos interesses da firma, portanto buscando seu melhor desempenho. O empregado contratado, por sua vez, possui expectativas de que, apresentando bons resultados, seja reconhecido, recompensado e considerado num possível processo de progressão de carreira por sucessão ou promoção. Nesses casos, o surgimento da confiança está relacionado à percepção de justiça e integridade na condução dessas questões corporativas, como nas declarações, processo decisório e regras definidas pelas políticas corporativas que, por sua vez, representam incentivos e regulam a participação, reconhecimento, recompensa e sucessão dos membros da organização. Quando essas regras e procedimentos estão orientados pelo princípio da meritocracia, ou seja, por critérios que definem o reconhecimento, recompensa e progressão profissional como consequência e proporcionalmente à capacidade individual, pelo alcance de resultados, elas passam a operar como incentivos para promover a congruência de interesses. Nesses casos, os membros da organização atribuem credibilidade ao sistema de regras, assumindo que haverá reconhecimento profissional proporcional aos resultados que apresentarem e que as possibilidades de progressão de carreira para assumirem posições hierárquicas superiores estarão condicionadas às competências necessárias e aos melhores resultados.

O alcance de resultados individuais, por seu turno, deve ser reconhecido dentro do conjunto de critérios e seus limites devem ser estabelecidos pelas regras corporativas, reconhecendo competências e habilidades como qualidades individuais desejáveis para o desempenho de determinadas funções. Competências e habilidades podem estar relacionadas à capacidade de liderar pessoas, manter relacionamentos interpessoais ou às aptidões técnicas e profissionais específicas e qualificadas em determinada área, ou, ainda, para cargos executivos superiores, numa combinação entre elas.

Quando essas regras e procedimentos corporativos são comunicados e compartilhados pelos membros da organização, passam a facilitar a solução de conflitos, o acolhimento da hierarquia e promovem a convergência de ideias e esforços individuais para o alinhamento entre as pessoas, somando inteligências e motivações com mesmo foco. O foco compartilhado para a realização dos objetivos gera a solução de problemas de forma mais ágil e rápida, contribuindo para a eficiência operacional. Uma vez que existem incentivos e motivações que promovam interesses encapsulados, os indivíduos passam a ter incentivos para confiar uns nos outros e se unem na busca por soluções comuns. Uma grande parte do processo de inovação empresarial depende desse contexto.

As organizações que buscam um modelo de governança profissional (reduzindo o personalismo, favoritismo e formação de feudos, e aumentando a percepção de justiça e integridade por critérios estabelecidos nas regras corporativas) devem empreender esforços contínuos na formação da congruência de interesses por critérios disseminados entre seus membros.

Uma das principais caraterísticas dessas organizações, e um de seus principais desafios, é perseguir e aprimorar as métricas de mensuração e avaliação de resultados individuais e coletivos alcançados num determinado período, comparando os membros da organização. E, ao mesmo tempo, promover a cooperação entre os membros das equipes para alcançarem esses resultados.

Organizações que, por meio de aplicação de incentivos, promovem, em maior ou menor grau, a competição entre pares e, ao mesmo tempo, a cooperação entre seus membros para alcançar resultados comuns demandam a construção de credibilidade das regras e políticas de interação que possam mediar potenciais conflitos e disputas entre os indivíduos que buscam seus resultados individuais. A percepção de justiça e o estabelecimento de critérios que definem com clareza o mérito nas regras de interação são, portanto, essenciais para gerar a congruência de interesses e representam uma tarefa essencial da gestão. Especialmente nas organizações que buscam a diferenciação competitiva por estratégias de qualidade e inovação continuada, enfrentando a solução de problemas complexos que demandam especialidade e multidisciplinaridade, dois aspectos ressaltam a necessidade das relações de confiança: a necessidade de gerar coordenação entre especialistas e a frequente dificuldade de avaliar com maior objetividade o desempenho das contribuições individuais.

Modelos organizacionais brasileiros

De acordo com nossas observações empíricas baseadas nos diagnósticos em organizações operando no ambiente institucional brasileiro, podemos identificar basicamente três modelos organizacionais. A identificação desses modelos é fruto de 18 anos de estudos de campo, diagnosticando modelos de cultura que utilizavam como base de observação elementos como a história da organização, o modelo de governança, o exercício do planejamento estratégico, o perfil das lideranças, a manutenção dos processos e os critérios utilizados para a gestão da mudança. Vamos nomeá-los aqui: patronagem, meritocracia do curto prazo e meritocracia sustentável (figura 1).

Figura 1
Modelos organizacionais brasileiros

PATRONAGEM	MERITOCRACIA DO CURTO PRAZO	MERITOCRACIA SUSTENTÁVEL	GANHO
Concentração de poder	Comando e controle	Liderança legítima	
Ausência de critérios p/ alocação de recursos	Alocação de recursos por resultado individual	Alocação de recursos por critérios claros	
Benefícios por lealdades pessoais	Benefícios por desempenho individual	Benefícios por trabalho em equipe	
Valorização do feudo	Valorização do indivíduo	Valorização da equipe	
Controles burocráticos	Controles gerenciais	Controles horizontais	
Orientação p/ chefe	Orientação p/ curto prazo	Orientação ganha-ganha	
Falta de autonomia	Autonomia individual restrita	Autonomia acordada	
Lealdade ao chefe	Ataque e defesa	Proteção mútua p/ pacto comum	
DEPENDENTE	**INDEPENDENTE**	**INTERDEPENDENTE**	
Coerção	Exercício do poder	Consenso	
	CARACTERÍSTICAS DA CULTURA ORGANIZACIONAL		

Fonte: elaboração própria.

Esses três modelos representam um esforço de simplificação da realidade num formato de padrões de comportamento organizacional que observamos em nossas pesquisas. Identificamos que esses modelos podem coexistir em alguma dimensão, especialmente nas grandes empresas e grupos empresariais.

Patronagem

O modelo de *patronagem* é o mais tradicional e advém de nossa herança histórico-cultural brasileira. Como abordamos em Zanini e Migueles (2018), uma sociedade de alta distância de poder, combinada com alta aversão a incerteza e baixa confiança, tende a produzir um modelo organizacional autoritário e personalista. Suas características são a concentração e o uso discricionário do poder, o personalismo e formação de feudos de poder. Nesse modelo, há um sequestro dos interesses coletivos da organização e dos subordinados para atender ao interesse pessoal daquele que detém o controle sobre os recursos.

O sistema de *patronagem* está baseado numa relação assimétrica entre um indivíduo que detém o poder e o controle sobre os recursos, o *patrão*, sobre outro indivíduo, ou sobre um coletivo, que depende desses recursos e retribuiu ao patrão com serviços, o *subordinado*. O *patrão* usa sua influência para assistir e proteger seu *subordinado*, que, por sua vez, lhe provê lealmente algum tipo de serviço numa relação assimétrica de dependência. Leis e relações contratuais não governam essa relação. A dependência e a aparente lealdade são partes essenciais da relação entre o *patrão* e o *subordinado*. Aparentemente, o *patrão* não busca o comprometimento do *subordinado* pela força ou por exercício da autoridade, mas pela lealdade do *subordinado* estabelecida por sentimentos de dívida, gratidão e obrigação moral. Veladamente há, no entanto, uma lógica coercitiva pelo desencorajamento de qualquer reação do *subordinado* em se opor aos interesses do *patrão*. Cabe ao *subordinado* manter uma relação amistosa de subordinação aparente como forma de evitar conflitos e ter algum grau de estabilidade ou acesso aos recursos. Sociedades altamente produtivas e inovadoras trabalham para reduzir explicitamente esses comportamentos oportunistas que buscam o sequestro dos interesses coletivos por interesses privados (Williamson, 1996).

No modelo de patronagem, há o sequestro dos recursos organizacionais para atender aos interesses de um indivíduo ou grupo de indivíduos que detém o poder. A organização passa a trabalhar para atender aos interesses desse indivíduo ou grupo que detém o poder e que passa a governar concedendo favores, benefícios e cargos àqueles que lhes são de interesse e se mostram leais. Os subordinados demonstram lealdade incondicional aos seus superiores e é comum a construção de vínculos por dívida e obrigação moral. *Nesse modelo, as relações de confiança entre os membros da organização tendem a se estabelecer por lealdades pessoais relacionadas ao autointeresse e à autoproteção.*

A dimensão política da organização atende aos interesses pessoais do grupo que detém o poder, e as regras corporativas, quando existem, são empregadas por conveniência. Nessas organizações, aqueles que gerenciam não possuem interesse em estabelecer regras gerais, como políticas para a concessão de benefícios, mas preferem tratar caso a caso, pela relação estabelecida, concedendo favores e contraindo dívida moral com seus subordinados. Ou seja, não se tratam os benefícios formalmente no desenho de plano de carreira ou progressão da função, mas como um favor pessoal.

Nesse modelo, regras e políticas organizacionais, ainda que existam, são utilizadas mais para o controle dos comportamentos do que para gerar coordenação orientada para resultados. Não são aplicados critérios baseados no mérito para orientar processos de seleção, reconhecimento e promoção. Quando existem, com frequência esses critérios são manipulados por conveniência para justificar a formalização do processo.

No modelo de patronagem, a concentração de poder traz consigo seus adereços organizacionais, como o exercício autoritário e discricionário do poder, a concessão de benefícios sem critérios claros, a bajulação e a falta de autonomia dos membros para orientarem seus esforços para a conquista de resultados. Esse modelo apresenta altos custos não mensurados pela falta de autonomia de quem executa para aprimorar sua tarefa, falta de critérios baseados no mérito para a retenção de talentos, baixa sinergia entre as áreas e, principalmente, pela falta de foco em resultados comuns.

O exercício da autonomia é extremamente limitado, e a dependência da hierarquia é rígida para garantir os controles. Esse modelo tende a produzir uma desmotivação maior dos indivíduos, que se veem extremamente limitados em sua capacidade de propor e executar as tarefas com algum grau de liberdade. As possibilidades de exercício de autonomia ocorrem por "permissão", concedida por um membro do grupo que detém poder.

Meritocracia do curto prazo

O modelo baseado na *meritocracia do curto prazo* tem sua origem na cultura organizacional das empresas do mercado financeiro. Posteriormente, esse modelo foi amplamente "exportado" para as empresas de outras indústrias com maior ou menor grau de sucesso. Trata-se de uma adaptação brasileira do modelo americano de meritocracia financeira. Sua principal característica é a busca pela apropriação do valor no curto prazo, maior do que o interesse genuíno na produção de valor.

Nesse modelo, a gestão das organizações está centrada no indivíduo, na capacidade individual de produzir resultados. Pode-se até produzir o discurso da equipe e do coletivo, mas o sistema de incentivos e consequências privilegia o desempenho individual. *Nesse modelo, as relações de confiança entre as pessoas tendem a ser menos valorizadas e a coordenação para a captura de resultados está relacionada à confiabilidade do sistema formal de remuneração e recompensa individual.*

Há uma forte crença na capacidade de alguns indivíduos especiais moverem a organização em busca de resultados. A crença é de que os melhores irão surgir pela competição entre pares e produzirão melhores resultados. Acredita-se que a competição dentro da empresa é o principal instrumento de seleção e, na soma do conjunto desses indivíduos, a empresa produzirá um resultado superior. Acredita-se também que as perdas de sinergia são compensadas pela soma dos desempenhos individuais. Portanto, nessas organizações o sistema de remuneração tende a ser mais agressivo e orientado para a concessão de remuneração e benefícios como prêmios pela conquista de resultados individuais.

Em geral, convive-se com uma liderança que exerce forte pressão sobre os demais indivíduos por resultados de curto prazo. Esse modelo tem se mostrado efetivo para estratégias empresariais orientadas para a redução de custos, na coordenação e otimização de cadeias logísticas, especialmente para prover serviços e produtos de baixa complexidade (*commodities*), utilizando mão de obra com moderada especialização. No entanto, tende a ser menos efetivo para estratégias empresariais orientadas pela qualidade e inovação, quando é necessária a coordenação de uma mão de obra mais especializada, orientada a gerar resultados frente a sistemas mais complexos e especializados.

As empresas que se caracterizam pela meritocracia do curto prazo raramente investem na melhoria do ambiente e do clima organizacional e não orientam seus investimentos em incentivos para privilegiar a colaboração entre pares e alguma estabilidade do emprego. É importante observar que há uma correlação entre estabilidade e confiança. Por estabilidade, me refiro à garantia da perspectiva de continuidade da relação de trabalho, especialmente para o indivíduo que conhece e contribui para a cadeia de valor do negócio e detém as competências para aprimorá-la. São aqueles que deveriam estar blindados da rotatividade para que a capacidade de inovar da organização estivesse preservada das pressões de redução de custos. Ao contrário, em alguns casos, a gestão prefere trabalhar com maiores níveis de rotatividade de empregados como um custo necessário no processo de seleção natural dos indivíduos. A retenção de pessoas está baseada na remuneração, focada nos indivíduos assumidos como os "líderes" da organização, aqueles que são reconhecidos por conquistarem resultados excepcionais. Esse modelo apresenta custos mensuráveis e não mensuráveis por perdas de cooperação e sinergia entre pessoas e áreas internas, pelos custos de rotatividade de empregados e maiores níveis de oportunismos.

Meritocracia sustentável

O modelo de *meritocracia sustentável* nasce do empenho de algumas empresas brasileiras em orientar seus esforços para estratégias de diferenciação pela qualidade e inovação. Nele, a gestão tem como desafio traduzir complexidade e especialização em desempenho pelo melhor e mais inteligente uso dos recursos. Acredita-se que os resultados vêm de conquistas que passam pela gestão do coletivo, por meio da coordenação de equipes e áreas multifuncionais. Ainda que exista a crença na liderança de alguns indivíduos especiais ou que exista algum grau de competição entre pares, especialmente entre os membros da alta liderança, o discurso e os incentivos organizacionais estão orientados para a promoção da cooperação e colaboração, uma vez que os resultados surgem dos esforços para a construção de sinergias e interdependências. *Nesse modelo, as relações de confiança entre as pessoas tendem a ser desejadas e valorizadas, baseadas em regras percebidas como justas, orientadas por critérios meritocráticos e reforçadas pelo conjunto das ações das lideranças.* A coordenação para a busca de resultados está frequentemente relacionada à formação de uma coalizão e engajamento por propósito ou causa comum, o que gera proteção e compromisso mútuo. São as empresas que mais investem em projetos de gestão do coletivo, como projetos de mudança cultural, engajamento e formação de lideranças em diversos níveis da organização.

Acredita-se que a cooperação entre pares e o trabalho em equipe dentro da empresa sejam o principal modelo de produção de valor que permite a soma das inteligências e de esforços, gerando maior alinhamento e congruência de interesses. O sistema de remuneração inclina-se a refletir metas coletivas e individuais, tendendo a privilegiar o coletivo. Existem incentivos para uma relativa proteção ao emprego e para a harmonia e estabilidade relativa do ambiente de trabalho, como um contexto capacitante para a produção. Geralmente, são empresas que apreciam e até buscam figurar nos *rankings* das "melhores empresas para se trabalhar".

Esse modelo tem se mostrado efetivo em estratégias de diferenciação pela qualidade e inovação, quando a produção do valor está muito associada ao capital intangível, especialmente para a coordenação de processos produtivos mais complexos em indústrias de alto valor adicionado, que demandam maior especialidade da mão de obra, e nas organizações em que há grande dificuldade para mensurar a contribuição individual. Especialmente nesses casos, mostra-se mais efetivo à medida que se torna mais crítica a percepção de justiça e meritocracia na aplicação de critérios de seleção, promoção e concessão de benefícios para a retenção de talentos e manutenção do clima organizacional, especialmente em tempos de maior oferta de emprego.

Confiança em contexto extremo

Uma questão de pesquisa que nos orientou a desenvolver estudos em organizações específicas foi a análise dos elementos de coordenação informal em organizações que operam em contextos extremos (equipes médicas de hospitais, bombeiros e unidades policiais e militares de operações especiais). Esses estudos nos ajudaram a entender melhor o perfil de liderança e as relações de confiança em meio a ambientes de alto risco e incerteza.

As organizações nessa categoria se caracterizam pelo engajamento em eventos extremos com alto potencial de consequências críticas de grande magnitude, envolvendo o risco de vida de ambos — membros e não membros. Tal modelo organizacional é reconhecido na literatura em administração como organizações de ação crítica (*critical action organizations*: CAO) (Hannah et al., 2009). Nessa categoria, encontram-se as equipes civis e militares de operações especiais.

A dinâmica operacional consiste na utilização de equipes menores, mais independentes, que utilizam recursos especiais, como informação, tecnologia e treinamentos específicos para obter resultados superiores. Uma característica distinta das unidades de operações especiais encontra-se exatamente em seu modelo de coordenação informal (Zanini et al., 2013). Nessas organizações, a confiança entre os membros e na liderança é um fator crítico para o desempenho das equipes que atuam em cenários de alto risco, complexidade e imprevisibilidade.

Equipes de operações especiais podem ser compreendidas como exemplos do exercício da flexibilidade das estruturas hierárquicas tradicionais. Uma vez que as burocracias tradicionais já não conseguiam lidar eficazmente com os desafios e ameaças impostos pelo contexto, buscou-se com o tempo a coordenação por meio de estruturas menores, mais flexíveis e especializadas. Portanto, essas equipes podem ser compreendidas como formas alternativas para o emprego de recursos frente ao aumento da complexidade e da incerteza.

Alguns estudiosos que pesquisaram essas organizações concordam que a liderança possui um papel central para a coordenação das equipes, cuja eficácia depende, em grande parte, do respeito e da predisposição a seguir as ordens dos líderes, bem como do comprometimento dos subordinados com a missão e os objetivos de sua unidade.[1]

Entre 2010 e 2017, realizamos um estudo numa unidade militar de operações especiais de polícia, o Batalhão de Operações Policiais Especiais do Rio de Janeiro (Bope/RJ).[2] O estudo do Bope representa a possibilidade de construção da alta confiança numa cultura nacional caracterizada por alta distância de poder e baixa confiança institucional, dentro de uma organização militar tradicional, que assume como valores a submissão, a obediência e a hierarquia. Algumas das competências organizacionais específicas observadas em estudos anteriores e apresentadas como essenciais para sustentar esse modelo são: liderança compartilhada (Zanini e Migueles, 2018), confiança entre seus membros (Zanini, Migueles e Colmerauer, 2014), baixa distância de poder (Pinheiro Neto, 2013), compartilhamento e delegação de

---

[1] Para mais informações, ver Zanini et al. (2013); Zanini, Colmerauer e Lima (2015); Zanini e Migueles (2018).

[2] Conduzimos um estudo utilizando métodos qualitativos e quantitativos, com técnicas de entrevistas e questionários estruturados. Analisamos a relação entre as escalas de distância de poder, confiança e antecedentes da confiança. Os resultados de nossas análises confirmam uma relação direta e inversa entre distância de poder e confiança profissional no líder, ou seja, quanto maior a distância de poder, menor é a confiança profissional no líder imediato. Comprovamos também que, quanto maior a percepção dos liderados acerca da acessibilidade, confiabilidade e transparência da informação que é compartilhada pelo líder, maior é a confiança pessoal no líder pelos liderados. Além disso, quanto maior a percepção de compartilhamento e delegação de autoridade no processo de decisão do Bope/RJ, maior a confiança pessoal no líder.

autoridade, preocupação com a equipe e qualidade na comunicação interna (Zanini et al., 2013).

Em Zanini et al. (2013), foram identificados elementos centrais da coordenação informal no Bope. Nesse estudo, observamos o papel central das relações de confiança e da liderança como fatores críticos para gerar coordenação informal nessa unidade. Observamos que a predisposição do policial combatente em se engajar em situações críticas está relacionada de maneira significante com a confiança no líder. Em Zanini, Colmerauer e Lima (2015), analisamos a influência do estilo de liderança na relação entre a confiança no líder e o comprometimento dos subordinados. Confirmamos que o estilo mais consultivo de liderança está positivamente relacionado à confiança pessoal e profissional no líder. Pinheiro Neto (2013) buscou identificar as competências essenciais do Bope/RJ. Utilizando uma análise qualitativa, o autor identifica a redução da distância de poder como fator crítico de sucesso para o desempenho das equipes dessa unidade e afirma: "Os subordinados enxergam-se capazes e com poder suficiente para transformar a si mesmos e a realidade ao seu redor. Estão inseridos num contexto de alta confiança e baixo distanciamento de poder" (Pinheiro Neto, 2013:65). Em sua análise, ele observa que o baixo grau de distância de poder nas relações hierárquicas entre os membros da unidade representa uma das competências organizacionais que sustentam a excelência operacional da unidade, fortalecendo as relações de confiança na relação entre líderes e liderados e entre pares hierarquicamente iguais.

Ao longo dos seus mais de 40 anos de história, o Bope passou a ser reconhecido não somente por outras instituições semelhantes no Brasil, mas também por outras unidades de operações especiais em todo o mundo, que passaram a distinguir a unidade pelas qualidades específicas com que atuava em seu ambiente. Seus cursos de formação passaram a ser frequentados por policiais civis e militares de diversas forças estaduais e federais e de outras unidades policiais de operações especiais de outros países.

Neutralizando os efeitos da distância de poder

Um dos estudos mais relevantes e bem conhecidos sobre cultura comparada foi realizado por Geert Hofstede (2001), em que foi adotada a percepção de distância de poder (índice de distância de poder ou IDP) como uma dimensão da cultura nacional. Essa dimensão reflete, de forma comparativa, como os indivíduos com menos poder numa sociedade esperam e aceitam que o poder seja distribuído desigualmente. Segundo Hofstede (2001:98), "distância do poder mede até que ponto os membros menos poderosos das instituições e organizações de um país esperam e aceitam que o poder seja distribuído de forma desigual". Para o autor, o que define a distância do poder não são os atributos ou características dos líderes, mas sim os liderados.

Para falar em redução da distância do poder, é necessário, portanto, provar a redução das expectativas de aceitação da desigualdade na distribuição de poder pelo liderado. A dimensão distância do poder seria menos uma característica daqueles que o detêm e mais uma permissão dos que possuem menos poder na sociedade. De fato, em Zanini e Migueles (2018) demonstramos como indivíduos que possuem menos poder nas organizações aceitam como natural e esperam, sem maiores justificativas, uma repartição desigual do poder em um contexto de maior heterogeneidade e desigualdade econômica. Eles oferecem uma resistência passiva e um desengajamento subjetivo, sutil e impossível de neutralizar pelo monitoramento externo ou pelos mecanismos de controle do comportamento.

Nesta pesquisa de Hofstede, o Brasil foi considerado um país com alta distância de poder. Quanto maior o índice de distância de poder em um país, mais confortáveis estarão os membros daquela sociedade com grandes assimetrias de poder. Em países de alta distância de poder espera-se que as crianças sejam obedientes aos pais. A independência no comportamento é desestimulada. O respeito ao mais velho é considerado uma virtude básica.

Ao contrário, países com baixa distância de poder possuem culturas mais igualitárias. As crianças são tratadas pelos adultos quase como iguais. O objetivo dos pais é que a criança se torne independente assim que possível. Os alunos se sentem confortáveis em questionar os professores. Nos países com alta distância de poder, os professores são percebidos como superiores que transmitem informações que não devem ser questionadas.

No ambiente de trabalho de países com baixa distância de poder, a hierarquia é vista apenas como um arranjo temporário estabelecido por conveniência. Os empregados esperam um estilo consultivo do seu chefe, e a diferença entre os salários da base e do topo é relativamente menor. Os subordinados esperam ser consultados para todas as decisões que afetam seu trabalho e bem-estar. Em países com alta distância de poder, a diferença de hierarquia é vista como um fato existencial e os empregados esperam um chefe autoritário e paternalista (Hofstede, 2001).

Distância de poder é uma variável que permite diversas análises em uma organização. O que observamos no Bope é que a convivência com regras disciplinares rígidas que regulam o comportamento, somada à exposição constante ao alto risco de vida durante as operações, estabeleceu uma relação mais estreita entre os policiais e criou uma estrutura única que promove a redução da percepção de distância e um sentimento de igualdade maior entre aqueles que pertencem ao grupo. Esse mecanismo organizacional de redução da distância de poder passa a reforçar a confiança entre os membros da unidade.

Liderança compartilhada

De acordo com nossos estudos, as organizações que conseguiram criar competências para mudar seu foco da simples aplicação do controle externo dos comportamentos para a autodisciplina e o maior consenso em equipe encontraram um caminho de aprimoramento das capacidades do grupo e da utilização dos recursos do sistema. Um elemento de gestão que identificamos como fator crítico para a redução da distância de poder é o exercício da liderança compartilhada.

Segundo Carson, Tesluk e Marrone (2007), a liderança compartilhada é uma propriedade emergente da equipe que resulta na distribuição da influência da liderança entre vários membros da equipe. Essa definição assume múltiplas fontes de influência, e não comportamentos de liderança específicos, posição formal ou tipos específicos de influência. Para delimitar o atributo da liderança compartilhada que reduz a distância do poder, propomos entender a liderança compartilhada como a capacidade de garantir a participação ativa dos membros da equipe na solução de problemas por meio da comunicação aberta. Essa capacidade é responsável por uma redução significativa dos problemas comunicativos descritos neste livro como típicos das organizações brasileiras, com um impacto significativo na capacidade de gerar soluções *ad hoc*.

Liderança compartilhada e objetivos comuns, como observamos em nossos estudos, podem aumentar internamente a confiança interpessoal, aumentando igualmente a capacidade da organização para lidar de forma mais eficiente com ameaças externas e incertezas de contexto.[3] Os estudos de gestão transcultural certamente se beneficiariam desse tipo de entendimento, especialmente quando as empresas ingressam em mercados de maior incerteza, em que diferentes soluções para cooperação interdependente podem ser necessárias.

À medida que a liderança compartilhada se desenvolve com o tempo, ela se torna um recurso do sistema, reduzindo a dependência da disponibilidade de líderes excepcionais, reduzindo consideravelmente o espaço para o uso discricionário do poder pelos indivíduos. Uma vez que a liderança compartilhada surge como a solução adequada para a integração interna, necessária para atuar em um ambiente extremamente caótico, o processo de sucessão e a seleção reforçam esses

---

3 Sugere-se a relevância de revisitar a análise de Williamson (1996) sobre o papel da governança das organizações, suas características e sua relação com o nível macro das instituições nacionais e o nível micro do comportamento individual, tanto para os estudos de desenvolvimento quanto para a teoria organizacional.

traços como desejáveis para a organização. Com o tempo, torna-se um padrão que se pratica e ensina, como a maneira correta de gerenciar equipes policiais de alto desempenho operando em contextos extremos.

No caso específico do Bope, com o objetivo de aumentar a capacidade de enfrentar o risco em contextos externos, os líderes projetaram uma organização para envolver diretamente o exercício da liderança em todos os processos de coleta, processamento e implantação de informações, tanto na estratégia quanto em decisões práticas e operacionais. A clareza relativa à missão e ao risco envolvido cria condições prévias e incentivos para o desenvolvimento de um forte engajamento e participação. Tal engajamento torna-se essencial para corrigir desalinhamentos, promovendo a estabilidade interna das expectativas em relação ao comportamento de outros membros. Gera-se e reforça-se o encapsulamento de interesses.

O modelo de liderança compartilhada é necessário para produzir um entendimento compartilhado das metas, objetivos e desafios relacionados, criar e testar possíveis soluções de integração interna, descartar algumas soluções e selecionar outras, convencer sobre sua qualidade e utilidade e criar um compromisso de todos, legitimando, assim, os acordos. Com isso realizado, a necessidade de esforços de monitoramento e controle diminuiu e a capacidade de evoluir continuamente é instalada. A busca por confiabilidade e previsibilidade na coleta de informações e em seu uso mostrou-se fundamental. Decisões de curto prazo que podem colocar em risco a vida dos policiais acabam fornecendo o elemento que impede a passividade.

Embora no nível macro o Brasil e os Estados Unidos apareçam com diferentes níveis de confiança, em nossas amostras do Bope (Brasil) e da Swat (USA) encontramos níveis de confiança equivalentes (Zanini, Migueles e Colmerauer, 2014). Nossos resultados sugerem que no nível organizacional é possível reduzir a distância do poder, aumentar a confiança e a colaboração, mesmo em contextos nacionais de alta distância do poder. Com liderança compartilhada, os indivíduos se conscientizam da relevância de seu papel e contribuição para os resultados da equipe, com impacto positivo na disciplina pessoal e no comprometimento. Isso aumenta a autonomia como condição prévia para o engajamento, a predisposição para confiar e a autoconfiança necessária para aceitar o risco.

As observações demonstram que a liderança compartilhada e participativa reduz a assimetria de informação e aumenta a transparência, o que afeta positivamente a percepção de integridade dos líderes diretos. Observamos uma causalidade em espiral, produzindo e aumentando a confiança: a capacidade dos primeiros líderes de produzir a percepção de integridade foi importante para o engajamento e a participação. Com o tempo, o engajamento e a participação aprimoraram a percepção da importância da integridade. A percepção de integridade se torna um fator crucial para a seleção de novos líderes com impacto positivo no desenvolvimento contínuo da confiança, neutralizando assim a principal característica da distância do poder segundo Hofstede (2001:85): eliminando o medo do subordinado de expressar desacordo com os superiores.

A percepção de integridade aparece em nossas pesquisas como essencial para a promoção das relações de confiança entre líderes e subordinados na aceitação do risco em contextos extremos. Parece que é necessária a percepção mínima de integridade para o líder iniciar esse movimento. Uma vez confirmada por um comportamento continuamente observável, promove a maior participação dos membros da equipe e reforça, num ciclo virtuoso, a percepção da integridade do líder como valor a ser perseguido para o exercício da liderança. Aumenta a confiabilidade e a previsibilidade, reduzindo fortemente a lacuna entre concepção e execução das tarefas e a assimetria de informações entre líderes e liderados, aumentando a propensão a confiar.

Referências

BEARFIELD, D. A. What is patronage? A critical reexamination — recent trends in human resources management. *Public Administration Review*, p. 64-76, jan./fev. 2009.

CARSON, J. B.; TESLUK, P. E.; MARRONE, J. A. shared leadership in teams: an investigation of antecedent conditions and performance. *The Academy of Management Journal*, v. 50, n. 5, p. 1217-1234, 2007.

HANNAH, S. T. et al. A framework for examining leadership in extreme contexts. *The Leadership Quarterly*, v. 20, n. 6, p. 897-919, 2009.

HARDIN, R. *Trust and trustworthiness*. Nova York: Russell Sage Foundation, 2002.

HOFSTEDE, G. H. *Culture's consequences*: comparing values, behaviors, institutions and organizations across nations. Beverly Hills, CA: Sage, 2001.

PINHEIRO NETO, A. *A competência essencial do Bope*: uma análise exploratória. Dissertação (mestrado) — FGV Ebape, Rio de Janeiro, 2013.

WILLIAMSON, O. E. *The mechanisms of governance*. Nova York: Oxford University Press, 1996.

ZANINI, M. T. *Confiança*: o principal ativo intangível de uma empresa. Rio de Janeiro: FGV Ed., 2016.

_____; COLMERAUER, M.; LIMA, D. F. A influência do estilo de liderança consultivo nas relações de confiança e comprometimento no Batalhão de Operações Policiais Especiais do Rio de Janeiro. *Revista de Administração*, São Paulo, v. 50, n. 1, p. 105-120, jan./fev./mar. 2015.

_____; MIGUELES, C. Building trust in a high power distance context: the role of the perception of integrity in shared leadership. *Working paper* apresentado na Academy of Management Conference, Chicago, ago. 2018. Disponível em: <https://ssrn.com/abstract=3258413> e <http://dx.doi.org/10.2139/ssrn.3258413>. Acesso em: nov. 2019.

_____; _____; COLMERAUER, M. *A ponta da lança*. Rio de Janeiro: Elsevier, 2014.

_____ et al. Os elementos de coordenação informal em uma unidade policial de operações especiais. *Revista de Administração Contemporânea*, Curitiba, v. 17, n. 1, p. 106-125, jan./fev. 2013.

3

Confiança: o desafio intangível da competitividade brasileira

José Roberto Vieira de Resende

Eu trabalho há anos em um banco de desenvolvimento, e um dos nossos maiores desafios sempre foi transformar em competitividade os investimentos em capital físico e humano realizados pelos governos e pelas empresas. Havia algo que os cálculos econômicos simplesmente pareciam incapazes de capturar, algo mais sutil, mas muito poderoso e de difícil entendimento. Ao tentar compreender melhor esse fenômeno, me deparei com o papel econômico da confiança.

Ao investigar melhor essa variável e seu impacto nos resultados de nossas empresas e economia, me surgiu uma dúvida, muito comum no primeiro contato com o tema, que é: por que o Brasil, detentor de tantos recursos naturais e humanos, aparece nos *rankings* internacionais, de forma consistente, como um país pouco competitivo, inovador e produtivo?

Há muitas discussões sobre esse tema hoje no Brasil, e muitos "pseudodiagnósticos". Alguns desses são derivados de conclusões superficiais e baseadas no senso comum. Existem também muitos trabalhos consistentes, elaborados pelo próprio BNDES e por outras instituições de pesquisa, como o Instituto de Pesquisa Econômica Aplicada (Ipea) e a própria Fundação Getulio Vargas (FGV). Um padrão observável nesses estudos é o foco quase que exclusivo nos aspectos tangíveis da economia. No entanto, muitos estudos sobre desenvolvimento, desde o surgimento do institucionalismo[1] e, pos-

---

[1] O institucionalismo é uma corrente do pensamento econômico que surgiu nos Estados Unidos, no início do século XX, impulsionada principalmente pelos escritos de Thorstein Veblen, John Rogers Commons e Wesley Clair Mitchell. Concentra-se na compreensão do papel das instituições na modelagem do comportamento econômico.

teriormente, do neoinstitucionalismo,[2] apontam para a relevância de fatores intangíveis na explicação do sucesso comparado das nações.

Com base nessa observação, buscou-se compreender de que forma os fatores intangíveis poderiam ajudar a explicar a dificuldade brasileira de atingir boas colocações nos *rankings* socioeconômicos internacionais.

Apesar de o Brasil possuir a sétima maior economia do mundo[3] e ser o quinto país mais populoso do planeta,[4] suas posições em diversos *rankings* econômico-sociais internacionais não são boas. Tal situação pode ser comprovada pela 80ª colocação no The Global Competitiveness Index (GCI) 2017-2018.

O GCI é elaborado anualmente pelo World Economic Forum e apresentado no *The global competitiveness report*, tendo como propósito fundamental avaliar os fatores e instituições que determinam as melhorias na produtividade dos países, cuja essencialidade para o crescimento econômico e prosperidade de longo prazo é amplamente reconhecida.

Krugman (1994:11) foi inequívoco ao afirmar que a "produtividade não é tudo, mas no longo prazo é quase tudo". O autor complementa que todas as outras preocupações econômicas referentes ao longo prazo (competição externa, estrutura industrial, tecnologia defasada e deterioração da infraestrutura) se tornam irrelevantes quando comparadas com o problema do crescimento lento da produtividade.

Um dado interessante apresentado no *The global competitiveness report 2017-2018* para corroborar a relação entre competitividade e crescimento econômico de longo prazo está apresentado na figura 1. Foi feita uma

---

2 O neoinstitucionalismo é uma corrente de pensamento econômico que visa entender os aspectos econômicos por meio do estudo das normas e regras legais e sociais, promovendo assim uma perspectiva além daquela proposta pelos economistas institucionais ou neoclássicos. Os autores mais conhecidos são Ronald Coase, Oliver Williamson, Douglass North e Elinor Ostrom.
3 Considerando o produto interno bruto (PIB) ajustado pela paridade do poder de compra (PPP) no ano de 2015. Dados obtidos junto ao Fundo Monetário Internacional (FMI) no World Economic Outlook Database (acessado em agosto de 2018).
4 Segundo dados da United Nations Population Division para o ano de 2014 (acessado em agosto de 2018).

comparação, em diferentes níveis de renda *per capita*, dos resultados obtidos no GCI do ano de 2007 com as taxas de crescimento econômico durante os 10 anos seguintes. Pode-se observar que as economias mais competitivas, dentro do mesmo grupo de renda, foram aquelas que apresentaram maior crescimento do PIB no decênio posterior. É interessante notar que o resultado se repetiu em todos os níveis de renda, desde os países de alta renda da Organização para a Cooperação e Desenvolvimento Econômico (OCDE) até os de mais baixa renda.

Figura 1
GCI em 2007 e taxa média de crescimento
do PIB entre os anos de 2007 e 2016

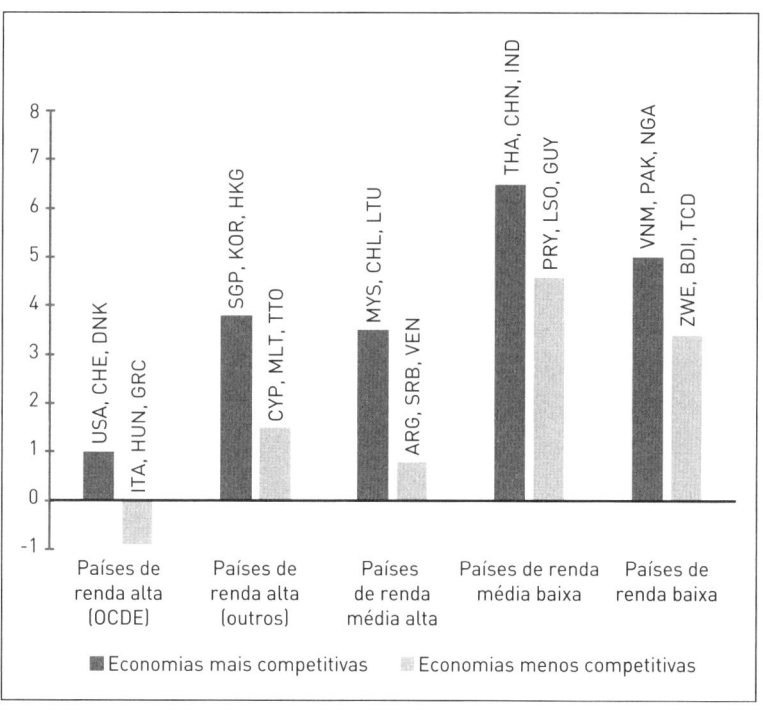

Fonte: Schwab (2017).
Códigos dos países: ARG = Argentina; BDI = Burundi; CHE = Suíça; CHL = Chile; CHN = China; CYP = Chipre; DNK = Dinamarca; GRC = Grécia; GUY = Guiana; HKG = Hong Kong; HUN = Hungria; IND = Índia; ITA = Itália; KOR = Coreia do Sul; LSO = Lesoto; LTU = Lituânia; MLT = Malta; MYS = Malásia; NGA = Nigéria; PAK = Paquistão; PRY = Paraguai; SGP = Singapura; SRB = Sérvia; TCD = Chade; THA = Tailândia; TTO = Trinidad e Tobago; USA = Estados Unidos da América; VEM = Venezuela; VNM = Vietnã; ZWE = Zimbábue.

O cenário mundial atual de abertura da economia das nações e o advento da globalização têm motivado consultorias e instituições de pesquisas a usar os indicadores de competitividade, tal como o GCI, como um marcador de desenvolvimento econômico. Sendo assim, a análise da competitividade tem sido cada vez mais valiosa para os investidores, os quais buscam reconhecer países que possam conferir melhores resultados às inversões a serem realizadas (Carvalho, Di Serio e Vasconcellos, 2012).

O estudo do tema competitividade também é muito útil para municiar os *policy makers* das nações para que eles possam entender a natureza complexa e multifacetada dos desafios do desenvolvimento, permitindo assim o desenho e a implementação de melhores políticas públicas.

Segundo Porter (1990b), a competitividade de um país depende da sua capacidade de inovação, principalmente de sua indústria. Deriva também da capacidade desse setor da economia se manter atualizado e auferir ganhos contínuos de produtividade e qualidade. Nesse sentido, a riqueza das nações e a qualidade de vida das pessoas dependem da capacidade das empresas de inovar, aumentando os ganhos de produtividade de forma perene.

Siqueira (2009) argumenta que os ganhos de competitividade proporcionam melhores condições para o crescimento das economias nacionais, redução das desigualdades regionais e criação de melhores condições de vida para a população. Complementa ainda que os ganhos de competitividade são oriundos de variáveis sistêmicas que afetam a produtividade e a qualidade de bens e serviços que cada país produz.

Shapiro (2005) e Ehrlich (2007), ao estudarem a relação entre competitividade e desenvolvimento econômico, chegaram à conclusão de que, na era da informação e do conhecimento, o desempenho das empresas depende cada vez mais da competitividade dos sistemas econômicos nos quais estão inseridas.

Para Esser et al. (1994), o conceito de competitividade envolve quatro níveis mais abrangentes de variáveis que afetam a capacidade competitiva das empresas e dos países: micro, meso, macro e meta.

O primeiro considera a capacidade das empresas de aumentar as receitas. Já o segundo, nível meso, trata da competitividade industrial e regional relacionada à infraestrutura e à capacidade de formar redes e de realizar melhorias nos sistemas de inovação. Após, temos o nível macro, relacionado aos fatores macroeconômicos nacionais que afetam a competitividade das empresas, como taxa de juros e câmbio, balança comercial e de pagamentos e dívida pública. O nível meta, por fim, está relacionado a fatores culturais do país, como a capacidade que a sociedade tem de realizar consensos para conseguir alcançar os objetivos definidos conjuntamente. Para os autores, a interação entre os quatro níveis da competitividade também é importante.

A maior competitividade propicia ganhos de produtividade e qualidade no interior das unidades de produção, ao longo da cadeia produtiva e no relacionamento entre empresas e clientes finais. Os ganhos de competitividade no interior das empresas podem ser obtidos por meio da inovação, qualificação dos recursos humanos e programas de qualidade. Nas conexões empresariais, ao longo das cadeias produtivas, as melhorias nas relações institucionais e produtivas podem promover ganhos de produtividade e qualidade para todos os participantes, por meio das externalidades positivas. Já o relacionamento entre as unidades de produção e os clientes finais pode ser melhorado em áreas que proporcionem a redução de custos, como transporte e armazenagem, e melhorem a adequação dos bens e serviços ao perfil dos consumidores (Siqueira, 2009).

Em resumo, a importância da relação entre competitividade e desenvolvimento socioeconômico já foi estudada no meio acadêmico. Entretanto, já com relação aos fatores que mais impactam a competitividade, tanto de forma positiva quanto negativa, o debate ainda está em aberto.

A literatura acadêmica, ao tentar explicar a colocação do Brasil nos *rankings* socioeconômicos internacionais, direciona suas conclusões para alguns fatores, sendo os mais frequentes relacionados com qualificação da mão de obra nacional e disponibilidade/qualidade da infraestrutura física do país.

Os trabalhos de Barros e Mendonça (1997), Castells (2003), Shapiro (2005), Ehrlich (2007), Glaeser (2007), The World Bank (2008), Siqueira (2009), FGV Projetos (2015), International Institute for Management Development (IMD, 2017) e OECD (2018), apesar de suas particularidades, reconhecem que os aspectos tangíveis da economia associados aos capitais humano (nível de educação) e físico (disponibilidade, qualidade e maturidade da infraestrutura) são considerados fatores relevantes para o entendimento das colocações dos países nos *rankings* internacionais de competitividade. As ideias e conclusões desses autores serão detalhadas posteriormente neste capítulo.

No entanto, numa análise mais detida nos *rankings* internacionais de competitividade, pode-se perceber que existem países cujas classificações não condizem com seus níveis de educação e infraestrutura, indicando assim que podem existir outros fatores explicativos importantes ainda não considerados nos estudos já realizados.

O Brasil, além de apresentar uma colocação absoluta ruim nesses *rankings*, também não exibe uma boa posição relativa, ficando atrás de muitos países que não possuem o mesmo tamanho econômico, tampouco a mesma complexidade produtiva. Nesse sentido, é impressionante observar que o Brasil, no GCI 2017-2018, aparece menos competitivo, por exemplo, que a República Islâmica do Irã, país alvo de diversas sanções econômicas,[5] e que Ruanda, país lembrado internacionalmente pelo genocídio ocorrido em 1994.

O Resumo Técnico do Censo da Educação Superior referente ao ano de 2015 analisou mais de 8 milhões de matrículas disponibilizadas em 2.364 estabelecimentos de ensino. Já o número de concluintes ultra-

---

5 O Conselho de Segurança da Organização das Nações Unidas (ONU) já aprovou diversas sanções contra a República Islâmica do Irã, tais como a Resolução nº 1.737, de 23/12/2006, que prevê sanções econômicas e comerciais contra 10 entidades ligadas aos programas nuclear e de mísseis do Irã, e a Resolução nº 1.747, 24/3/2007, que prevê o congelamento dos bens de 13 novas entidades, um embargo sobre as compras de armas iranianas e restrições a empréstimos para o Irã.

passou a marca de 1,1 milhão de estudantes. Levando em consideração esses dados, é difícil afirmar que faltam profissionais qualificados no Brasil, visto que eles equivalem à população total de países que se encontram à frente do Brasil no GCI 2017-2018, tais como (em número de habitantes em 2016): Suíça (8,3 milhões), Singapura (5,6 milhões), Hong Kong (7,3 milhões) e Finlândia (5,5 milhões).

A folha de salários do Ministério da Educação foi uma das despesas que mais cresceram no orçamento do governo federal, passando de R$ 12,7 bilhões em 2006 para R$ 57,9 bilhões em 2018 (Safatle, 2018). Já os gastos totais com educação do governo brasileiro em relação ao PIB são, inclusive, maiores do que a média apresentada pelos países da OCDE, conforme pode ser observado na tabela 1.

Tabela 1
Gastos totais do governo com educação (% do PIB)

País	2010	2011	2012	2013	2014
Brasil	5,65	5,74	5,86	5,84	5,95
Média dos países da OCDE	5,47	5,19	5,18	5,26	5,19

Fonte: Banco Mundial.

Correlacionando os números do orçamento do governo federal nos últimos anos com os gastos com educação do governo brasileiro em relação ao PIB, não há por que se falar em falta de recursos para a educação dos brasileiros. Mas se o recurso existe, qual seria o motivo do seu uso não se transformar num indutor de produtividade e competitividade?

Já com relação aos investimentos em pesquisas, segundo a Unesco, entre os anos de 1995 e 2013, os gastos com pesquisa e desenvolvimento (P&D) no Brasil somaram, na média, valor muito próximo da média de um conjunto de 61 países (34 desenvolvidos e 27 emergentes), respectivamente, 1% e 1,1% do PIB ao ano. Destaca-se ainda que o Brasil foi o país que mais destinou recursos para P&D entre seus pares da América Latina nos anos analisados (Teixeira, 2017).

No entanto, se os gastos com investimentos em educação e P&D não são suficientes para explicar o nível de competitividade de um país, qual outro fator poderia contribuir para essa explicação? Este trabalho busca a resposta para essa questão no campo das ideias institucionalistas e neoinstitucionalistas, mais precisamente na análise dos fatores intangíveis.

Para Aghladze (2017), o capital social é definido como um conjunto de recursos inerentes às relações sociais que facilitam a ação coletiva, incluindo confiança, normas e redes de associação.

Zanini (2016) acrescenta que a confiança é importante nos estudos de economia, sociologia e gestão organizacional porque os agentes econômicos tomam recorrentemente decisões de consumo e investimento, nas quais a situação de incerteza está presente.

Um risco transacional comum é a assimetria de tempo entre o pagamento de um bem e sua entrega ou entre a execução de determinado investimento e o usufruto dos dividendos gerados por ele. A confiança é um modo de reduzir essa sensação de incerteza ao mitigar, por exemplo, o risco do comportamento oportunista dentro dos grupos sociais.

A confiança também gera segurança para empreender determinadas ações e estimula o exercício das liberdades individuais, permitindo que haja cooperação espontânea entre as pessoas e que o bem coletivo seja produzido com mais facilidade e menor custo. É a cultura, em sentido amplo, de uma sociedade que produz a confiança por meio de normas sociais formais e informais (Zanini, 2016).

Os estudos de Ostrom (2005) demonstraram que reciprocidade e reputação são variáveis fundamentais para compreender as relações de confiança e cooperação entre os agentes econômicos. E Williamson (1996) pesquisou sobre os custos de transação em que uma determinada sociedade incorre para realizar suas trocas. A conclusão de seu trabalho indica que a confiança pode ajudar a reduzir tais custos ao dispensar a necessidade de existência de um terceiro fiscalizador ou de normatizações/legislações excessivas.

Um ambiente com baixo nível de confiança dificilmente será inovador, pois um empreendedor, neste contexto, necessitará empreender muito tempo para contratar, monitorar e acompanhar parceiros, empregados e fornecedores, restando assim pouco tempo dedicado à inovação propriamente dita.

Outro autor que também tratou do tema capital social foi Putnam (1993), ao analisar o sucesso econômico e a eficiência do poder público das regiões italianas. Para o pesquisador, foi justamente o capital social, na forma do associativismo, que gerou as diferenças de desempenho entre as regiões norte e sul da Itália ao impor aos membros da sociedade hábitos de cooperação, solidariedade e espírito público.

Já Zak e Knack (2001) estudaram a relação entre confiança e crescimento econômico, demonstrando que a confiança e os fatores sociais e institucionais afetam a determinação das taxas de crescimento dos países.

Segundo Knack e Keefer (1997), economias que apresentam ambientes com maior nível de confiança também geram trocas com custo de transação mais baixo, impactando prioritariamente as atividades que necessitam de trocas de prazo mais longo. Os autores chamaram a atenção também para a importância das normas de cooperação cívica que reduzem os custos de monitoramento e acompanhamento dos contratos assinados, proporcionando melhores resultados das transações econômicas, sendo que a confiança e normas de cooperação cívica estão mais presentes nos países em que as instituições formais efetivamente protegem a propriedade e os contratos privados, bem como nos países que são menos polarizados entre as classes sociais e etnias.

Já com relação à atuação do poder público, Putnam (2000) concluiu que os governos regionais italianos com maiores taxas de confiança e normas de cooperação cívica proveram serviços públicos de melhor qualidade.

Pela análise das ideias dos autores institucionalistas e neoinstitucionalistas consultados, o estudo dos fatores intangíveis, principalmente aqueles concernentes ao capital social, ou mais exatamente aqueles relacionados com a confiança, pode ajudar a entender melhor quais são os principais determinantes da diferença de competitividade entre as nações.

É justamente nessa conjuntura que este trabalho se insere, tendo como objetivo colaborar para a expansão do campo de estudos relativos ao tema da competitividade. Sendo assim, o principal objetivo deste texto é identificar se existem outras causas que ajudem a explicar o nível de competitividade dos países, além daquelas usualmente presentes na literatura acadêmica relacionada com o tema (principalmente, educação e infraestrutura).

Escolha das variáveis da pesquisa

Não é objeto da presente pesquisa estudar todos os possíveis fatores que impactam o nível de competitividade dos países. Nesse sentido, serão estudadas as variáveis que, segundo o referencial teórico considerado, mais impactam o nível de competitividade das nações, a saber: *confiança, investimento, educação, população, anos, renda* e *região*.

As variáveis independentes ou regressoras foram escolhidas com base no referencial teórico consultado. A variável *confiança* foi escolhida com o objetivo de capturar as ideias contidas em Zanini (2016), Ostrom (2005), Putnam (1993), Knack e Keefer (1997) e Zak e Knack (2001). Já a variável *investimento* surge da consulta dos trabalhos de OECD (2018), Siqueira (2009) e The World Bank (2008). A variável *educação*, por sua vez, advém da leitura de FGV Projetos (2015), Barros e Mendonça (1997), Shapiro (2005), Ehrlich (2007), Castells (2003), Glaeser (2007) e The World Bank (2008). Por fim, as variáveis *população, anos, renda* e *região* foram incluídas no modelo por sugestão própria do autor, a fim de verificar se, apesar de não estarem destacadas no referencial teórico, também possuem algum grau de contribuição na determinação no nível de competitividade dos países. As variáveis serão detalhadas individualmente adiante.

Ademais, apesar de os dados escolhidos estarem disponíveis para vários anos, notadamente a partir de 2007, foram utilizados no modelo apenas dados dos anos 2009 e 2014. Isso decorre da natureza de coleta das variáveis *competitividade* e *confiança*, a qual será mais bem explicada mais à frente.

Finalmente, temos também a delimitação de pesquisa: entre os vários indicadores possíveis para representar as variáveis escolhidas, foram selecionados aqueles com maior recorrência na literatura que trata do tema competitividade e aqueles com maior disponibilidade pública. Entretanto, houve a preocupação de escolher indicadores já utilizados em outros estudos sobre os temas competitividade e capital social (confiança).

Resultados esperados

Espera-se que os resultados encontrados ao final deste trabalho contribuam para que os estudos relacionados com o tema da competitividade dos países, e suas possíveis explicações, passem a contemplar novas variáveis diferentes daquelas usualmente trabalhadas, sendo essas fundamentalmente de viés mais econômico.

O trabalho em questão não tem o propósito de verificar se a literatura acadêmica acertou ou errou em identificar as causas da baixa ou alta competitividade dos países, e sim abrir uma nova frente de estudos que passe a refletir sobre outras variáveis como também possíveis explicadoras desse tema tão importante para o desenvolvimento de longo prazo das nações.

Em suma, espera-se que esta pesquisa contribua ao complementar os trabalhos acadêmicos já existentes sobre o tema das causas que ajudam a explicar o nível de competitividade dos países, expandindo a análise para explicações fora do radar dos pesquisadores que trabalham com o assunto.

Referencial teórico e hipóteses de pesquisa

The Global Competitiveness Index

O *The global competitiveness report*, o qual contém em suas páginas o The Global Competitiveness Index (GCI), é elaborado anualmente, desde 2004, pelo World Economic Forum, uma organização sem fins lucrativos baseada na cidade de Genebra, na Suíça. O relatório tem como propósito mensurar os fatores que impactam a competitividade dos países, cuja essencialidade para o crescimento econômico e prosperidade de longo prazo é amplamente reconhecida. A contribuição do estudo é municiar os *decision makers* das nações para que eles possam entender a natureza complexa e multifacetada dos desafios do desenvolvimento, permitindo assim o desenho de melhores políticas públicas.

A última edição publicada foi referente ao período de 2017-2018. Nessa publicação, o índice de competitividade foi calculado para 137 nações e é composto de 114 indicadores, os quais foram escolhidos por captar os conceitos de produtividade e prosperidade de longo prazo dos países. Os indicadores foram agrupados em 12 pilares, que, por sua vez, foram também agrupados em três subíndices: *requerimentos básicos, intensificadores de eficiência* e *fatores de inovação e sofisticação*. O GCI é uma ponderação desses três subíndices, sendo que o fator de ponderação depende do estágio de desenvolvimento de cada país (PIB *per capita* e participação de produtos primários na pauta de exportações). Os dados utilizados para cálculo dos indicadores foram extraídos de banco de dados de organizações internacionalmente reconhecidas (Fundo Monetário Internacional, Banco Mundial, agências especializadas na Organização das Nações Unidas etc.). Ademais, foi utilizado também o resultado de uma pesquisa qualitativa realizada junto a diversos executivos em todo o mundo (World Economic Forum's Executive Opinion Survey).

Figura 2
Composição do GCI

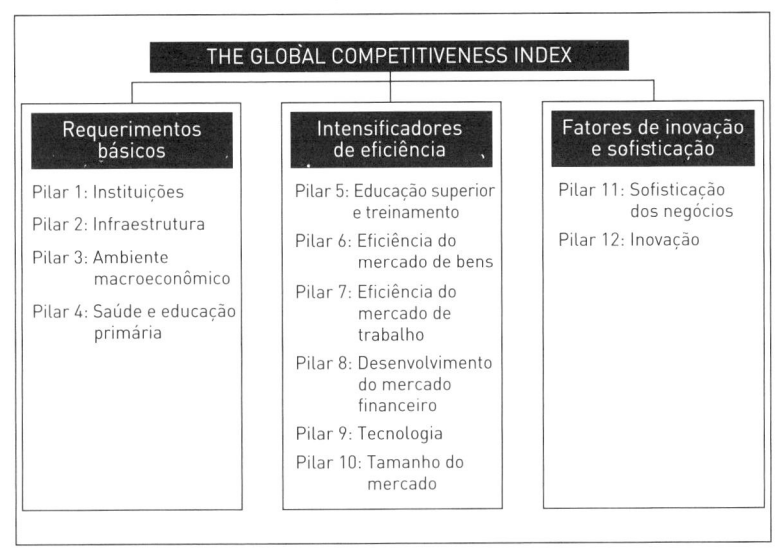

THE GLOBAL COMPETITIVENESS INDEX		
Requerimentos básicos	**Intensificadores de eficiência**	**Fatores de inovação e sofisticação**
Pilar 1: Instituições Pilar 2: Infraestrutura Pilar 3: Ambiente macroeconômico Pilar 4: Saúde e educação primária	Pilar 5: Educação superior e treinamento Pilar 6: Eficiência do mercado de bens Pilar 7: Eficiência do mercado de trabalho Pilar 8: Desenvolvimento do mercado financeiro Pilar 9: Tecnologia Pilar 10: Tamanho do mercado	Pilar 11: Sofisticação dos negócios Pilar 12: Inovação

Fonte: Schwab (2017).

No GCI 2017-2018, as primeiras 10 posições foram ocupadas por nações desenvolvidas que figuram entre as principais posições na maioria dos *rankings* socioeconômicos internacionais publicados periodicamente.

Tabela 2
Dez primeiros colocados no GCI 2017-2018

Colocação	País	Score	Colocação no GCI 2016-2017
1	Suíça	5,86	1
2	Estados Unidos	5,85	2
3	Singapura	5,71	3
4	Holanda	5,66	4
5	Alemanha	5,65	5
6	Hong Kong	5,53	9
7	Suécia	5,52	6
8	Reino Unido	5,51	7
9	Japão	5,49	8
10	Finlândia	5,49	10

Fonte: Schwab (2017).

Já os resultados alcançados pelo Brasil no GCI não são dignos de nota. As colocações brasileiras foram piorando ao longo do tempo, sendo que no período 2012-2013 o país já chegou a ocupar a 48ª colocação de 144 países.

A tabela 3 ajuda a entender um pouco melhor o posicionamento do Brasil em cada um dos 12 pilares pesquisados.

Tabela 3
Colocação brasileira nos pilares do GCI 2017-2018

Subíndice/pilar	Colocação brasileira em relação aos 137 países analisados
Subíndice 1: requerimentos básicos	**104**
1. Instituições	104
2. Infraestrutura	73
3. Ambiente macroeconômico	124
4. Saúde e educação primária	96
Subíndice 2: intensificadores de eficiência	**60**
5. Educação superior e treinamento	79
6. Eficiência do mercado de bens	122
7. Eficiência do mercado de trabalho	114
8. Desenvolvimento do mercado financeiro	92
9. Tecnologia	55
10. Tamanho do mercado	10
Subíndice 3: fatores de inovação e sofisticação	**65**
11. Sofisticação dos negócios	56
12. Inovação	85

Fonte: Schwab (2017).

Conforme informado, o peso de cada um dos subíndices (*requerimentos básicos, intensificadores de eficiência* e *fatores de inovação e sofisticação*) no cálculo do índice de cada país varia conforme seu estágio de desenvolvimento. No caso brasileiro, os pesos são 40%, 50% e 10%, respectivamente.

A colocação brasileira só não é pior porque é justamente no subíndice de maior peso (*intensificadores de eficiência*) que o país apresenta as melhores notas, notadamente no indicador tamanho de mercado.

Não é objetivo analisar, de forma pormenorizada, cada um dos pilares que compõem o GCI, entretanto cabe atentar para alguns indicadores relacionados aos pilares 2, 4 e 5.

No caso do pilar 2 (infraestrutura), as colocações do Brasil são muito ruins nos indicadores relacionados com: qualidade geral da infraestrutura (108ª colocação), qualidade das rodovias (103ª), qualidade das ferrovias (88ª), qualidade dos portos (106ª) e qualidade dos aeroportos (95ª colocação). Já no pilar 4 (saúde de educação primária), o indicador de qualidade da educação primária é o que apresenta a pior colocação (127ª colocação). Por fim, no pilar 5 (educação superior e treinamento), os indicadores com piores resultados são: qualidade do sistema educacional (125ª colocação), qualidade do ensino de matemática e ciências (131ª colocação) e disponibilidade local de serviços de treinamentos especializados (118ª colocação).

Dados os resultados apresentados pelos indicadores supracitados, há um forte indicativo da necessidade de o país investir mais recursos em infraestrutura e educação (básica e superior) com a finalidade de melhorar sua competitividade e, consequentemente, sua prosperidade de longo prazo. Essa conclusão é corroborada pela listagem dos "Fatores mais problemáticos de fazer negócios no Brasil", obtida por meio da World Economic Forum's Executive Opinion Survey relativa ao ano de 2017. A "oferta inadequada de infraestrutura" e "força de trabalho inadequada" aparecem entre os 10 primeiros fatores mais problemáticos.

Possíveis explicações para as colocações do Brasil nos rankings internacionais

A literatura acadêmica, ao tentar explicar a colocação do Brasil nos *rankings* socioeconômicos internacionais, direciona suas conclusões para alguns fatores, tais como: alta carga tributária, corrupção, leis trabalhistas antiquadas, instabilidade política etc. Ademais, os fatores que mais aparecem como explicações para essas posições brasileiras nos *rankings* internacionais são aqueles relacionados com a baixa qualificação da mão de obra nacional, cuja causa estaria atrelada à baixa qualidade da educação, e aqueles que dizem respeito à disponibilidade/qualidade da infraestrutura física do país.

A FGV Projetos (2015), em seu relatório de pesquisa intitulado *Brazil competitive profile*, realizou um trabalho para tentar identificar quais seriam os principais vetores responsáveis pela competitividade das microrregiões brasileiras. O vetor capital humano, na forma de 54 indicadores relacionados às educações básica e superior, foi um dos destaques. Levando em consideração que todo o estudo reuniu 224 indicadores, podemos afirmar que 24% dos indicadores selecionados diziam respeito ao tema educação.

Já o *World competitiveness yearbook*, relatório publicado anualmente pelo International Institute for Management Development (IMD)[6] desde 1989, na sua edição de 2017 aponta cinco principais desafios para o Brasil no ano de 2018: acelerar a recuperação econômica; modernizar e simplificar a regulação e aprovar as principais reformas; recuperar a confiança internacional; desenvolver e implementar uma estratégia digital nacional; e aumentar a qualidade, eficiência e igualdade do sistema educacional.

O trabalho de Barros e Mendonça (1997) avaliou os impactos dos investimentos em educação sobre o desenvolvimento econômico

---

6 O International Institute for Management Development (IMD) é uma das principais escolas de negócios do mundo, localizada em Lausanne, na Suíça.

e, consequentemente, sobre a produtividade e competitividade do Brasil. O mérito do trabalho consiste no fato de que não se restringiu a mensurar os impactos dos investimentos apenas nas condições de vida daqueles que se educam (efeitos privados da educação), mas também nas externalidades sobre o bem-estar daqueles que os rodeiam. Do ponto de vista privado, a educação tende a elevar os salários via aumentos de produtividade, aumentar a expectativa de vida com a eficiência com que os recursos familiares existentes são utilizados e reduzir o tamanho da família com o declínio no número de filhos e aumento na qualidade de vida destes, reduzindo, portanto, o grau de pobreza futuro. Entretanto, os pesquisadores focaram também nas externalidades que os investimentos em educação podem gerar e que, em geral, podem superar seus efeitos privados.

Barros e Mendonça (1997) concluíram que as consequências do atraso educacional tanto demonstram um importante impacto sobre o desempenho econômico do Brasil, levando a taxas de crescimento entre 15% e 30% inferiores ao esperado, como também explicam uma parcela importante (cerca de 25%) do hiato em crescimento entre Coreia do Sul e Brasil. Os autores ressaltam que os impactos do atraso educacional sobre o crescimento populacional, a mortalidade e o desempenho educacional futuro são pelo menos tão importantes quanto seu impacto sobre o crescimento econômico. Inferem inclusive que a eliminação do atraso educacional reduziria o crescimento populacional em 15% e a mortalidade em 20%; o desempenho educacional futuro seria melhorado em cerca de 20%. Afirmam também que o fato de o impacto direto da educação sobre variáveis não econômicas ser tão ou mais importante que sobre as variáveis econômicas revela que investimentos em educação têm externalidades sociais.

É pertinente notar que existem países que ultrapassaram o Brasil nos *rankings* de competitividade nas últimas décadas, tal como a Coreia do Sul, por meio de políticas voltadas para a educação, contudo existem poucos estudos sobre como eles conseguiram resolver esse gargalo.

Na década de 1960, a renda anual dos brasileiros era duas vezes maior que a dos coreanos (Pontes, 2015). Já no ano de 2015, segundo dados do FMI, o PIB *per capita* da Coreia do Sul era o dobro do apresentado pelo Brasil. O fator intangível confiança, o qual será detalhado mais à frente, pode ajudar a explicar como alguns países conseguiram cooperar internamente para atingir tais resultados.

Já com relação ao tema da infraestrutura, a OECD (2018) destaca que o investimento em infraestrutura é essencial para manter o potencial de crescimento da economia brasileira, aumentar a produtividade e permitir maiores aumentos salariais aos trabalhadores. Segundo o mesmo documento, a importância do fortalecimento do investimento se intensifica ainda mais em um cenário de envelhecimento da população economicamente ativa, pois o aumento de produtividade não poderá mais assim advir do fator demográfico, intensificando desse modo o papel do investimento.

Das quatro "principais recomendações" citadas em OECD (2018), as quais permitiriam uma melhoria da situação econômica brasileira, uma diz respeito especificamente ao "aumento de investimentos". As outras três são: (1) melhoria das políticas macroeconômicas e da governança econômica; (2) aumento da integração econômica com o resto do mundo; (3) fortalecimento da economia verde.

De acordo com OECD (2018), as recomendações para atingir a meta de "aumento de investimentos" são diversas. Temos a necessidade do aumento da atratividade e do espaço do setor privado para o mercado de capitais, a fim de que o Banco Nacional de Desenvolvimento Econômico e Social (BNDES) deixe de ser a fonte preponderante de recursos para os projetos de investimento. A melhoria do sistema tributário, inclusive com a criação de um imposto sobre valor agregado, também é apontada como uma forma de incentivar o acréscimo de investimentos. Uma abertura econômica maior também é citada como uma recomendação importante, pois poderia permitir uma assimilação maior das tecnologias disponíveis internacionalmente e incentivar o aumento da produtividade por meio de maior competição com as empresas estrangeiras. Por fim, temos a recomendação de implantação de políticas industriais mais horizontais que não privilegiem setores específicos, permitindo assim que os agentes econômicos aloquem de melhor forma os recursos disponíveis.

Cabe salientar que a OECD (2018) também cita o impacto da defasagem da qualificação da mão de obra nos níveis de produtividade da economia, demonstrando assim, mais uma vez, a importância do capital humano na competitividade do país. A taxa de investimento da economia é afetada porque os empresários, ao encontrar dificuldades para contratar trabalhadores qualificados, deixam, ou no mínimo postergam, os gastos em novos investimentos ou na reposição de capital já existente.

Para Shapiro (2005), Ehrlich (2007), Castells (2003) e Glaeser (2007), o desempenho das empresas e, consequentemente, a competitividade de determinada economia como um todo dependem da qualidade do capital humano, dos sistemas nacionais de inovação, das melhorias permanentes na infraestrutura e dos estímulos ao empreendedorismo por meio de iniciativas como: desburocratização, redução da carga tributária, moderação da taxa de juros e ampliação do acesso ao crédito.

Já Siqueira (2009) sinaliza que para os países se tornarem mais competitivos precisam investir significativamente em educação, saúde, transportes, energia, telecomunicações, água e saneamento. Tais inversões são capazes de melhorar o desempenho dos países menos competitivos ao ampliar os ganhos de produtividade das empresas instaladas e ao atrair novos investimentos para a região.

Por último, o Banco Mundial afirmou que os países que apresentaram rápido crescimento nas últimas décadas estão associados a um conjunto amplo de iniciativas bem-sucedidas em áreas importantes para a competitividade, tais como educação, saúde, inovação tecnológica, infraestrutura, governança e reformas institucionais. A instituição multilateral lembrou também que esses países foram beneficiados pela maior abertura e integração da economia mundial, que permitiu maior acesso a novas ideias, tecnologias, conhecimento em geral e maiores fluxos comerciais e de capitais (The World Bank, 2008).

Outras possíveis explicações para as colocações do Brasil nos rankings internacionais

Conforme visto, existem causas normalmente associadas com a colocação ruim no *ranking* internacional de competitividade do Brasil, principalmente baixa qualificação do capital humano e deficiência na infraestrutura.

O Instituto Nacional de Estudos e Pesquisas Educacionais Anísio Teixeira (Inep) publica regularmente o Resumo Técnico do Censo da Educação Superior, sendo o último disponível referente ao ano de 2015. Nesse resumo, foram analisadas mais de 8 milhões de matrículas disponibilizadas em 2.364 estabelecimentos de ensino, divididos entre universidades (8,2%), centros universitários (6,3%), faculdades (83,8%), institutos e centros federais de educação tecnológica (1,7%) em todo o território nacional.

Com relação à classificação de cursos de graduação, o Inep utiliza as mesmas categorias adotadas pela OCDE com a finalidade de permitir a comparabilidade internacional de estatísticas.

Tabela 4
Número de cursos de graduação, por grau acadêmico, categoria administrativa e área geral do conhecimento (OCDE) — Brasil (2015)

Área geral do conhecimento	Total	Categoria administrativa	
		Pública	Privada
Total	33.501	10.769	22.732
Agricultura e veterinária	959	578	381
Ciências sociais, negócios e direito	9.935	1.608	8.327
Ciência, matemática e computação	3.292	1.193	2.099
Educação	7.626	4.165	3.461
Engenharia, produção e construção	4.937	1.543	3.394
Humanidades e artes	1.568	605	963
Saúde e bem-estar social	4.029	814	3.215
Serviços	1.155	263	892

Fonte: Resumo técnico do Censo da Educação Superior (Brasil, 2018).

Podemos observar, na tabela 4, que dos 33.501 cursos existentes no Brasil em 2015, quase 30% diziam respeito à área de "ciências sociais, negócios e direito". Já a área de "educação" vinha em segundo lugar, com 23% do total. É interessante notar também que as áreas de cunho mais tecnológico, tais como "ciências, matemática e computação" e "engenharia, produção e construção" representavam, juntas, apenas 25%.

O grau acadêmico de bacharelado concentrou o maior número de matrículas ao longo dos últimos anos, sendo que em 2015 computou 69% (5,5 milhões), seguido pela licenciatura, com 18% (1,5 milhão) e cursos tecnólogos com 13% (1 milhão).

Tabela 5
Os maiores cursos de graduação em número de matrículas e os respectivos percentuais de participação por sexo (feminino e masculino) — Brasil (2015)

	Cursos de graduação	Matrículas	Sexo (%)	
			Feminino	Masculino
1	Direito	853.211	55,3	44,7
2	Administração	766.859	56,1	43,9
3	Pedagogia	655.813	92,8	7,2
4	Ciências contábeis	358.452	58,3	41,7
5	Engenharia civil	355.998	30,1	69,9
6	Enfermagem	261.215	84,7	15,3
7	Psicologia	223.490	81,1	18,9
8	Gestão de pessoal/ recursos humanos	177.823	80,2	19,8
9	Serviço social	172.569	90,7	9,3
10	Engenharia de produção	170.587	34,6	65,5
11	Formação de professor de educação física	167.668	41,1	58,9
12	Arquitetura e urbanismo	162.318	66,4	33,6
13	Fisioterapia	141.010	80,4	19,6
14	Engenharia mecânica	129.320	9,9	90,1
15	Medicina	126.797	56,8	43,2

Fonte: Resumo técnico do Censo da Educação Superior (Brasil, 2018).

A lista dos maiores cursos de graduação em número de matrículas é encabeçada pelo curso de direito com quase 11% do total, seguido por administração, pedagogia e ciências contábeis. O primeiro curso das áreas de exatas (abrangendo as áreas de "ciências, matemática e computação" e "engenharia, produção e construção") é o de engenharia civil, em quinto lugar. Sendo que na lista dos 15 cursos com maiores números de matrículas só constam mais dois dessa área: engenharia de produção e engenharia mecânica.

Por fim, na tabela 6, temos os números de concluintes do Censo da Educação Superior 2015, os quais ultrapassam a marca de 1,1 milhão de estudantes. Desse total, aproximadamente 11% são relativos ao curso de administração, o qual é seguido por pedagogia, direito e ciências contábeis. Nesse *ranking*, o curso de engenharia civil aparece apenas na oitava posição. O de engenharia de produção em 14º. Já o de engenharia mecânica nem aparece na lista.

Pode-se concluir da análise do Censo da Educação Superior 2015 que não faltam profissionais qualificados no Brasil, pois temos 8 milhões de matrículas de graduação por ano e mais de 1,1 milhão de formados no mesmo período. Esses números equivalem à população total de países que se encontram à frente do Brasil no GCI 2017-2018, tais como (em número de habitantes em 2016): Suíça (8,3 milhões), Singapura (5,6 milhões), Hong Kong (7,3 milhões) e Finlândia (5,5 milhões).

É importante ressaltar que tanto a maioria das matrículas quanto do número de concluintes, passando pelos cursos oferecidos, se concentram nas áreas de "ciências sociais, negócios e direito" e "educação". Essas áreas de estudo não são conhecidas como grandes indutoras de inovação e tecnologia e, consequentemente, de produtividade e competitividade. E mesmo aqueles que se matricularam nos cursos das áreas de exatas não logram tanto êxito em concluir o curso, visto que se matricularam muito mais alunos do que conseguiram se formar (no caso da engenharia civil, por exemplo, foram 356 mil matriculados para 25 mil formados no ano de 2015). Apesar dessas observações, os números apresentados no Censo da Educação Superior 2015 não deixam de ser significativos.

Tabela 6
Os maiores cursos de graduação em número de concluintes e os respectivos percentuais de participação por sexo (feminino e masculino) — Brasil (2015)

	Cursos de graduação	Concluintes	Sexo (%)	
			Feminino	Masculino
1	Administração	124.986	58,8	41,2
2	Pedagogia	122.835	93,7	6,3
3	Direito	105.324	55,3	44,7
4	Ciências contábeis	54.789	61,1	39,0
5	Gestão de pessoal/ recursos humanos	49.444	81,6	18,4
6	Enfermagem	34.799	86,4	13,7
7	Serviço social	30.387	91,8	8,2
8	Engenharia civil	25.298	30,1	69,9
9	Empreendedorismo	25.113	51,7	48,3
10	Gestão logística	24.018	32,1	67,9
11	Psicologia	23.285	82,9	17,1
12	Formação de professor de educação física	21.939	45,9	54,1
13	Medicina	17.042	54,9	45,1
14	Engenharia de produção	14.830	32,6	67,4
15	Farmácia	14.618	73,9	26,1

Fonte: Resumo técnico do Censo da Educação Superior (Brasil, 2018).

Neste contexto, cabe refletir se existem outros fatores que as análises econômicas tradicionalmente não levam em consideração, os quais poderiam nos dar subsídios para atuar de forma mais consistente na promoção do desenvolvimento econômico e social no Brasil.

Safatle (2018) informa que a folha de salários do Ministério da Educação foi uma das despesas que mais cresceram no orçamento do governo federal, passando de R$ 12,7 bilhões em 2006 para R$ 57,9 bilhões em 2018, perfazendo assim um aumento nominal de 355%. Ademais, a força de trabalho desse ministério também aumentou significativamente, de 255.568 servidores em 2000 para 439.962 servidores em 2018.

Pinheiro (2017) chama atenção para o fato de que, apesar de a escolaridade média do trabalhador brasileiro ter mais do que dobrado nos últimos três decênios, o impacto na produtividade do trabalho foi muito baixo. A explicação para esse paradoxo estaria no fato de que muitos trabalhadores acabaram em ocupações em que essa educação adicional pouco importava, por exemplo, engenheiros que são motoristas de táxi e advogadas que trabalham como secretárias.

Já Teixeira (2017) traz a informação de que, segundo a Unesco, entre os anos de 1995 e 2013, os gastos com P&D no Brasil somaram, na média, cerca de 1% do PIB ao ano, valor muito próximo da média de 1,1% do PIB para uma amostra de 61 países (34 desenvolvidos e 27 emergentes). Informa ainda que, ao longo desses anos, o Brasil ocupou, na média, a 27ª posição em termos de gastos como percentual do PIB, tendo estado sempre entre os cinco países emergentes com as maiores alocações. Na América Latina, o Brasil foi o que mais destinou recursos a P&D em todos os anos.

Outro exemplo da incapacidade brasileira de transformar recursos aplicados em P&D em melhoria nos campos da inovação e competitividade é o Parque Tecnológico do Jaguaré, na cidade de São Paulo. Após 15 anos de construção, de acordo com Lores (2017), e quase R$ 16 milhões gastos, o parque tecnológico de 6 mil metros quadrados encontra-se pronto, mas sem nenhuma empresa instalada, ou seja, o prédio está vazio.

Corroborando os pontos já destacados, Pinto (2017) evidencia que, apesar de a Ferrovia Norte-Sul ter ficado pronta, a mesma ainda está operando com metade de sua capacidade total de 9 milhões de toneladas/ano, pois não há vias que levem a soja e o milho das principais regiões produtoras até a linha férrea. O autor responsabiliza a falta de planejamento por tal situação.

Por fim, Perrin (2017) noticia que, apesar de o coeficiente de insumos importados na indústria ter passado de 16,5% para 25%, entre os anos de 2003 e 2011, a fatia de produção nacional exportada caiu de 19,7% em 2005 para 12,1% em 2014, além de a participação brasileira nas exportações mundiais de manufaturados ter reduzido de 0,82% para 0,59%. Esses números contrariam as pesquisas que tratam do assunto, visto que normalmente o aumento na importação de insumos leva a uma melhora da produtividade e, consequentemente, nas exportações.

Capital social e confiança

Aghladze (2017) define capital social como recursos inerentes às relações sociais que facilitam a ação coletiva. Os recursos relacionados com capital social incluem confiança, normas e redes de associação que representam qualquer grupo que se reúne consistentemente para um propósito comum. Outra definição proposta pela autora é pensar capital social como conexões, valores compartilhados e entendimentos em sociedade que permitem os indivíduos e grupos confiar entre si para realizarem trabalhos juntos.

Segundo Zanini (2016), a confiança é um fenômeno social que vem sendo abordado recentemente em estudos de economia, sociologia e gestão organizacional. Sua importância está fundamentada no fato de que os agentes econômicos enfrentam problemas diariamente relacionados com a incerteza nas suas decisões de consumo, investimento etc.

A confiança é um modo de se prevenir sobre as possíveis ações dos demais agentes econômicos numa relação de troca, por exemplo, reduzindo o risco do comportamento oportunista desses agentes dentro das sociedades. Quanto maior for o nível de confiança em determinado país, menor será a necessidade de instrumentos de segurança e controle por parte dos outros agentes.

Zanini (2016) ensina também que a cooperação espontânea entre as pessoas permite que o bem coletivo seja produzido com mais facilidade e menor custo, sendo que a confiança gera segurança para empreender determinadas ações e estimula o exercício das liberdades individuais. Afirma também que é a cultura de uma sociedade, por meio de normas sociais, formais e informais, que produz confiança, a qual aumenta a eficiência das transações dos mercados.

As relações de confiança e cooperação só podem existir em situações de repetidas interações entre os agentes econômicos, não havendo, assim, uma probabilidade conhecida de término, visto que os indivíduos precisam enxergar os ganhos de longo prazo em detrimento daqueles de prazo mais curto, pois, caso contrário, podem cair na tentação de trair (não cooperar). O mecanismo que faz com que os agentes cooperem, num cenário de jogos repetitivos, é justamente a reputação pessoal monitorada pelos demais participantes. Sem ela, o agente não conseguirá — ou terá um custo muito alto para — poder transacionar novamente com outro agente. Outra explicação para a cooperação, de acordo com Zanini (2016), é o receio da punição pela traição, o qual também gera, nos agentes econômicos, a necessidade de cooperação no longo prazo.

Ostrom (2005) também se debruçou sobre o assunto relacionado com confiança e cooperação, sendo que seus estudos baseados em comportamento coletivo em dilemas sociais demonstraram que existem duas variáveis-chave para entender as relações de confiança: reciprocidade e reputação. Como os indivíduos utilizam as informações adquiridas no passado para atuar no presente, quanto mais eles forem expostos a interações cooperativas e recíprocas, maior a probabilidade de também agirem com essas mesmas características no presente. Nesse modelo, a confiança procria, tornando-se o comportamento esperado, porque gera vantagens bilaterais.

O modelo de Ostrom (2005) pressupõe que as relações entre confiança, reputação e reciprocidade são definidas por três fatores: físico, cultural e institucional. Primeiramente, as questões físicas, tal como distância, são importantes para definir o nível de confiança de determinada troca (ou no limite das relações sociais). O fator cultural no qual ocorrem as trocas entre agentes econômicos também é relevante. Por fim, as variáveis institucionais, formais e informais, são de suma importância para definir o grau de confiança e reciprocidade existente.

Os conceitos de confiança e risco estão intimamente conectados. Não haveria necessidade de existir confiança se não houvesse risco derivado das assimetrias de tempo entre o pagamento de um bem e sua entrega ou entre a execução de determinado investimento e o usufruto dos dividendos gerados por ele. A confiança é tida, assim, como uma forma que os agentes econômicos encontraram para mitigar o risco de comportamento dos indivíduos. Uma alternativa à confiança seria o uso dos contratos formais, contudo esses são, por natureza, incompletos e incapazes de prever todas as contingências futuras intrínsecas a uma transação.

A teoria dos custos de transação, pesquisada por Williamson (1996), ajuda a corroborar os benefícios dos altos níveis de confiança numa sociedade. Como em cada transação econômica realizada está embutido um custo de transação, a confiança pode ajudar a reduzir tal perda ao dispensar a necessidade de existência de um terceiro fiscalizador ou de normatizações/legislações excessivas. Um bom exemplo são os dispêndios com o Poder Judiciário em países com baixo nível de confiança.

As relações de confiança ajudam a execução de inúmeras tarefas, tais como: delegação e aceitação da autoridade formal, solução de conflitos, compartilhamento de informações e transferência de conhecimento. Por outro lado, a falta de confiança torna quase impossível a execução de diversas tarefas, sendo a mais notória delas o exercício da inovação. Inovar sem confiança é quase impossível, pois demanda compartilhamento de informações e cooperação espontânea, os quais são impraticáveis em um ambiente com alto monitoramento e excesso de normas e/ou regras.

Ambientes com baixa confiança, de acordo com Zanini (2016), acabam gerando alta incerteza, fazendo com que os agentes econômicos só troquem com pessoas do seu círculo próximo, cujos limites são definidos de forma clara e de fácil identificação. Tal situação minimiza as trocas de uma forma geral na economia e, por isso, reduzem o desempenho econômico de uma sociedade.

A confiança pode ser conceituada como uma aceitação antecipada e voluntária de uma transação com risco, na expectativa de que a outra parte não agirá de uma forma oportunista, abdicando de mecanismos de mitigação da insegurança. Há, assim, uma assimetria de informação entre os agentes que cria a necessidade da confiança para superar a capacidade limitada de saber: em quem, quanto e quando confiar.

O tema capital social também foi tratado por Putnam (1993), o qual indicou que o sucesso econômico e a eficiência da máquina pública da região norte da Itália, em relação à região sul, estão em grande parte relacionados com o associativismo (uma das formas conhecidas de capital social) existente naquela região. Segundo o autor, tal característica impõe aos membros da sociedade hábitos de cooperação, solidariedade e espírito público.

Knack e Keefer (1997) contrapõem o argumento de Putnam (1993) ao afirmar que talvez o associativismo não seja benéfico para o desempenho econômico, pois grupos organizados podem acabar "capturando" os benefícios oriundos dessa associação, reduzindo assim o impacto positivo para o restante da população de determinado país.

Apesar de ser um assunto muito interessante, não será objeto de estudo deste trabalho a relação entre o grau de associativismo e o desempenho econômico dos países. O foco está no estudo da relação do nível de confiança com a competitividade das nações, conforme será explicado adiante.

Confiança e desempenho econômico

Diversos autores já trataram da relação entre confiança e desempenho econômico dos países. Zak e Knack (2001) investigaram a relação entre confiança e crescimento econômico. Uma das premissas básicas do estudo é que existem basicamente duas formas de coibir a traição entre os agentes econômicos (ou entre o agente e o principal): sanções formais e informais. Sanções formais incluem o Judiciário e as agências reguladoras. Já as informais são aquelas relacionadas com as normas morais e até mesmo religiosas. Cabe ressaltar que o estudo foi baseado em jogos não repetitivos, evitando assim os efeitos reputacionais oriundos da repetição das iterações.

Um dos méritos do trabalho de Zak e Knack (2001) foi justamente analisar a variável confiança não só na sua relação com o desempenho econômico dos países, mas também sua relação de formação por meio de outros indicadores econômicos e sociais. Dito de outra forma, no estudo conduzido pelos autores, a variável confiança ora é tratada como variável independente, ora como variável dependente.

Zak e Knack (2001) chegam à conclusão de que a traição é tão mais provável, ou seja, a confiança é tão mais baixa, quanto: (1) maior for a distância social entre os agentes econômicos; (2) mais fracas forem as instituições formais; (3) menos eficientes forem as sanções sociais (instituições informais); (4) maior for o montante investido; (5) menor for o salário do investidor. Ademais, o modelo proposto pelos autores indicou que o montante investido decresce à medida que a heterogeneidade social aumenta, impactando negativamente o crescimento da renda. Por fim, o trabalho de Zak e Knack (2001) demonstra que confiança e os fatores sociais e institucionais que a afetam possuem grande relevância na determinação das taxas de crescimento das economias.

Knack e Keefer (1997) apresentaram um trabalho no qual foram testadas as seguintes hipóteses: (1) a relação entre confiança, normas de cooperação cívica e performance econômica, além de quais políticas e outras ligações que fazem com que essas dimensões do capital social tenham efeitos econômicos; (2) as hipóteses conflitantes de Putnam (1993) e Olson (1982), que relacionam atividades associativas e crescimento econômico; (3) os determinantes da confiança e normas de cooperação cívica, incluindo os níveis de atividades associativas e instituições formais.

Segundo Knack e Keefer (1997), o custo de transação incorrido pelos agentes econômicos é mais baixo nas economias que apresentam ambientes com maior confiança, impactando principalmente aquelas atividades que necessitam de trocas ao longo do tempo, ou seja, que não são iniciadas e finalizadas no mesmo momento.

Citamos como exemplos aqueles serviços prestados ou bens produzidos em troca de um, ou mais de um, pagamento futuro. Ou contratos de trabalho nos quais empregador espera a entrega futura de determinada tarefa de difícil monitoramento. Ou, ainda, decisões de poupança e investimento também afetadas pelos custos de transação relacionados com a confiança, dado que o governo e os bancos possuem grande poder de intervenção nos recursos dos poupadores/investidores. Em suma, indivíduos em sociedades com alta confiança gastam menos recursos (tempo ou dinheiro) para se proteger de possíveis expropriações nas transações econômicas. Contratos formais são menos utilizados e não há necessidade de especificar todas as contingências possíveis, reduzindo assim as contestações em juízo.

Outra consequência de ambientes com baixa confiança é o pouco incentivo para a inovação. Até porque se um empreendedor necessita dedicar um tempo demasiado para contratar, monitorar e acompanhar parceiros, empregados e fornecedores, sobra menos tempo destinado à inovação de produtos e processos.

Já com relação aos governos, temos também que sociedades com alto nível de confiança tendem a depender menos de instituições formais para gerir acordos. As políticas públicas adotadas possuem maior credibilidade e menor custo de implantação. Oreiro e Neves (2008) trazem um ponto que reforça essa afirmação ao tratar do regime de metas de inflação adotado pelo Banco Central do Brasil no ano de 1999. Segundo os autores, um fator de grande importância para o sucesso do regime de metas de inflação é a confiança dos agentes na política monetária, principalmente diante da ocorrência de choques, pois, quanto maior a credibilidade do Banco Central, menores são os custos das políticas anti-inflacionárias.

As normas de cooperação cívica e seus possíveis impactos nos resultados econômicos também foram analisados por Knack e Keefer

(1997). De acordo com Coleman (1990), tais normas servem como coação para os interesses próprios dos indivíduos, levando os mesmos a prover bens públicos de vários tipos. As sanções internas (ex.: culpa) e externas (ex.: vergonha) associadas com as normas modificam os custos e benefícios da cooperação e deserção nos jogos repetitivos.

Como as normas de cooperação cívica mitigam os riscos de comportamento oportunista, também há um efeito redutor nos custos de monitoramento e acompanhamento dos contratos assinados entre agentes, elevando os valores líquidos que resultam das transações econômicas.

Os efeitos positivos da confiança e das normas de cooperação cívica também podem ser encontrados nos processos políticos dos países. Sociedades com altos indicadores de confiança e com normas de cooperação cívica bem estruturadas permitem que os eleitores fiscalizem de forma mais eficiente os políticos eleitos, favorecendo assim a ocorrência de renovações quando as promessas políticas não são cumpridas. Putnam (2000) demonstrou que os governos regionais italianos com maiores taxas de confiança e normas de cooperação cívica mais bem implantadas provêm serviços públicos de melhor qualidade.

Knack e Keefer (1997) também usaram dados do World Values Survey, uma pesquisa realizada desde 1981, a qual consiste em utilizar um questionário comum em quase 100 países, abrangendo aproximadamente 90% da população mundial.

Os autores consideram dois canais de transmissão que ajudam a explicar como a confiança impacta o desempenho econômico: (1) fortalecimento do direito de propriedade e direitos contratuais; (2) melhoria da performance do governo. Os resultados, apesar de apresentarem resultados positivos, não foram totalmente conclusivos.

Knack e Keefer (1997) chegam à conclusão de que: (1) confiança e normas de cooperação cívica estão associadas com melhores performances econômicas; (2) atividades associativas não estão correlacionadas com performance econômica, contrariando a afirmação de Putnam (1993) para as regiões italianas; (3) confiança e normas de cooperação cívica são mais fortes nos países em que as instituições formais efetivamente protegem a propriedade e os contratos privados, bem como nos países que são menos polarizados entre as classes sociais e etnias.

Hipóteses de pesquisa

As hipóteses de pesquisa foram identificadas por meio de pesquisa bibliográfica, partindo principalmente dos estudos realizados por Zak e Knack (2001) e Knack e Keefer (1997). Foram adicionalmente consultados outros autores mais identificados com as linhas de pesquisas institucionalista e neoinstitucionalista, as quais têm como foco a ação e a influência de instituições formais e informais na vida humana, na economia e, consequentemente, no desenvolvimento socioeconômico dos países.

As hipóteses do presente trabalho são:

- H1: a competitividade de determinado país está relacionada com o nível de confiança de cada país;
- H2: a competitividade de determinado país está relacionada com os gastos de cada país com investimentos;
- H3: a competitividade de determinado país está relacionada com os gastos do governo de cada país com educação;
- H4: a competitividade de determinado país está relacionada com o tamanho da população de cada país;
- H5: a competitividade de determinado país está relacionada com a passagem dos anos (de 2009 para 2014);
- H6: a competitividade de determinado país está relacionada com o nível de renda de cada país;
- H7: a competitividade de determinado país está relacionada com a localização geográfica de cada país.

Nesse contexto, por meio das hipóteses identificadas e elencadas anteriormente, gerou-se um modelo que pudesse representar a relação entre as variáveis supracitadas.

Método de pesquisa

Tipo de pesquisa

Vergara (2010) propôs critérios de classificação de pesquisa, os quais podem, no estudo em questão, ser assim considerados:

1) Quanto aos fins: trata-se de uma pesquisa aplicada, pois visa contribuir para o debate acadêmico existente sobre as possíveis explicações para o desempenho ruim do Brasil em diversos *rankings* econômico-sociais internacionais, principalmente o GCI.
2) Quanto aos meios: trata-se de pesquisa exploratória, visto que foram investigadas novas relações entre dados secundários de diversas fontes.

Procedimento de coleta de dados

Para a realização da pesquisa em tela foram utilizados dados secundários de diversas fontes. Os mesmos foram selecionados de forma a espelhar, da melhor maneira possível, as relações causais propostas pelo referencial teórico apresentado.

De forma sucinta, o trabalho pretende verificar estatisticamente quais variáveis impactam mais significativamente a competitividade dos países. Não há, contudo, a pretensão de exaurir todas as variáveis possíveis, mas sim utilizar aquelas relacionadas com a literatura acadêmica consultada. Os autores estudados preveem que o nível de educação e a qualidade da infraestrutura de uma nação são fatores-chave para entender a colocação do Brasil no *ranking* de competitividade internacional. Este trabalho pretende entender até que ponto a variável *confiança* também pode ajudar a explicar esse fenômeno.

Isto posto, foram coletados dados para todos os países disponíveis, ou seja, aqueles que possuíam dados para todas as variáveis simultaneamente nos anos selecionados.

Os anos que serviram como base para o estudo foram os de 2009 e 2014. Isso se deve à característica de coleta das variáveis *competitividade* e *confiança*.

A variável *competitividade* (GCI), calculada anualmente, foi obtida no *site* do World Economic Forum,[7] o qual só disponibiliza dados sistematizados a partir do relatório 2007-2008 até o dos anos 2017-2018.

Foi considerado o primeiro ano dos relatórios como ano de referência para este trabalho. Dito de outra forma, a *competitividade* do ano de 2009 foi retirada do relatório referente aos anos 2009-2010. Já os dados de 2014 foram obtidos no relatório 2014-2015.

Já com relação à variável *confiança*, temos que uma das maiores dificuldades desse tipo de estudo é medi-la de forma abrangente para vários países e assim poder compará-los. Optou-se pelos dados do World Values Survey (WVS),[8] uma pesquisa realizada desde 1981, abrangendo aproximadamente 90% da população mundial.

A WVS é realizada por meio de "ondas", isto é, períodos nos quais os dados são coletados, processados e divulgados. Foram feitas até hoje seis ondas: 1981-1984; 1990-1994; 1995-1998; 1999-2004; 2005-2009; e 2010-2014. Houve um crescimento expressivo no número de países pesquisados ao longo dos anos, dado que a primeira onda (1981-1984) contou com dados de 10 países e a última (2010-2014) com de 60 países.

Considerando que os dados dos países não variam ao longo da mesma onda, optou-se por adotar que os dados de cada onda se referem ao último ano da mesma. Por exemplo, os dados da onda 2005-2009 foram considerados relativos ao ano de 2009. Da mesma forma, os dados de 2014 foram retirados da onda 2010-2014.

---

7 Ver detalhes em: <http://reports.weforum.org/global-competitiveness-index-2017-2018>. Acesso em: 24 jul. 2018.

8 A World Values Survey (www.worldvaluessurvey.org) é uma rede global de cientistas sociais que estuda a mudança de valores e seu impacto na vida social e política, liderada por uma equipe internacional de acadêmicos, possuindo sede na cidade de Viena, na Áustria.

Concatenando a especificidade de coleta das variáveis *competitividade* e *confiança*, chegou-se à conclusão de que os únicos anos que poderiam ser utilizados na análise seriam os de 2009 e 2014.

Isto posto, as variáveis utilizadas foram as relacionadas na tabela 7.

Tabela 7
Variáveis utilizadas no modelo

Código	Nome	Unidade
GCI	Competitividade	*Score* obtido no índice anual
TRU	Confiança	% de respostas positivas na pesquisa
INV	Investimento	% do PIB
EDU	Educação	% do PIB
POP	População	Número de habitantes
DA	Anos	0 para 2009 e 1 para 2014
INC	Renda	Nível de renda bruta nacional
REG	Região	Região de localização geográfica dos países

Fonte: elaboração própria.

Competitividade (GCI)

A variável *competitividade* foi representada pelo *score*, que varia de 1 até 7, que cada país obteve no GCI, segundo a metodologia desenvolvida pelo World Economic Forum. Conforme já explicado, foram utilizados os dados dos anos 2009 e 2014 obtidos no *site* da instituição. Essa variável, que foi escolhida como variável dependente do modelo, já foi explicada mais detalhadamente neste trabalho.

Confiança (TRU)

Para a variável *confiança*, foi utilizado o indicador responsável por medir o nível de confiança em cada país.

Da pesquisa World Values Survey, qualificada anteriormente, foram obtidos dados relacionados à variável *confiança*. A pesquisa é composta de várias perguntas medidas individualmente. Foi utilizada a mesma pergunta que Zak e Knack (2001) e Knack e Keefer (1997) empregaram para mensurar o nível de confiança de cada país: "De modo geral, o(a) sr(a). diria que pode confiar na maioria das pessoas ou precisa ser muito cuidadoso(a) com elas?". Os respondentes tinham a opção de dar uma das duas respostas: (1) a maioria das pessoas é de confiança; (2) é preciso ser muito cuidadoso. O indicador utilizado para medir o nível de confiança foi justamente o percentual de pessoas que utilizaram a resposta 1 para a pergunta.

Os dados foram obtidos no *site* do WVS[9] e foram coletados para os anos 2009 e 2014.

Tendo em vista que o referencial teórico consultado salientou a importância do tema confiança para a competitividade dos países, essa variável foi escolhida para representar esse tema no modelo.

Investimento (INV)

Para representar a variável *investimento* foi escolhido o indicador formação bruta de capital físico (FBCF), responsável por medir os gastos com investimentos em uma economia. Esse indicador captura quanto as empresas gastaram com bens de capital, ou seja, aqueles bens que servem para produzir outros bens. Estamos falando basicamente de máquinas, equipamentos e material de construção.

Esse indicador é medido normalmente em percentual do produto interno bruto (PIB) dos países, com a finalidade de permitir comparações entre os mesmos.

Os dados foram obtidos no *site* do Banco Mundial[10] e foram coletados para os anos 2009 e 2014.

---

9 Disponível em: <www.worldvaluessurvey.org/WVSContents.jsp>. Acesso em: 24 jul. 2018.
10 Disponível em: <https://data.worldbank.org/indicator/NE.GDI.FTOT.ZS>. Acesso em: 24 jul. 2018.

Tendo em vista que o referencial teórico consultado salientou a importância do tema infraestrutura para a competitividade dos países, essa variável foi escolhida para representar esse tema no modelo.

Educação (EDU)

Para a variável *educação*, recorreu-se ao indicador responsável por medir os gastos totais do governo de cada país com educação. Inclui gastos correntes, transferências (inclusive internacionais) e de capital. Computa os gastos dos governos locais, regionais e centrais. Esse indicador é medido normalmente em percentual do PIB dos países, com a finalidade de permitir comparações entre os mesmos.

Os dados foram obtidos no *site* do Banco Mundial[11] e foram coletados para os anos 2009 e 2014. Tendo em vista que o referencial teórico consultado salientou a importância do tema educação para a competitividade dos países, essa variável foi escolhida para representar esse tema no modelo.

População (POP)

Já para a variável *população*, foi escolhido o indicador responsável por medir o tamanho da população de cada país. Tal indicador considera todos os residentes, independentemente de situação legal ou cidadania. Os valores apresentados são estimativas realizadas para o meio de cada ano.

Esse indicador é medido normalmente em número de habitantes.

Os dados foram obtidos no *site* do Banco Mundial[12] e foram coletados para os anos 2009 e 2014.

---

[11] Disponível em: <https://data.worldbank.org/indicator/SE.XPD.TOTL.GD.ZS>. Acesso em: 24 jul. 2018.
[12] Disponível em: <https://data.worldbank.org/indicator/SP.POP.TOTL>. Acesso em: 24 jul. 2018.

Apesar de o referencial teórico consultado não ter salientado a importância do tema população para a competitividade dos países, essa variável foi escolhida a fim de verificar se a competitividade pode estar relacionada à facilidade de implementação de políticas públicas em países com menor número de habitantes.

Anos (DA)

Foi determinado que a variável *anos* seria representada pelo número 0 para os dados relativos ao ano de 2009 e 1 para os do ano 2014.

Apesar de o referencial teórico consultado não ter salientado a importância da passagem do tempo para a competitividade dos países, essa variável foi escolhida como uma variável de controle, a fim de verificar se a própria passagem dos anos não teria um impacto na competitividade dos países. Isso deriva do fato de que o cenário político-econômico internacional mudou muito ao longo desses cinco anos de diferença (2009 até 2014), podendo assim ter impactado significativamente na competitividade de todos os países simultaneamente.

Renda (INC)

Para representar a variável *renda*, foi selecionado o indicador responsável por medir o nível de renda de cada país. O Banco Mundial divide os países em quatro grupos de renda: alta, média alta, média baixa e baixa. Esse indicador é medido de acordo com o nível de renda nacional bruta (RNB) de cada país. A RNB consiste no resultado da soma do PIB com a renda recebida do exterior, subtraindo a renda enviada também para o exterior. Sendo utilizada a unidade de medida referente à moeda dólar americano corrente. Os dados foram obtidos no *site* do Banco Mundial[13] e são relativos à última classificação divulgada pela instituição.

---

13 Disponível em: <https://data.worldbank.org/>. Acesso em: 24 jul. 2018.

Apesar de o referencial teórico consultado não ter salientado a importância do tema nível de renda para a competitividade dos países, essa variável foi escolhida a fim de verificar se a competitividade pode estar relacionada com o simples fato de um país ser rico (ou pobre, no caso de baixa competitividade).

Região (REG)

Por fim, para a variável *região*, foi empregado o indicador responsável por identificar a região na qual se localiza cada país no mundo. O Banco Mundial divide os países em sete grupos: Leste asiático e Pacífico (EAP), Europa e Ásia central (ECA), América Latina e Caribe (LAC), Oriente Médio e Norte da África (Mena), América do Norte (NA), Sul asiático (SA) e África subsaariana (SSA). Esse indicador é medido de acordo com a localização geográfica de cada país no mundo. Os dados foram obtidos no *site* do Banco Mundial[14] e são relativos à última classificação divulgada pela instituição. Apesar de o referencial teórico consultado não ter salientado a importância do tema localização geográfica para a competitividade dos países, essa variável foi escolhida como uma variável de controle, a fim de verificar se a competitividade pode estar relacionada com o simples fato de um país estar localizado em alguma região do planeta.

Modelo utilizado

Os dados foram analisados via modelo de estimação de equações lineares usando o método de mínimos quadrados ordinários (MQO). Segundo Bussab e Morettin (2017), o MQO é uma técnica de otimização matemática que procura encontrar o melhor ajuste para um conjunto de dados tentando minimizar a soma dos quadrados das diferenças entre o valor estimado e os dados observados (tais diferenças são chamadas resíduos).

---

14 Disponível em: <https://data.worldbank.org/>. Acesso em: 24 jul. 2018.

Para Santos (2017), o MQO é um dos métodos mais usados pela econometria, sendo bastante apropriado aos estudos de inferência dos aspectos sociais, comportamentais e econômicos.

Primeiramente, foi utilizado o *software* EViews9 para a estimação proposta, a qual foi realizada de forma faseada. As variáveis foram sendo introduzidas sequencialmente de forma a acompanhar o comportamento do modelo e testar a capacidade explicativa de cada uma das variáveis independentes.

A equação utilizada no modelo foi a seguinte:

$$GCI = \beta_0 + \beta_1 \, x \, TRU + \beta_2 \, x \, INV + \beta_3 \, x \, EDU + \beta_4 \, x \, POP + \beta_5 \, x \, DA + \beta_6 \, x \, INC + \beta_7 \, x \, REG + \varepsilon$$

sendo:

GCI = o *score* de cada país do The Global Competitiveness Index;
TRU = o percentual de pesquisados que respondeu que a maioria das pessoas é de confiança no WVS de cada país;
INV = o percentual de gastos com investimentos em relação ao PIB de cada país;
EDU = o percentual de gastos do governo com educação em relação ao PIB de cada país;
POP = o número de habitantes de cada país;
DA = diferenciador de anos (0 para 2009 e 1 para 2014);
INC = o nível de renda de cada país;
REG = a localização geográfica de cada país;
ε = erro padrão.

Cabe ressaltar que os dados dos anos 2009 e 2014 foram utilizados conjuntamente no modelo, isto é, foi feita uma regressão linear com todos os dados em conjunto, independentemente do ano. Optou-se, assim, por utilizar uma amostra maior, melhorando a robustez do modelo. Foi incluída também uma variável de controle com o propósito de verificar se a simples mudança de um ano para o outro impactava os resultados.

Posteriormente, foi feita uma análise de resultados para avaliar a existência de multicolinearidade, com a finalidade de assegurar maior confiabilidade nas análises dos parâmetros estimados e consequentemente nos testes das hipóteses. Por fim, as hipóteses foram testadas por meio das análises dos betas estimados e os respectivos valores p.

Resultados

Análise dos resultados do modelo

Primeiramente, foi elaborada uma matriz de correlação das variáveis para verificar, como o próprio nome já diz, se as mesmas são correlacionadas. Na visão de Wooldridge (2017), o termo *multicolinearidade* é utilizado para indicar a existência de forte correlação entre duas (ou mais) variáveis independentes do modelo. Quando a correlação é alta, a eficiência dos coeficientes estimados diminui e, em consequência disso, a variância da estimativa aumenta.

Tabela 8
Matriz de correlação

	GCI	TRU	INV	EDU	POP
GCI	1,0000				
TRU	0,6746	1,0000			
INV	0,1381	0,0801	1,0000		
EDU	0,2026	0,2446	-0,2021	1,0000	
POP	-0,0475	-0,0672	0,2533	-0,2101	1,0000

Fonte: elaboração própria.

Analisando a matriz acima, pode-se concluir que as variáveis *competitividade* e *confiança* são as únicas que apresentam uma correlação mais elevada (ρ – 0,6716), enquanto a correlação entre a variável *competitividade* e as demais variáveis independentes (*investimento*, *educação* e *população*) não foi significativa. Tais resultados apontam na direção de uma possível significância maior da variável *confiança*, no que diz respeito à capacidade explicativa da variável *competitividade*. Além do mais, não foi encontrada uma correlação forte entre todas as variáveis independentes, indicando assim ausência de multicolinearidade no modelo e, por conseguinte, a necessidade de medidas corretivas para resolver tal problema.

Em seguida, foi realizada uma regressão linear, utilizando o MQO, na qual a variável dependente GCI foi relacionada somente com a variável independente *confiança* (TRU). Posteriormente, foram sendo incluídas as demais variáveis independentes no modelo, a saber: *investimento* (INV), *educação* (EDU) e *população* (POP). Ao final, foram incluídas as variáveis de controle relacionadas com os *anos* (DA), *renda* (INC) e *região* (REG).[15] No caso da variável *anos* (DA), foi considerado o valor 0 para os dados do ano 2009 e 1 para os de 2014.

Para a variável renda (INC), os grupos de renda foram divididos em: alta (HI), média alta (UMI), média baixa (LMI) e baixa (LI). Conforme ensinado por Bussab e Morettin (2017), uma das variáveis de controle não deve ser considerada individualmente no modelo, pois a mesma já se encontra somada à constante. No caso, a variável baixa renda (LI) foi a escolhida.

Já a variável região (REG) foi dividida em: Leste asiático e Pacífico (EAP), Europa e Ásia central (ECA), América Latina e Caribe (LAC), Oriente Médio e Norte da África (MENA), América do Norte (NA), Sul asiático (SA) e África subsaariana (SSA). Dessa vez, foi escolhida a variável de controle América do Norte (NA) para não ser considerada individualmente no modelo.

Os resultados dos modelos estimados estão apresentados na tabela 9.

---

15 As variáveis de controle, também conhecidas como variáveis binárias ou *dummy*, permitem que sejam inseridas no modelo variáveis qualitativas, ou seja, não numéricas.

Tabela 9
Resultados do modelo

Variável independente	\multicolumn{8}{c}{Variável dependente: GCI}							
	Coeficiente (erro padrão)	Estatística t (valor p)	Coeficiente (erro padrão)	Estatística t (valor p)	Coeficiente (erro padrão)	Estatística t (valor p)	Coeficiente (erro padrão)	Estatística t (valor p)
Constante	3,829090 (0,091688)	41,76212 (0,0000)	3,502956 (0,399814)	8,761470 (0,0000)	3,438957 (0,415467)	8,277322 (0,0000)	2,875817 (0,354078)	8,121992 (0,0000)	3,593443 (0,418490)	8,566686 (0,0000)
TRU	2,363138 (0,298797)	7,908851 (0,0000)	2,243642 (0,331028)	6,777802 (0,0000)	2,257462 (0,333482)	6,769370 (0,0000)	1,433281 (0,281747)	5,087122 (0,0000)	1,160026 (0,280129)	4,141042 (0,0001)
INV			0,013444* (0,012767)	1,053054 (0,2963)	0,014076* (0,012873)	1,093418 (0,2784)	0,008798* (0,009241)	0,952080 (0,3449)	-0,001342* (0,009652)	-0,139058 (0,8899)
EDU			0,030140* (0,049209)	0,612487 (0,5424)	0,032654* (0,049631)	0,657925 (0,5130)	0,023760* (0,035044)	0,678006 (0,5004)	0,027986* (0,035218)	0,794642 (0,4304)
POP			-6,77E-11* (3,83E-10)	-0,176614 (0,8604)	-5,12E-11* (3,86E-10)	-0,132651 (0,8949)	4,80E-10* (2,81E-10)	1,708461 (0,0928)	9,70E-10 (3,91E-10)	2,480430 (0,0163)
DA					0,069076* (0,113928)	0,606314 (0,5465)	0,064980* (0,079844)	0,813839 (0,4190)	0,068374* (0,074145)	0,922156 (0,3606)
HI							1,205766 (0,249920)	4,824601 (0,0000)	1,077275 (0,296438)	3,634063 (0,0006)
UMI							0,836851 (0,249638)	3,352261 (0,0014)	0,782052 (0,296677)	2,636928 (0,0110)
LMI							0,288659* (0,260530)	1,107968 (0,2724)	0,270314* (0,282041)	0,958419 (0,3422)

Variável dependente: GCI

Variável independente	Coeficiente (erro padrão)	Estatística t (valor p)	Coeficiente (erro padrão)	Estatística t (valor p)	Coeficiente (erro padrão)	Estatística t (valor p)	Coeficiente (erro padrão)	Estatística t (valor p)	Coeficiente (erro padrão)	Estatística t (valor p)
EAP									-0,129911* (0,239630)	-0,542131 (0,5900)
ECA									-0,375428* (0,229673)	-1,634618 (0,1081)
LAC									-0,561488 (0,252145)	-2,226848 (0,0302)
MENA									-0,407742* (0,326122)	-1,250275 (0,2167)
SA									-1,034193 (0,378662)	-2,731176 (0,0086)
SSA									-0,553215* (0,306159)	-1,806954 (0,0764)
R^2	0,382452		0,466005		0,469153		0,752170		0,811352	
R^2 ajustado	0,376337		0,432101		0,426343		0,718566		0,761520	
Tamanho da amostra (N)	103		68		68		68		68	

Fonte: elaboração própria. As variáveis indicadas com * não apresentam coeficiente estimado significativo ao nível de significância de 5% (valor p > 0,05).

Os resultados obtidos foram coerentes ao longo das etapas do modelo, isto é, as variáveis independentes que se mostraram significativas em uma determinada etapa continuaram sendo nas demais, não existindo assim um problema de continuidade.

No primeiro modelo, quando foi relacionada a variável *competitividade* somente com a variável *confiança*, tivemos como resultado que a variável *confiança* ajuda a explicar a variável *competitividade*, visto que o valor p do coeficiente estimado é zero (valor $p < 0,05$). A cada aumento em uma unidade na variável *confiança*, a variável *competitividade* aumenta em 2,36 unidades. O tamanho da amostra ficou em 103 dados válidos e o R^2 ajustado ficou em aproximadamente 0,38.

Já no segundo modelo, ao introduzirmos as variáveis independentes *investimento*, *educação* e *população*, não houve mudança em relação à conclusão da significância da variável *confiança*, a qual continua significativa (valor $p < 0,05$) e explicando a variável *competitividade*. Houve, contudo, uma redução da influência da variável *confiança*, dado que, agora, se aumentarmos a variável *confiança* em uma unidade, a variável *competitividade* aumentará em 2,24 unidades. O R^2 ajustado aumentou para 0,42 e o tamanho da amostra reduziu para 68 dados válidos.[16] É interessante notar que, apesar do aumento no R^2 ajustado, nenhuma das variáveis incluídas posteriormente no modelo (*investimento*, *educação* e *população*) se mostrou significativa, apresentando valores p muito elevados. A variável *população* apresentou ainda um coeficiente negativo, sugerindo que quanto maior a *população* de um país, menor seria sua *competitividade*.

Posteriormente, foi incluída no modelo a variável de controle *anos* para verificar se a própria passagem dos anos não teria um impacto no modelo. Isso deriva do fato de que o cenário político-econômico internacional mudou muito ao longo desses cinco anos de diferença

---

16 Houve uma redução nos dados válidos porque, ao inserirmos novas variáveis no modelo, o número total de países que possui todas as variáveis para os dois anos analisados diminuiu. Tal fato ocorre porque fica mais difícil obter todas as variáveis simultaneamente.

(2009 até 2014), podendo assim ter impactado significativamente a *competitividade* de todos os países simultaneamente. Foi observado que essa nova variável não se mostrou significativa (valor p > 0,05), tampouco aumentou o R^2 ajustado, nem o número de dados válidos ou mudou as conclusões em relação às demais variáveis já inseridas no modelo (*confiança, investimento, educação* e *população*). A única diferença foi o aumento marginal do coeficiente da variável *confiança* de 2,24 para 2,26.

Após, foi incluída a variável *renda* com a finalidade de identificar se o nível de renda dos países impacta a variável *competitividade*. Os resultados não são conclusivos, pois os coeficientes da variável *renda* se mostram significativos (valor p < 0,05) para os países de alta (HI) e média alta renda (UMI), mas não para os países de média baixa renda (LMI). Apesar disso, e também do fato de o número de dados válidos não ter sido modificado, o R^2 ajustado aumentou bastante para 0,72, indicando assim um acréscimo relevante no poder explicativo do modelo. Já com relação ao comportamento das demais variáveis já inseridas no modelo (*confiança, investimento, educação* e *população*), não houve alteração nas significâncias dos coeficientes. Já o coeficiente estimado para a variável *confiança*, por sua vez, foi reduzido de 2,26 para 1,43. Há, assim, uma indicação de que a variável *renda* "roubou" um pouco da capacidade explicativa da variável *confiança*.

Finalmente, ao incluirmos a variável *região* no modelo, pudemos verificar novamente um aumento no R^2 ajustado para 0,76. Tal fato, em conjunto com o não aumento dos dados válidos, indica novamente um aumento no poder explicativo no modelo. Entretanto, não foi possível chegar a uma conclusão com relação às variáveis inseridas nesta última etapa, visto que para algumas regiões o coeficiente se mostrou significativo (LAC e SA) e para outras não (EAP, ECA, Mena e SSA). Não houve alteração nas conclusões das variáveis já inseridas no modelo (*confiança, investimento* e *educação*), apenas mais uma redução no coeficiente da variável *confiança* de 1,43 para 1,16; reduzindo assim, mais uma vez, seu impacto na variável *competiti-*

vidade. A única exceção ficou por conta da variável *população*, cuja significância do coeficiente, o qual passou a ser positivo, passou a ser válida (valor p < 0,05).

A respeito dos testes de hipóteses, temos que os resultados obtidos com o modelo nos levam a (considerando um intervalo de confiança de 90%):

- H1: a competitividade de determinado país está relacionada com o nível de confiança de cada país.
  Aceitar H1: em todos os resultados obtidos, o coeficiente estimado para a variável *confiança* apresentou significância estatística (valor p < 0,05).
- H2: a competitividade de determinado país está relacionada com os gastos de cada país com investimentos.
  Rejeitar H2: em todos os resultados obtidos, o coeficiente estimado para a variável *investimento* não apresentou significância estatística (valor p > 0,05).
- H3: a competitividade de determinado país está relacionada com os gastos do governo de cada país com educação.
  Rejeitar H3: em todos os resultados obtidos, o coeficiente estimado para a variável *educação* não apresentou significância estatística (valor p > 0,05).
- H4: a competitividade de determinado país está relacionada com o tamanho da população de cada país.
  Resultado não conclusivo: em um dos resultados obtidos, o coeficiente estimado para a variável *população* apresentou significância estatística (valor p < 0,05). Nos demais resultados, não apresentou significância estatística (valor p > 0,05).
- H5: a competitividade de determinado país está relacionada com a passagem dos anos (de 2009 para 2014).
  Rejeitar H5: em todos os resultados obtidos, o coeficiente estimado para a variável *anos* não apresentou significância estatística (valor p > 0,05).

- H6: a competitividade de determinado país está relacionada com o nível de renda de cada país.

    Resultado não conclusivo: nos resultados obtidos para média baixa renda, o coeficiente estimado para a variável *renda* não apresentou significância estatística (valor $p > 0{,}05$). Nos demais resultados, apresentou significância estatística (valor $p < 0{,}05$).

- H7: a competitividade de determinado país está relacionada com a localização geográfica de cada país.

    Resultado não conclusivo: nos resultados obtidos para as regiões América Latina e Caribe e Sul asiático, o coeficiente estimado para a variável *região* apresentou significância estatística (valor $p < 0{,}05$). Nos demais resultados, não apresentou significância estatística (valor $p > 0{,}05$).

Em resumo, o que os resultados indicam é que, no modelo utilizado, apenas a variável independente *confiança* ajuda a explicar a variável dependente *competitividade*. As variáveis independentes *investimento*, *educação* e *anos* não apresentaram significância no modelo. Finalmente, as demais variáveis independentes (*população*, *renda* e *região*) demonstraram um comportamento ambíguo: ora impactaram na variável *competitividade*, ora não.

Implicações gerenciais e acadêmicas

Aspira-se que este trabalho tenha gerado interesse e venha a incentivar novos estudos que relacionem o nível de confiança dos países com indicadores econômicos *lato sensu*, por exemplo, nível de competitividade.

Dada a escassez de trabalhos acadêmicos publicados sobre o tema, acredita-se que esta pesquisa tenha ampliado o conhecimento sobre o impacto que o nível de confiança de uma nação pode exercer em índices econômicos importantes e muito utilizados pelos agentes econômicos para tomada de decisões.

Neste trabalho, foi confirmado que o nível de confiança ajuda a explicar a colocação dos países no GCI publicado pelo World Economic Forum. Sendo assim, se os *policy makers* desejarem melhorar a classificação da sua economia nesse *ranking*, um dos caminhos seria a criação de instituições (formais ou informais) que melhorassem o nível de confiança entre os agentes econômicos. Maiores níveis de confiança geram trocas com menores custos de transação, ampliando assim o número de trocas realizadas e, consequentemente, o nível de atividade (produção e consumo) da economia, o que, por sua vez, gera necessidade de maiores investimentos, elevando a produtividade e a competitividade do país como um todo.

Para aumentar a produtividade de determinado país, seria necessária uma abordagem diferente daquela tradicionalmente utilizada. Não que as implantações de novas infraestruturas logísticas, urbanas ou sociais não sejam importantes; ou que a melhoria das políticas educacionais não seja um objetivo a ser perseguido; tampouco que políticas macroeconômicas responsáveis não sejam desejáveis. O ponto que se pretendeu destacar neste capítulo é que talvez todas essas políticas sejam menos eficientes do que poderiam ser ou do que são em outros países, justamente por causa do nível de confiança existente entre os agentes econômicos.

Já com relação às implicações acadêmicas, temos que os principais temas abordados nesta pesquisa já foram amplamente debatidos em estudos pretéritos, a saber: competitividade e confiança. Entretanto, os dois sempre foram analisados de forma estanque, sem nenhum diálogo. Zak e Knack (2001) e Knack e Keefer (1997) estudaram a fundo o tema confiança, tanto sua relação com o desempenho econômico dos países quanto sua relação de formação por meio de outros indicadores econômicos e sociais.

Todavia, esses autores interpretaram desempenho econômico como sinônimo de indicadores econômicos *stricto sensu*. Nos estudos foram usados indicadores econômicos tradicionais, tais como crescimento anual do PIB e investimentos em relação ao PIB, para servirem de variáveis dependentes nos modelos propostos. Durante a pesquisa bibliográfica realizada, não foram encontrados trabalhos acadêmicos no Brasil e no exterior que tratassem da relação entre nível de confiança dos países e seus respectivos indicadores econômicos *lato sensu* (competitividade).

A importância de examinar essa relação por esse outro ângulo ocorre porque a competitividade de uma nação é medida por meio de índices muito mais complexos do que os indicadores econômicos *stricto sensu*. A competitividade, neste trabalho, foi representada pelo *score* que cada país obteve no GCI, segundo a metodologia desenvolvida pelo World Economic Forum, sendo que cada *score* é o somatório da pontuação obtida em 114 indicadores agrupados em 12 pilares e três subíndices. Muitos dos indicadores que compõem esses índices são qualitativos e obtidos por meio de pesquisas de opinião com os agentes econômicos interessados (*policy makers*, executivos de grandes empresas e membros representativos da sociedade civil).

Em síntese, as implicações acadêmicas deste texto estão relacionadas com o fato de ele possibilitar a abertura de um novo olhar sobre os fatores intangíveis que ajudam a explicar o nível de competitividade dos países, expandindo e incentivando novas pesquisas sobre o tema.

Considerações finais

O tema relacionado à competitividade dos países é de suma importância nos dias atuais para entender os diferenciais de crescimento econômico de longo prazo e o desenvolvimento socioeconômico das nações.

Conforme colocado por Siqueira (2009), a competitividade está relacionada aos ganhos de produtividade e qualidade decorrentes de uma interação de fatores, internos e externos à empresa, os quais tornam a produção econômica mais eficiente. Assim, a competitividade pode ser vista como o somatório de ganhos de produtividade e qualidade relacionados a fatores importantes para construção das vantagens competitivas das empresas e que, por consequência, contribuem para o próprio desenvolvimento dos países.

Apesar de já terem sido muito estudados os impactos da competitividade das economias na vida das pessoas e empresas dos países, ainda não há uma definição clara de quais são os principais fatores formadores da mesma, ou seja, quais são as mais importantes variáveis que ajudam a explicar por que alguns países são competitivos e outros não.

A literatura acadêmica vem estudando essa questão por um viés mais econômico, pesquisando assim entre fatores tangíveis da economia (por exemplo, o nível de educação da população de determinado país e o grau de desenvolvimento da sua infraestrutura) as possíveis causas para as diferenças de produtividade.

Não obstante, pode-se verificar, por meio da análise do GCI, que existem países nos quais as colocações não se coadunam com os respectivos níveis de educação e infraestrutura. Um dos exemplos seria justamente o caso do Brasil, pois este apresenta um significativo número de alunos graduados anualmente no ensino superior, mas não consegue atingir boas colocações nos *rankings* internacionais de competitividade.

Este capítulo teve como principal objetivo identificar se existem outras causas, além daquelas habitualmente presentes na literatura acadêmica, que ajudem a explicar o nível de competitividade dos países. Esperava, assim, que os resultados contribuíssem para ampliar o escopo dos estudos relacionados com o tema da competitividade e suas possíveis explicações, incentivando que novas variáveis, diferentes daquelas usualmente consideradas, passassem a ser estudadas.

Para atingir tal objetivo, o referencial teórico buscado foi aquele que diz respeito ao conceito de capital social. A confiança, uma das formas mais conhecidas de capital social, vem ganhando relevância cada vez maior nos estudos sobre desenvolvimento socioeconômico dos países, especialmente daqueles mais pobres. Apesar das dificuldades de definição do que é capital social e, mais ainda, sua mensuração objetiva, há cada vez menos dúvida sobre a importância desse fator para o progresso das sociedades.

O modelo elaborado para chegar ao resultado esperado levou em consideração tanto as variáveis normalmente apontadas na literatura acadêmica como principais fatores causadores da produtividade (*educação* e *investimento*) quanto outras variáveis menos reconhecidas (*confiança, população, anos* e *região*). Foi considerada como única variável dependente no modelo a *competitividade* de cada país.

Para cada uma das variáveis, foram escolhidos indicadores que, entre aqueles que estivessem amplamente disponíveis, representassem, da melhor forma possível, o conceito desejado para cada variável do modelo.

A estimação dos parâmetros do modelo adotado pelo método de mínimos quadrados ordinários nos permite concluir que apenas a variável independente *confiança* contribuiu estatisticamente para explicar a variável dependente *competitividade*, sendo que as variáveis independentes *investimento*, *educação* e *anos* não apresentaram significância estatística. Por fim, as outras variáveis independentes (*população, renda* e *região*) demonstraram um comportamento não conclusivo.

Os resultados obtidos nesta pesquisa foram compatíveis com aqueles esperados para a variável *confiança*, indicando assim que há fatores intangíveis, além dos fatores tangíveis considerados nos estudos existentes, que ajudam a explicar os níveis de competitividade dos países, mais especificamente o nível de confiança entre os agentes econômicos de uma mesma nação.

Referências

AGHLADZE, N. The impact of social capital on FDI in Georgia. *European Journal of Economics and Business Studies*, Rotemburgo, v. 9, n. 1, p. 17-24, set./dez. 2017.

BARROS, R. P.; MENDONÇA, R. *Investimentos em educação e desenvolvimento econômico*. Rio de Janeiro: Ipea, 1997.

BONFANTI, C. Brasil é o país que mais perde em competitividade, revela CNI. *O Globo*, Rio de Janeiro, p. 10, 23 fev. 2016.

BRASIL. Instituto Nacional de Estudos e Pesquisas Educacionais Anísio Teixeira (Inep). *Censo da educação superior 2015*: resumo técnico. Brasília: Inep, 2018. Disponível em: <http://download.inep.gov.br/educacao_superior/censo_superior/resumo_tecnico/resumo_tecnico_censo_da_educacao_superior_2015.pdf>. Acesso em: 3 ago. 2018.

BUSSAB, W. O.; MORETTIN, P. A. *Estatística básica*. 9. ed. São Paulo: Saraiva, 2017.

CARVALHO, L. C.; DI SERIO, L. C.; VASCONCELLOS, M. A. Competitividade das nações: análise da métrica utilizada pelo World Economic Forum. *Revista de Administração de Empresas*, São Paulo, v. 52, n. 4, 2012.

CASTELLS, M. *A era da informação*: economia, sociedade e cultura — a sociedade em rede. São Paulo: Paz e Terra, 2003.

COLEMAN, J. *Foundations of social theory*. Cambridge: Harvard University Press, 1990.

CORNELL UNIVERSITY; INSEAD; WIPO. *The global innovation index 2017*: innovation feeding the world. Genebra: Wipo, 2017.

EHRLICH, I. *The mystery of human capital as engine of growth, or why the U.S. became the economic superpower in the 20th century*. Cambridge, MA: National Bureau of Economic Research (NBER), jan. 2007. (Working paper, 12.868).

ESSER, K. et al. *Competitividad sistémica*: competitividad internacional de las empresas y políticas requeridas. Berlim: Instituto Alemán de Desarrollo, 1994. Série Estudios e Informes.

FGV PROJETOS. *Brazil competitive profile nº 26*. Rio de Janeiro: FGV, 2015.

GLAESER, E. L. *Entrepreneurship and the city*. Cambridge, MA: National Bureau of Economic Research (NBER), out. 2007 (Working paper, 13.551).

GUIMARÃES, P. A educação e formação de adultos (1999-2010): a progressiva importância da educação e formação para a competitividade. *Revista Lusófona de Educação*, Lisboa, n. 22, p. 69-84, 2012.

IMD (International Institute for Management Development). *World competitiveness yearbook 2017*. Lausanne: IMD, 2017.

KNACK, S.; KEEFER, P. Does social capital have an economic payoff? A cross-country investigation. *The Quarterly Journal of Economics*, n. 112, p. 1251-1288, 1997.

KRUGMAN, P. *The age of diminished expectations*: U.S. economic policy in the 1990s. 3. ed. Cambridge: MIT Press, 1994.

LORES, R. J. "Vale do Silício" de Alckmin fica às moscas. *Folha de S.Paulo*, São Paulo, p. B3, 29 jul. 2017.

OECD (Organização para a Cooperação e Desenvolvimento Econômico). *OECD Economic Surveys Brazil*. Paris, 2018.

OLSON, M. *The rise and decline of nations*. New Haven: Yale University Press, 1982.

OREIRO, J. L.; NEVES, A. L. O regime de metas de inflação: uma abordagem teórica. *Ensaios FEE*, Porto Alegre, v. 29, n. 1, p. 101-132, jun. 2008.

OSTROM, E. *Understanding institutional diversity*. Princeton: Princeton University Press, 2005.

PERRIN, F. Insumo importado eleva competitividade da indústria. *Folha de S.Paulo*, São Paulo, p. A21, 9 jul. 2017.

PINHEIRO, A. C. Agenda de produtividade. *Valor Econômico*, São Paulo, p. A19, 6 out. 2017.

PINTO, A. E. S. Norte-Sul sai atrás de carga para fazer ferrovia render. *Folha de S.Paulo*, São Paulo, p. A25, 1 out. 2017.

PONTES, N. Entenda como a Coreia do Sul passou da miséria à potência tecnológica. *Portal G1*, Vale do Paraíba, 3 dez. 2015.

PORTER, M. *Competitive strategy*: techniques for analyzing industries and competitors. Nova York: The Free Press, 1980.

_____. *The competitive advantage of nations*. Nova York: The Free Press, 1990a.

_____. *Vantagem competitiva*: criando e sustentando um desempenho superior. Rio de Janeiro: Campus, 1990b.

PUTNAM, R. D. *Making democracy work*. Princeton: Princeton University Press, 1993.

_____. *Comunidade e democracia*: a experiência da Itália moderna. Rio de Janeiro: FGV Ed., 2000.

SAFATLE, C. Gasto com educação não melhorou produtividade. *Valor Econômico*, São Paulo, p. A2, 24 ago. 2018.

SANTOS, E.; TAVARES, M. Políticas de educação superior: um debate incontornável. *EccoS — Rev. Cient.*, São Paulo, n. 44, p. 11-19, set./dez. 2017.

SANTOS, L. A. N. *Mínimos quadrados ordinários (MQO) na produção científica brasileira*: a interdisciplinaridade entre a econometria e as metrias da informação (bibliometria, informetria e cientometria). Tese (doutorado em ciência da informação) — Instituto de Ciência da Informação, UFBA, Salvador, 2017.

SCHWAB, K. (Ed.). *The global competitiveness report 2017-2018*. Genebra: World Economic Forum, 2017.

SHAPIRO, J. M. *Smart cities*: quality of life, productivity, and the growth effects of human capital. Cambridge, MA: National Bureau of Economic Research (NBER), set. 2005. (Working paper 11.615).

SIQUEIRA, T. V. Competitividade sistêmica: desafios para o desenvolvimento econômico brasileiro. *Revista do BNDES*. Rio de Janeiro, v. 16, n. 31, p. 139-184, jun. 2009.

SOBRAL, F. Educação para a competitividade ou para a cidadania social? *São Paulo Perspec.*, São Paulo, v. 14, n. 1, jan./mar. 2000.

TEIXEIRA, N. É preciso revisitar o apoio à P&D. *Valor Econômico*, São Paulo, p. A11, 4 out. 2017.

THE WORLD BANK. *The growth report*: strategies for sustained growth and inclusive development. Washington, DC: The World Bank, 2008.

VERGARA, S. C. *Projetos e relatórios de pesquisa em administração*. 12. ed. São Paulo: Atlas, 2010.

WILLIAMSON, O. E. *The mechanisms of governance*. Oxford: Oxford University Press, 1996.

WOOLDRIDGE, J. M. *Introdução à econometria*: uma abordagem moderna. 6. ed. São Paulo: Saraiva, 2017.

ZAK, P. J.; KNACK, S. Trust and growth. *The Economic Journal*, Oxford, v. 111, n. 470, p. 295-321, mar. 2001.

ZANINI, M. T. *Confiança*: o principal ativo intangível de uma empresa. 2. ed. Rio de Janeiro: FGV Ed., 2016.

4

Variáveis culturais e desempenho organizacional: uma jornada em busca da relação entre variáveis

Grace Aparecida de Oliveira Melo

Comecei minha jornada em busca de um melhor entendimento sobre cultura organizacional quando ocupava função de liderança em uma empresa de grande porte, que enfrentava desafios e incertezas de diversas naturezas. Uma de minhas maiores inquietações era entender a relação entre cultura, desempenho e produtividade organizacionais. Observando o que acontecia em várias organizações, percebia, ainda de forma incipiente, que algumas variáveis culturais, influenciavam a gestão das organizações e, consequentemente, os resultados alcançados.

Quando falo em variável cultural, estou me referindo a fatores que, de alguma forma, influenciam os comportamentos e estão relacionados ao grupo, aos comportamentos e às relações que as pessoas estabelecem. E como o próprio termo sugere, podem variar entre culturas, sejam organizacionais ou nacionais.

Já na busca por mais informações, conhecendo alguns textos referentes a estudos organizacionais, verifiquei que a cultura atraiu atenção acadêmica nos anos 1980, com os debates voltados para eficiência, eficácia e produtividade das organizações. Esse interesse foi motivado pelo desempenho das empresas japonesas desse período, que conseguiam produzir com mais qualidade, diversidade e entrega *just in time*, com ganho de produtividade, enquanto as empresas do ocidente buscavam a competitividade por meio da produção em larga escala e da redução de custos e experimentavam, na época, o declínio da produtividade norte-americana.

Freitas (1991), com base em levantamento da produção acadêmica norte-americana entre 1979 e 1989, identificou que vários tópicos referentes à cultura receberam atenção dos pesquisadores, entre eles o entendimento conceitual de cultura organizacional e sua tipologia, a importância dos fundadores das empresas no estabelecimento da cultura, o papel da área de gestão de recursos humanos como guardiã da cultura, a condição da mudança cultural, a relação entre cultura e performance, bem como o contexto nacional e as organizações transnacionais. A autora destacou que a cultura exerce funções de controle extremamente sofisticadas, característica que torna o tema bastante atraente para a academia e as organizações.

Confirmando a relevância do tema também no contexto acadêmico nacional, de acordo com Lourenço et al. (2016), as pesquisas sobre cultura organizacional mostram-se predominantes no Brasil, na última década, atraindo pesquisadores para o assunto e marcando presença em eventos e periódicos de destaque no país.

Nas publicações acadêmicas, é possível perceber uma grande diversidade de subtemas associados à cultura organizacional, por exemplo, liderança, gestão de pessoas, sofrimento humano, alinhamento de valores, diversidade e choque cultural. Essa pluralidade deixa em evidência a dificuldade no isolamento das variáveis da cultura que poderiam ser trabalhadas pelas empresas com o foco de gerar impactos positivos em desempenho.

Assim, embora a contribuição dos estudos no mapeamento do tema e assuntos correlatos seja relevante, com uma quantidade expressiva de publicações, verifiquei que o isolamento de variáveis culturais que impactam o desempenho não é observado. Nessa jornada de conhecimento, ficou claro que o tema cultura organizacional é bastante complexo e com efeitos sistêmicos relevantes nas organizações, o que ampliou ainda mais meu interesse pelo seu melhor entendimento.

No estudo desenvolvido pela Deloitte (2016), *Tendências de capital humano 2016*, que contou com a participação de mais de 7 mil líderes de RH e do negócio em todo o mundo, 82% dos respondentes disseram acreditar que a cultura organizacional é potencialmente uma vantagem competitiva e que novas ferramentas poderiam auxiliar líderes a mensurar e gerir o alinhamento da cultura em direção aos objetivos do negócio.

A relevância da cultura para as organizações

Lorsch e McTague (2016) apontam que quando as organizações estão em apuros, consertar a cultura geralmente é a solução. Entretanto, de acordo com líderes corporativos que conduziram grandes transformações em suas organizações, a cultura não seria algo que se conserta, mas sim algo que você obtém depois de ter implantado novos processos ou estruturas para enfrentar desafios. Dessa forma, a cultura evoluiria à medida que esse trabalho fosse feito, levando ao surgimento de novos valores e comportamentos. Confesso que essa abordagem me trouxe *insights* importantes em relação ao tema, além de me ajudar a entender melhor a relação entre as variáveis culturais e os processos e elementos organizacionais, já que eles se afetam mutuamente.

De acordo com Migueles (2006:15), "é possível encontrar, dentro de uma cultura nacional e/ou organizacional, entraves à implantação de estratégias de gestão fundamentais para alavancar a competitividade ou aprimorar o modelo de gestão de forma participativa" e, complementando, para manter interações com as instituições que promovam o desenvolvimento e a produção de riqueza para ambas.

As mudanças no mercado, além de trazerem maior acirramento da competição, demandam maior agilidade e adaptabilidade das empresas para resposta aos desafios apresentados. E essas condições são viabilizadas, por exemplo, por um modelo de gestão que desenvolva as lideranças para atuarem mais como suporte aos liderados, de modo que os incentivem a desenvolver suas potencialidades e que promovam um ambiente participativo e colaborativo com valorização do trabalho em times e dos empregados com autonomia e perfil de dono. A cultura pode ser entrave para a criação das condições necessárias para as mudanças pretendidas.

Embora as organizações se voltem para o alinhamento cultural quando estão em apuros, como citado, é bastante desafiador para as áreas de recursos humanos das empresas a defesa do investimento em projetos de cultura organizacional.

E essa dificuldade é reforçada na medida em que não se consegue explicar, de forma causal, a relação entre cultura e desempenho organizacional. Isso porque a abordagem ao tema, embora feita de forma intuitiva e baseada em observações empíricas relevantes, não é sistematizada para permitir a compreensão de causas e consequências. Pode-se identificar que estudos que adotam metodologia quantitativa, na busca por estabelecer relações de causalidade, vão dando lugar a estudos de percepção.

Zanini e Migueles (2017:37) destacam a relevância do aprofundamento no entendimento sobre o tema cultura, pelo ponto de vista organizacional.

> A percepção de que a cultura das organizações é importante para resultados, e ao mesmo tempo a ausência de entendimento sobre o fenômeno cultural, tem causado muito desperdício de tempo e energia em programas de gestão da mudança.

Impactos da cultura nas organizações

As dimensões de Geert Hofstede

Entre os estudos realizados para buscar entender as diferenças entre as culturas, aquele desenvolvido pelo antropólogo Geert Hofstede, a pedido da IBM, envolvendo 72 países e 116 mil participantes, teve uma grande relevância para a compreensão da interação entre os valores nacionais e organizacionais, bem como da influência das culturas das nações e de como elas impactam suas instituições e organizações.

O grande legado do estudo de Hofstede (2001) é traduzir em variáveis quantitativas os valores que ajudam a compreender o pensamento e a atuação social entre membros das nações estudadas, adotando um modelo de seis dimensões: distância de poder, aversão à incerteza, individualismo *versus* coletivismo, masculinidade *versus* feminilidade, orientação de longo prazo *versus* curto prazo e indulgência *versus* restrição.

Segundo Migueles (2006), a cultura é uma criação coletiva de uma sociedade e acaba sendo uma forma coletiva de pensar e agir em conjunto. Desse modo, o desempenho das organizações está ligado à lógica da cultura nacional na qual se insere e da cultura organizacional que se desenvolveu em seu interior, bem como da dinâmica estabelecida na interação com as instituições.

Nesse sentido, de acordo com Hofstede, entre as dimensões contempladas no seu modelo, "distância de poder" e "aversão à incerteza" são cruciais para análise dos impactos da cultura nacional na cultura organizacional:

> Organizations are symbolic entities. They function according to implicit models in the minds of their members, and these models are culturally determined.
> The crucial dimensions are power distance and uncertainty avoidance; power distance is involved in answering the question who decides what, and

uncertainty avoidance is involved in answering the question how one can assure that what should be done will be done [Hofstede, 2001:375].

A dimensão "distância de poder" expressa o grau em que os membros menos poderosos de uma sociedade aceitam e concordam que poder e recursos sejam distribuídos de forma desigual. A questão fundamental é como uma sociedade lida com as desigualdades entre as pessoas.

Zanini e Migueles (2017) expõem que no Brasil a gestão das organizações é bastante influenciada pelos efeitos de nossa cultura e formação de nossas instituições, que são marcadas historicamente por profundas desigualdades sociais e econômicas. Essa dimensão de desigualdade foi revelada pelos estudos de Hofstede por meio da dimensão "distância de poder". O Brasil é um dos países com o maior índice de distância de poder do mundo (IDP).

No quadro 1, apresenta-se o IDP de alguns países.

Quadro 1
Distância de poder de alguns países

País	Índice de distância de poder (IDP)
Malásia (mais alto índice)	104
México	81
Venezuela	81
Brasil	**69**
Coreia do Sul	60
Estados Unidos	40
Holanda	38
Áustria (mais baixo índice)	11

Fonte: adaptado de Hofstede (2001).

No quadro 2, são apresentados alguns reflexos da dimensão distância de poder no ambiente de trabalho das organizações, segundo Hofstede.

Quadro 2
Dimensão distância de poder

Baixa distância de poder	Alta distância de poder
Estruturas de decisão descentralizadas; menor concentração de poder	Estruturas de decisão centralizadas; maior concentração de autoridade
Pequena proporção de contingente de supervisão de pessoal	Grande proporção de contingente de supervisão de pessoal
Hierarquia nas organizações significa desigualdade de papéis estabelecida por conveniência	Hierarquia nas organizações reflete uma desigualdade existencial entre o topo e a base
O chefe ideal é democrata por excelência; enxerga-se como prático, organizado e se apoia no suporte da equipe	O chefe ideal é autocrático e reconhecido como um bom pai; reconhece-se como um tomador de decisão benevolente
Gerentes se apoiam na experiência pessoal e nos subordinados	Gerentes se apoiam em regras formais
Subordinados esperam ser consultados	Subordinados esperam ser avisados
Liderança participativa leva à satisfação, performance e produtividade	Liderança autocrática e supervisão atenta levam à satisfação, performance e produtividade
Relações pragmáticas entre liderança e subordinados	Relações polarizadas e frequentemente emocionais entre subordinados e superiores
Subordinados influenciados por negociação e conversação	Subordinados influenciados pela autoridade formal e sanções
Transparência de informações, incluindo a base	Informação restrita pela hierarquia

Fonte: adaptado de Hofstede (2001:169-170).

Em estudo de Hofstede, a dimensão distância de poder é avaliada por três itens, relacionados à percepção de que os empregados sentem medo de discordar dos seus chefes, à percepção dos subordinados de que seus chefes tendem a tomar decisões de uma forma autocrática ou persuasiva e à preferência dos subordinados pela forma de tomada de decisão dos chefes. Ou seja, os pontos centrais são a liberdade de expressar opinião e a participação no processo de tomada de decisão.

Vários desses aspectos relatados podemos ver nas organizações brasileiras ainda bastante hierárquicas, com lideranças que atuam focadas em comando e controle, restringindo a autonomia e o *empowerment* de seus subordinados. Estão presentes o medo de discordar dos chefes, as relações pessoais impactando os diversos processos organizacionais, entre eles aqueles de recursos humanos, como reconhecimento e recompensa, promoção, avaliação de desempenho, mobilidade interna.

Durante uma experiência acadêmica em Amsterdã, pude perceber algumas diferenças em relação a esses aspectos de distância de poder bastante interessantes. A Holanda é um país com baixa distância de poder (IDP = 38), caracterizando o estilo holandês com valores como independência, hierarquia apenas por conveniência, direitos iguais e superiores acessíveis. Os gestores contam com a experiência dos membros da equipe e os membros da equipe esperam ser consultados.

Esses referenciais teóricos me ajudaram a compreender a postura de troca de ideias, de escuta, participação e colaboração dos holandeses com quem tive a oportunidade de interagir em diversas atividades, sociais e acadêmicas, sem a presença das barreiras decorrentes da hierarquia.

Para Hofstede (2001), a cultura do país está refletida em suas lideranças. Dessa forma, limitações culturais para a atuação da liderança têm suas consequências na forma como a organização funciona. *"Asking people to describe the qualities of a good leader is in fact another way of asking them to describe their culture"* (Hofstede, 2001:388).

Reforçando essa relação, Schein (2009:11) aponta que cultura e liderança são dois lados da mesma moeda e, por isso, nem uma nem outra pode ser entendida por si própria:

> Cultura é o resultado de um complexo processo de aprendizagem de grupo que é apenas parcialmente influenciado pelo comportamento do líder. Mas se a sobrevivência de um grupo estiver ameaçada em razão de elementos de sua cultura estarem mal-adaptados, é, em última instância, função das lideranças em todos os níveis da organização reconhecer e

fazer algo em relação a essa situação. É nesse sentido que liderança e cultura estão conceitualmente entrelaçadas.

Com relação à dimensão de "aversão à incerteza", ela expressa o grau em que os membros de uma sociedade se sentem desconfortáveis com a incerteza e a ambiguidade. A questão fundamental é como uma sociedade lida com o fato de que o futuro nunca pode ser conhecido: devemos tentar controlar o futuro ou simplesmente deixar acontecer? Destaca-se que aversão à incerteza não deve ser confundida com aversão a risco.

A dimensão "aversão à incerteza" é avaliada a partir de três questões que se referem à orientação da empresa para regras, estabilidade no emprego e nível de estresse no trabalho.

No quadro 3, apresenta-se o índice de aversão à incerteza de alguns países.

Quadro 3
Índice de aversão à incerteza de alguns países

País	Índice de aversão à incerteza
Grécia (mais alto índice)	112
Coreia do Sul	85
México	82
Venezuela	76
Brasil	**76**
Holanda	53
Estados Unidos	46
Singapura (mais baixo índice)	8

Fonte: adaptado de Hofstede (2001:151).

No quadro 4, são apresentados alguns reflexos da dimensão aversão à incerteza no ambiente de trabalho das organizações, segundo Hofstede.

Quadro 4
Dimensão aversão à incerteza

Baixa aversão à incerteza	Alta aversão à incerteza
Lealdade fraca para o empregador; curta duração média de tempo de emprego	Forte lealdade para o empregador; longa duração média de tempo de emprego
Inovadores sentem-se independentes de regras	Inovadores sentem-se inibidos pelas regras
Alta gerência envolvida na estratégia	Alta gerência envolvida em operações
Poder dos líderes depende da posição e das relações	Poder dos líderes depende do controle de incertezas
Tolerância para a ambiguidade em estruturas e procedimentos	Concepção de gerenciamento altamente formalizado
Tendência para líderes transformadores	Tendência para líderes de controle hierárquico
Inovações bem-vindas, mas não necessariamente levadas a sério	Resistência a inovações, mas uma vez aceitas são aplicadas consistentemente
Orientação para o relacionamento	Orientação para a tarefa
Horário flexível de trabalho não desejável	Horário flexível de trabalho é usual
Crença em generalistas e senso comum	Crença em especialistas e *expertise*
Superiores são otimistas quanto à ambição dos empregados e à capacidade das lideranças	Superiores são pessimistas quanto à ambição dos empregados e à capacidade das lideranças

Fonte: adaptado de Hofstede (2001:169-170).

A variável aversão à incerteza também nos ajuda a entender o excesso de normativos e controles nas empresas brasileiras que buscam com eles garantir que as pessoas farão o que está escrito. A resposta das empresas brasileiras, de uma forma geral, para a demanda por melhores instrumentos de governança, ética e integridade é a criação de estruturas organizacionais robustas, reforço e ampliação de normas e procedimentos e maior severidade na punição. Esse conjunto de ações compromete o ambiente de confiança, reforça o medo de assumir riscos e, consequentemente, impacta negativamente as condições para inovação e agilidade de resposta aos desafios do negócio.

Confiança

Direcionando o foco para outra questão cultural importante, Ostrom (1990) argumenta que a confiança é indicada como essencial para as transações econômicas e sociais que requerem dos indivíduos se comportarem de forma cooperativa e com reciprocidade. Nesse sentido, identificam-se dois pontos importantes para a discussão. O primeiro indica que os contextos social e cultural são muito relevantes para a confiança e a reciprocidade; o segundo, que a confiança é o principal desafio para a cooperação.

Nesse sentido, Zanini e Migueles (2017:59-60) expõem que

> culturas podem favorecer ou inibir o surgimento das relações de confiança dentro das sociedades. [...] Havendo confiança entre as partes, os custos de transação representados pela necessidade da aplicação de mecanismos burocráticos de segurança, monitoração e controle poderão ser reduzidos substancialmente. Um ambiente de confiança estimula a criatividade e o espírito de inovação nas pessoas por se sentirem mais livres e poderem oferecer os seus melhores esforços.

O Brasil é um país de baixa confiança, característica que, quando conjugada com alto índice de distância de poder, apresenta desafios significativos para a gestão. Cabe ressaltar que a construção de relações de confiança e o exercício da liderança andam juntos.

Adaptação externa e integração interna

Schein (2009:16) defende que "a cultura é um padrão de suposições básicas compartilhadas, que foi aprendido por um grupo à medida que solucionava seus problemas de adaptação externos e internos". Nesse sentido, pode-se perguntar: quais tipos de problemas um grupo enfrenta e que o levam às suposições culturais?

De acordo com modelo desenvolvido pela sociologia, os grupos teriam dois tipos de problemas a resolver: sobrevivência e adaptação ao seu ambiente externo, e integração de seus processos internos para assegurar a capacidade de continuar a se adaptar e sobreviver.

Os problemas de adaptação externa são aqueles que determinam a sobrevivência do grupo no ambiente. Entre eles estão a missão e a estratégia. A missão como um conjunto de crenças sobre as competências essenciais e funções na sociedade, que se relacionam diretamente com as estratégias organizacionais. Nesse aspecto, as organizações devem buscar manter o equilíbrio entre o crescimento em longo prazo e a sobrevivência. Outras questões a serem endereçadas são: metas, meios, mensuração e correção.

A forma como as questões de adaptação externa são trabalhadas influencia a integração interna, pois são problemas interdependentes e interconectados. Para fazer frente a essas demandas, a organização precisa se administrar como grupo.

Os processos relacionados na integração interna refletem os principais problemas internos enfrentados por qualquer grupo. Entre as questões de integração interna, estão a linguagem e categorias conceituais comuns, pois os membros do grupo precisam se comunicar e se entender. É necessário o estabelecimento de um sistema de comunicação e linguagem que permita interpretar o que ocorre. Também fazem parte das questões a definição das fronteiras do grupo, distribuição de poder, desenvolvimento de normas de intimidade, amizade e amor, definição de recompensas e punições, ideologia e religião.

Esses dois aspectos apresentados pelo autor nos ajudarão a analisar algumas variáveis tratadas na pesquisa.

A pesquisa

A breve contextualização aqui apresentada sobre o tema esteve como pano de fundo para meus estudos no mestrado e a elaboração da minha dissertação. Para desenvolvê-la, optei metodologicamente por fazer uma meta-análise com foco qualitativo em artigos publicados em periódicos acadêmicos relevantes, com vistas a conhecer os avanços mais recentes na área. O objetivo era identificar variáveis culturais que impactam o desempenho das organizações. Cabe destacar que parte-se da premissa de que variáveis com coeficiente estimado com mais de 90% de certeza podem ser consideradas relevantes para o entendimento do efeito sobre o desempenho.

Compartilharei aqui alguns achados dessa jornada de aprendizado, empreendida para acalmar minhas inquietações e me ajudar a obter uma compreensão e atuação profissional melhores nos processos de mudança organizacional.

Dos artigos selecionados, a maioria aplicava métodos quantitativos para obter as variáveis de maior importância no desempenho, sendo ele individual, coletivo ou ambos. Nem todos os artigos descreviam as variáveis de forma completa, e esse fato gera limitações para análise e interpretação dos resultados. Também foi observado que os itens da escala, original ou adaptada, utilizados para a mensuração de diversas variáveis também não são apresentados, fato que impacta o entendimento do escopo da avaliação, especialmente no caso de escala adaptada.

Conforme Melo (2018), embora tenham sido verificadas variáveis com impacto relevante em desempenho, não foi identificado o isolamento de variáveis culturais associadas a desempenho. Entretanto, empreendendo um esforço complementar, foi possível associar as variáveis consideradas estatisticamente relevantes à dimensão de distância de poder e à confiança, bem como à adaptação externa e à integração interna.

Variáveis relacionadas à liderança e à confiança

Destaca-se que, de acordo com Hofstede (2001), o líder é um herói da cultura, no sentido de constituir um modelo de comportamento, e por isso as ideias sobre liderança refletem a cultura dominante do país. Dessa forma, as limitações culturais espelhadas nas lideranças impactam a forma como as políticas funcionam nas organizações. Nos artigos citados neste tópico, podemos associar as variáveis com impacto em desempenho aos aspectos relacionados à dimensão distância de poder e à confiança.

Em um dos artigos relacionados a aspectos de liderança, Lee, Yun e Srivastava (2013) identificaram que o efeito da variável supervisão abusiva sobre a criatividade não é linear, mas sim em forma de U invertido com a existência de um ponto "ótimo" em que a criatividade tem seu pico. Os autores ressaltam que esse resultado se deve, provavelmente, aos aspectos culturais da Coreia do Sul, local onde foi realizada a pesquisa. Argumenta-se que, considerando ambientes de trabalho competitivos e voltados para o desempenho, os supervisores costumam se envolver em comportamentos negativos para melhorar o desempenho e transmitir a importância de objetivos específicos para seus funcionários. Reconhece-se que, de fato, isso pode produzir efeitos positivos, em curto prazo, no desempenho do trabalho, mas que provavelmente não se verificará um efeito positivo de longo prazo sobre a atitude e o nível de desempenho do subordinado. Diante disso, os autores reconhecem que as organizações que enfatizam a criatividade e buscam o sucesso no longo prazo precisam considerar disposições e comportamentos individuais no processo de seleção de cargos gerenciais. Essas organizações, conforme indicado pelos autores, também podem precisar desenvolver programas de treinamento para líderes, de modo que possam adquirir as habilidades necessárias para, efetivamente, utilizar e controlar seus comportamentos abusivos.

Por outro lado, em estudo conduzido nos Estados Unidos, que é um país com baixo índice de distância de poder segundo a percepção coletiva dos empregados, identificou-se que o clima de supervisão abusiva tem impacto negativo significante sobre desempenho e cooperação de grupo. Priesemuth et al. (2014) argumentam que um clima abusivo frustra as interações da equipe, o comprometimento e o vínculo social dos membros do grupo e ainda reforçam que membros desmoralizados se afastam psicologicamente da equipe de trabalho, reduzindo a identificação com a equipe e gerando comportamentos menos cooperativos entre os membros. Os autores ainda destacam que um clima de supervisão abusivo compromete a segurança psicológica que permite que os membros da equipe busquem e forneçam o *feedback*, a ajuda e o conhecimento que fundamentam sua capacidade de aprender, bem como se engajem em ações necessárias para realizar seu trabalho. Esse tipo de ambiente afeta negativamente a crença de uma equipe na sua própria eficácia na realização das tarefas, impactando negativamente o desempenho da unidade.

Em outro estudo, é argumentado que o impacto da liderança autocrática sobre o desempenho é mediado pelas disputas de poder, com apontamento pelos autores quanto à impossibilidade de provar causalidade. De Hoogh, Greer e Hartog (2015) argumentam que as descobertas apresentadas têm implicações para os gerentes, indicando quando a liderança autocrática em equipes tem maior probabilidade de promover ou mais propensão de dificultar a segurança psicológica do ambiente de trabalho, que contribui para o desempenho organizacional. Os autores indicam que os programas de desenvolvimento podem ajudar a conscientizar os líderes de que seu comportamento pode levar a diferentes reações, dependendo, por exemplo, da presença de lutas pelo poder na equipe, e que por isso precisam adaptar seus comportamentos quando necessário. Além disso, os resultados também sugerem que, para maximizar a eficácia da equipe, os líderes devem promover diferentes tipos de práticas que ajudem no desenvolvimento da segurança psicológica, por exemplo a promoção de discussões estruturadas para esclarecer papéis, normas e expectativas aumentando a clareza e, com isso, a segurança nas equipes.

A liderança carismática mostra-se gerando impacto significante sobre o desempenho na execução de tarefas, influenciando as reações dos liderados às avaliações de fatores de estresse, como desafio e impedimento. Segundo Lepine et al. (2016), optou-se por examinar o papel da liderança carismática por ser o estilo de liderança que está conceitualmente associado ao gerenciamento do estresse e significativamente relacionado aos sentimentos de estresse e tensão, bem como ao desempenho dos funcionários. Destaca-se que os comportamentos carismáticos de liderança, como modelagem de funções, alinhamento de quadros, articulação de visões e demonstração de convicção, poderiam ser incorporados em cursos de treinamento, especialmente para casos de perda de produtividade relacionada ao estresse de trabalho.

A cultura servil apareceu em um artigo como variável importante, sendo sua relação com o desempenho da organização e individual estatisticamente significante. Segundo Liden et al. (2014), para a maioria dos indivíduos a liderança servidora inclui comportamentos que são desejados e vistos positivamente por outros, especialmente seguidores. Os líderes que se envolvem nesses comportamentos criam uma cultura em que as normas e expectativas são baseadas em ser cooperativo, atencioso, solidário e confiante. Como a maioria das pessoas deseja se "encaixar" e ser aceita pelo grupo, as normas e expectativas do grupo geralmente impulsionam o comportamento dos funcionários.

Liden et al. (2008) apontam que a relação entre o comportamento ético da liderança servidora e o desempenho do seguidor também sugere que uma preocupação especial deve ser atribuída para selecionar líderes de integridade e ética sólidas. Chamam a atenção para o fato de que o comportamento ético e a confiança do líder são construtos previamente vinculados à literatura de liderança e, por isso, sugere-se que comportamentos do líder servidor, por exemplo, agir de forma ética, sejam moderados pela confiança ao prever resultados relacionados ao desempenho.

O empoderamento psicológico, individual e da unidade, tem impacto positivo e significante no desempenho da unidade. Segundo os autores, o modelo apresentado por eles oferece uma base mais forte de causalidade do impacto. D'Innocenzo et al. (2016) ressaltam que o estudo reafirma os benefícios de empoderar os funcionários individualmente com o objetivo de alcançar altos níveis de desempenho. Entretanto, é argumentado que a precisão teórica e a relevância prática convergem na conclusão de que o empoderamento psicológico só tem um impacto significativo nas melhorias individuais de desempenho quando o empoderamento da unidade está em um nível relativamente alto. Portanto, para que o empoderamento seja um "ingrediente-chave" para o sucesso em um contexto dinâmico e complexo, tanto indivíduos quanto suas unidades precisam ser empoderados, e isso precisa ser real.

O efeito do clima de participação sobre a efetividade operacional é bastante positivo e significativo, sendo afetado negativamente pela distância de poder. Conforme Yuan et al. (2015), os sistemas de envolvimento no trabalho têm impacto positivo significativo. O efeito da interação entre o envolvimento no trabalho e a distância de poder é negativo. O clima de participação trata da percepção e sentimentos dos empregados em relação à inclusão, enquanto os sistemas de envolvimento no trabalho são viabilizados por práticas organizacionais que facilitam a participação dos empregados nos processos decisórios, o compartilhamento de informações e trabalhos em times. A forma como os empregados percebem e reagem a essas práticas é bastante impactada pela dimensão distância de poder.

Corroborando aspectos já discutidos, a segurança psicológica é estatisticamente significante e positivamente relacionada à performance. Segundo Edmondson (1999), a segurança psicológica da equipe é definida como uma crença compartilhada de que a equipe é segura para assumir riscos interpessoais. O autor cita que esse entendimento tem raízes nas primeiras pesquisas sobre mudança organizacional, quando foi discutida a necessidade de criar segurança psicológica para os indivíduos se sentirem seguros e capazes de mudar. Ressalta-se que o termo pretende sugerir um sentimento de confiança de que a equipe não vai envergonhar, rejeitar ou punir alguém por se manifestar. Essa confiança resulta do respeito mútuo e da confiança entre os membros da equipe. O autor argumenta também que aqueles em posição de iniciar o comportamento de aprendizagem podem acreditar que estão se colocando em risco, pois pedir ajuda, admitir erros e buscar *feedback* exemplificam tipos de comportamentos que representam uma ameaça a ser enfrentada e, portanto, as pessoas nas organizações muitas vezes relutam em revelar seus erros ou não estão dispostas a pedir ajuda, mesmo que isso proporcione benefícios para a equipe ou organização. Em suma, as pessoas tendem a agir de maneiras que inibem a aprendizagem quando enfrentam o potencial de ameaça ou constrangimento.

Variáveis relacionadas à adaptação externa

A variável ambidestria organizacional tem impacto positivo e significante no crescimento da firma, potencializando os efeitos de sistemas de trabalho de alto desempenho. Para Patel, Messersmith e Lepak (2013), as empresas que são capazes de equilibrar as demandas do mercado com uma visão saudável em relação ao futuro provavelmente permanecerão bem situadas no atual mundo dos negócios em rápida mudança. Entretanto, ressaltam os autores, esse foco exige que as empresas sejam ambidestras e utilizem suas bases de recursos limitadas para buscar simultaneamente eficiência e inovação. Os resultados do estudo apontam que sistemas de trabalho de alto desempenho podem produzir a ambidestria necessária para gerar um desempenho empresarial superior. Os autores destacam que como as empresas tentam fazer mais com menos, prestar atenção cuidadosa às práticas projetadas para selecionar, treinar, compensar e recompensar os funcionários provavelmente pagará dividendos pela eficiência e inovação organizacional.

Variável relacionada à integração interna

Em outro estudo que foi aplicado a hospitais, verificou-se que a utilização de palavras baseadas em imagem quando se explicita a visão influencia de forma causal e significativa a coordenação e o objetivo final compartilhado, que têm impacto sobre o desempenho. Carton, Murphy e Clark Jr. (2014) argumentam que organizar e liderar envolve direcionar a ação coletiva para um propósito, e a retórica é um meio-chave pelo qual os líderes influenciam o entendimento desse propósito. Mas, para que seu potencial seja cumprido, a retórica não pode simplesmente estabelecer um senso de propósito, mas sim um senso compartilhado de propósito. Os autores ressaltam que se utilizaram vários métodos para demonstrar quando e por que as expressões de líderes acerca de visões e valores acionam os funcionários para experimentar um senso compartilhado do objetivo final da organização, aumentando assim a coordenação e o desempenho. Destaca-se a descoberta, a partir do estudo, de que os líderes tendem a criar visões com conceitos, em oposição a palavras baseadas em imagens, e a comunicar uma proliferação de valores, em vez de um conjunto focado de valores.

Conclusões

Assim, embora nos estudos tenha sido possível avaliar a relevância de algumas variáveis para desempenho, não foram isoladas variáveis culturais. Verificou-se que o foco das discussões nos artigos é direcionado para a análise de práticas de gestão e de liderança diversas e seus efeitos para geração de condições que impactam positivamente o desempenho individual e/ou coletivo sem, no entanto, a ampla verificação de causalidade. O contexto sociocultural é explicitamente considerado somente em alguns modelos propostos nos artigos analisados, levando à necessidade de relativizar os resultados.

Entretanto, tomando por base referenciais teóricos analisados, é possível relacionar as variáveis estudadas aos aspectos culturais decorrentes da distância de poder e da confiança, bem como da adaptação externa e da integração interna.

Yuan et al. (2015) ressaltam que o contexto sociocultural no qual as práticas de gestão são implementadas pode impactar profundamente o modo como os empregados percebem essas práticas e reagem a elas. Em complementação a esse aspecto, De Hoogh, Greer e Hartog

(2015) chamam a atenção para a necessidade de os líderes se conscientizarem de que seu comportamento pode levar a diferentes reações nos empregados, com impacto em desempenho. Segundo Drucker (2005:68), "contrariamente à sociedade, à comunidade e à família, uma organização está sempre em competição pelo seu recurso mais essencial: pessoas qualificadas, com conhecimento e dedicadas". Isso significa que as organizações precisam atrair as pessoas, mantê-las, reconhecê-las, recompensá-las, motivá-las, servi-las e satisfazê-las.

As informações e reflexões compartilhadas fornecem elementos para um melhor entendimento dos impactos dos aspectos culturais no contexto e nas práticas organizacionais. Mas, além disso, também evidenciam a necessidade de pesquisas que busquem isolar variáveis culturais e avaliar os respectivos impactos em desempenho, pois, considerando o estudo realizado, essa relação ainda está por ser descoberta. O estudo da cultura, seja nacional ou organizacional, é um grande desafio por conta da complexidade e da ambiguidade do tema, mas também urgente, considerando as dificuldades tão sensíveis de nosso país, relatadas amplamente aqui neste livro, e os desafios enfrentados pelas empresas para responder a um contexto em constante e rápida transformação.

Referências

CARTON, A. M.; MURPHY, C.; CLARK JR., J. A (blurry) vision of the future: how leader rhetoric about ultimate goals influences performance. *Academy of Management Journal*, v. 57, n. 6, p. 1544, dez. 2014.

DE HOOGH, A. H.; GREER, L. L.; HARTOG, D. D. Diabolical dictators or capable commanders? An investigation of the differential effects of autocratic leadership on team performance. *The Leadership Quarterly*, n. 26, p. 687-701, out. 2015.

DELOITTE. *Tendências de capital humano 2016*. Nova York: Deloitte, 2016. Disponível em: <www2.deloitte.com/br/pt/footerlinks/

pressreleasespage/Global-Human-Capital-Trends-2016.html>. Acesso em: 20 ago. 2018.

D'INNOCENZO, L. et al. Empowered to perform: a multilevel investigation of the influence of empowerment on performance in hospital units. *Academy of Management Journal*, v. 59, n. 4, p. 1290, ago. 2016.

DRUCKER, P. F. *Sociedade pós-capitalista*. São Paulo: Pioneira, 2005.

EDMONDSON, A. C. Psychological safety and learning behavior in work teams. *Administrative Science Quarterly*, n. 44, p. 350-383, 1999.

FREITAS, M. E. Cultura organizacional: grandes temas em debate. *Revista de Administração de Empresas*, São Paulo, v. 3, n. 31, p. 73-82, jul./set. 1991.

HOFSTEDE, G. *Culture's consequences*: comparing values, behaviors, institutions and organizations across nations. Londres: Sage, 2001.

LEE, S.; YUN, S.; SRIVASTAVA, A. Evidence for a curvilinear relationship between abusive supervision and creativity in South Korea. *The Leadership Quarterly*, n. 24, p. 724-731, out. 2013.

LEPINE, M. A. et al. Turning their pain to gain: charismatic leader influence on follower stress appraisal and job performance. *Academy of Management Journal*, v. 59, n. 3, p. 1036, jun. 2016.

LIDEN, R. C. et al. Servant leadership: development of a multidimensional measure and multi-level assessment. *Leadership Quarterly*, n. 19, p. 161-177, 2008.

_____. Servant leadership and serving culture: influence on individual and unit performance. *Academy of Management Journal*, v. 57, n. 5, p. 1434, out. 2014.

LORSCH, J. W.; MCTAGUE, E. Culture is not the culprit: when organizations are in crisis, it's usually because the business is broken. *Harvard Business Review*, v. 94, n. 4, p. 96-105, 2016.

LOURENÇO, M. L. et al. Cultura organizacional: produção científica no Brasil no período de 2005-2014. *Revista Unifamma*, jan. 2016.

MELO, G. A. O. *Uma meta-análise para identificar variáveis de cultura que impactam desempenho*. Dissertação (mestrado em gestão empresarial) — FGV, Rio de Janeiro, 2018.

MIGUELES, C. *Criando o hábito da excelência*: compreendendo a força da cultura na formação da excelência em SMS. Rio de Janeiro: Qualitymark, 2006.

OSTROM, E. *Governing the commons*: the evolution of institutions for collective actions. Cambridge: Cambridge University Press, 1990.

PATEL, P. C.; MESSERSMITH, J. G.; LEPAK, D. P. Walking the tightrope: an assessment of the relationship between high-performance work systems and organizational ambidexterity. *Academy of Management Journal*, v. 56, n. 5, p. 1420-1442, 2013.

PRIESEMUTH, M. et al. Abusive supervision climate: a multiple-mediation model of its impact on group outcomes. *Academy of Management Journal*, v. 57, n. 5, p. 1513, out. 2014.

SCHEIN, E. H. *Cultura organizacional e liderança*. 3. ed. São Paulo: Atlas, 2009.

YUAN, J. et al. Involvement work systems and operational effectiveness: exploring the moderating effect of national power distance. *Journal of International Business Studies*, n. 46, p. 332-354, 2015.

ZANINI, M. T. *Confiança*: o principal ativo intangível de uma empresa. 2. ed. Rio de Janeiro: Campus, 2016.

_____; MIGUELES, C. *Gestão integrada de ativos intangíveis*. São Paulo: Saraiva, 2017.

5
Inovação e diversidade: sugestões de ganhos de competitividade

Alexandra de Lauro Paiva

O tópico diversidade vem sendo estudado nas universidades e discutido nas empresas há alguns anos. No Brasil, o tema foi recentemente utilizado para definir viés político, o que aumenta a polarização em vez de ajudar no debate neutro e construtivo. Neste capítulo, proponho olharmos pelo enfoque dos ganhos e perdas econômicas, mais especificamente para a relação entre gênero e inovação e, consequentemente, gênero e competitividade. Os estudos do Banco Mundial (Wodon e Briere, 2018; World Bank, 2018) apontam para as enormes perdas econômicas nas diferentes economias do mundo pelas dificuldades em pensar e agir sobre a participação feminina no mercado de trabalho e para as formas dessa inserção.

A palavra diversidade é ampla e pode envolver diversos grupos que acabam sendo minoria nos ambientes de trabalho e/ou na sociedade e envolve gênero, etnia, orientação sexual, cultura, religião etc. Para efeito de simplificação, gênero foi definido, neste trabalho, como sexo biológico, sem nenhuma relação à construção histórica, social ou cultural da identidade de gênero, tampouco, orientação sexual. Gênero, no estudo, foi definido de forma binária: feminino identifica mulheres e masculino identifica homens.

No caso da relação entre diversidade de gênero e inovação, este tema ainda está pouco explorado, tanto no Brasil quanto nos demais países, e as publicações científicas que existem estão em periódicos científicos de baixo fator de impacto.[1] Além disso, já começam a surgir

---

[1] Fator de impacto é a principal métrica utilizada para avaliar as revistas científicas por todo o mundo ao contabilizar as citações recebidas.

estudos afirmando que diversidade é apenas o primeiro passo, sendo inclusão o próximo (Diversity..., 2019).

Estatística de diversidade de gênero

Durante a vida educacional da mulher no Brasil, o número médio de anos de estudo é maior para elas (IBGE, 2015a), e nas universidades elas são maioria tanto no ingresso quanto na conclusão dos cursos superiores (Inep, 2016).

Entretanto, esta maior qualificação não se reflete na empregabilidade. Apesar de serem maioria com nível superior, o percentual de mulheres empregadas é menor (IBGE, 2016). Mesmo quando a mulher está empregada, as diferenças persistem nos salários: a renda média da mulher é menor que a de um homem com o mesmo nível de instrução para todos os níveis educacionais, incluindo o nível superior (IBGE, 2015b). Esses retratos brasileiros acompanham a tendência mundial (Ey becomes..., 2018; Five..., 2018; Man Group..., 2018).

As diferenças persistem ao longo da carreira da mulher e culminam com a menor participação nos cargos executivos das empresas (Quase..., 2018). Para tentar equalizar essa situação, muitas empresas investem esforços na criação de políticas inclusivas de diversidade, focando em diversas minorias (Empresas..., 2018).

Existem exemplos encorajadores nos conselhos de administração das empresas que fazem parte do grupo Fortune 500[2] (More..., 2019), que em 2018 nomearam 40% de seus novos diretores do gênero feminino (comparando com 18% em 2009). Entretanto, na comparação com o total de diretores, as mulheres ainda representam apenas 22,5% (comparando com 16% em 2010). Já na presidência das empresas For-

---

2 A Fortune 500 é uma lista anual compilada desde 1955 e publicada pela revista americana *Fortune* que contém as 500 maiores corporações dos Estados Unidos por receita total em seus respectivos anos fiscais.

tune 500 (Only..., 2019), apenas 33 são do gênero feminino (ou 6,6%), e mesmo assim é um recorde histórico.

Inovação e gênero

O tema inovação não é novo, mas foi recentemente que o interesse por ele se intensificou. A figura 1 mostra o histórico do total de publicações sobre *innovation* mundialmente e sobre inovação no Brasil. Em ambos os cenários, internacional e nacional, houve uma evolução exponencial das publicações, podendo essa tendência ser observada internacionalmente antes de se verificar no Brasil.

Figura 1
Evolução histórica das publicações científicas
sobre inovação no Brasil e *innovation* no mundo

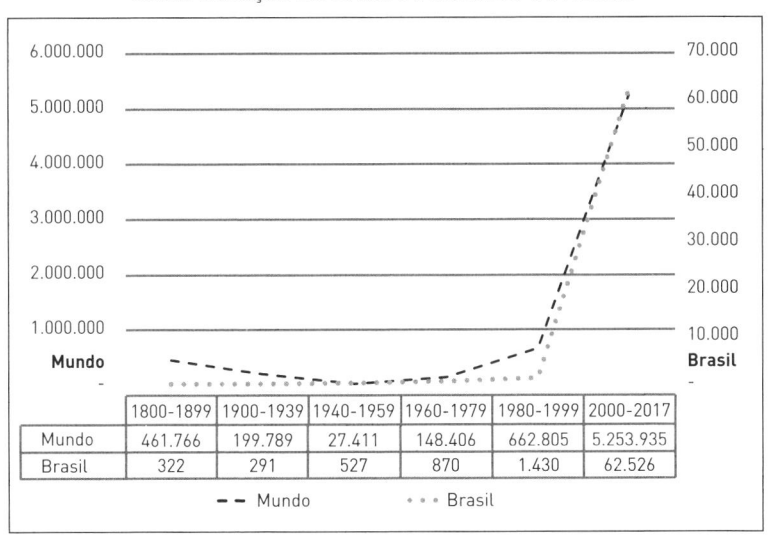

	1800-1899	1900-1939	1940-1959	1960-1979	1980-1999	2000-2017
Mundo	461.766	199.789	27.411	148.406	662.805	5.253.935
Brasil	322	291	527	870	1.430	62.526

Fonte: elaboração própria (2018), com base em Sistema de Bibliotecas FGV.

A importância da inovação para a continuidade das empresas, evitando seu desaparecimento, foi apresentada por McKinley, Latham e Braun (2014). Já em publicações nacionais não científicas, o tópico inovação foi tema da reportagem de capa da revista *Exame* de 13 de setembro de 2017, sem abordar a dimensão gênero (*Exame*, 2017).

A correlação entre diversidade de gênero e inovação é importante para a área de gestão de pessoas nas organizações, pois os resultados esclarecem razões que suportam ou inibem a maior participação feminina em produção de inovação (científica ou não), podendo auxiliar no direcionamento de recursos já existentes para aplicação mais eficiente das políticas de diversidade de gênero existentes ou até mesmo propor políticas públicas alternativas.

A relevância do tema é comprovada com publicações de jornais de negócios internacionais sobre a falta de representatividade feminina nas empresas. Em 2018, o órgão regulador do mercado de capitais nos Estados Unidos (Securities and Exchange Commission — SEC) exigiu dos gestores de fundos que forneçam informações detalhadas sobre diversidade dos empregados (racial, étnica e de gênero), por categoria de cargo e em todos os níveis, com questionário de oito páginas. Segundo a percepção da SEC, há a hipótese (que deve ser testada) de que empresas com maior diversidade tenham melhor performance do que as mais homogêneas (US Fund..., 2018.).

Já o Reino Unido criou uma legislação que obriga empresas com mais de 250 empregados a reportar no *site* do departamento Government Equalities Office a diferença dos valores médios pagos a homens e a mulheres (*gender pay gap*), sendo que 2018 foi o primeiro ano da exigência. Faltando apenas um mês para a data-limite, somente uma em seis empresas em média haviam concluído a obrigação (Five..., 2018). Entre as quatro grandes empresas de contabilidade e auditoria, a EY (primeira a publicar) mostrou uma mediana de 10% de diferença para sócios e 19,5% para *staff*, com média ponderada de 38,1% de diferença para *staff* e sócios (EY becomes..., 2018) a favor dos homens. Para o melhor entendimento da participação feminina na sociedade, o governo escocês começa a segregar a variável gênero em questionários diversos para assuntos anteriormente considerados neutros (Scotland..., 2019).

Em passado recente, a onda de ativismo por parte de investidores colocou pressão em conselhos de administração sem participação feminina (Rio Tinto..., 2017; Companies..., 2017). Com isso, surgiu o discurso de recrutamento de mulheres sem experiência na função da vaga existente, mas com potencial de desenvolvimento. Isso sugere melhorar a retenção de profissionais, diminuir o custo de *turnover* e aumentar a atração de talentos (Promoting..., 2017; Reliance..., 2017). Os movimentos recentes podem ter relação com a alteração na percepção das empresas de que diversidade de gênero é investimento e traz retorno, em vez de ser somente custo ou dificuldades operacionais (Diversity..., 2017).

Já no Brasil, as empresas se movem de forma ainda mais tímida em relação às ações para promover diversidade (Quadro..., 2018). O movimento começa pelas multinacionais, mesmo que vagarosamente.

Relevância da diversidade de gênero

Em anos recentes, diversidade de gênero tem recebido bastante atenção, pois alguns países têm legislação que obriga os conselhos de administração das empresas a ter cota mínima de mulheres (Lorenzo et al., 2017), tais como Islândia e França (40%), Noruega (40% ou mais, dependendo do número de diretores), Itália (33%) e Alemanha (30%).

Os 193 países-membros da Organização das Nações Unidas (ONU) se comprometeram, em 2015, com um plano contendo 17 objetivos de desenvolvimento sustentável para serem atingidos até 2030. O que se pretende é eliminar todas as formas de pobreza, lutar contra desigualdades e gerenciar mudanças climáticas com um plano de ação para pessoas, planeta e prosperidade (UN, 2015). Cada objetivo possui metas específicas para serem atingidas durante os 15 anos. O objetivo número 5 é "atingir a igualdade de gênero e empoderar todas as mulheres e meninas".

O tópico inclusão e diversidade também foi considerado uma das 12 forças que, segundo Bhalla, Dyrchs e Strack (2017), vão alterar radicalmente a forma como as organizações trabalham hoje. Como exemplo dessa nova forma de trabalho, o número de bilionários asiáticos está maior que o de americanos, mostrando outra das forças identificadas que inclui diversidade de forma indireta: a da nova composição demográfica e mudança em poder econômico e geopolítico (Asian..., 2017). Lorenzo et al. (2017) também exemplificam essas forças usando a Coca-Cola como exemplo, que teve apenas um de seus últimos CEOs nascido nos Estados Unidos, ratificando que os berços de inovação mudaram da origem tradicionalmente americana.

As vantagens de diversidade para empresas foram estudadas por Rock, Grant e Grey (2016), que mostraram que equipes com maior diversidade inerente (raça e gênero) ou adquirida (experiência e cultura) têm maior probabilidade de serem mais engajadas e de melhorar a performance do negócio. A razão principal apontada é que times homogêneos ficam na zona de conforto, concordam mais uns com os outros e se entendem facilmente, o que não é bom para performance. Já equipes heterogêneas obtêm performance superior, porque para atingirem um denominador comum é necessário investir mais recursos, como tempo e energia. Os autores também constataram que diversidade aumenta, sim, o conflito, mas não ao ponto que se imaginava, provando, ao contrário, mais um viés inconsciente que as pessoas possuem em relação à diversidade de equipes. A sugestão para melhor se beneficiar das diferenças foi de que estas fiquem expostas, em vez de escondidas, salientando que os conflitos observados não foram por diferenças de ideias, mas sim por diferenças de valores. Por fim concluíram que, enquanto não se estudar como a diversidade é percebida por seus líderes, as organizações podem encontrar indivíduos que só veem isso como obrigação social (Barbosa et al., 2007; Kochhann e Rodrigues, 2016), o que traz dificuldades ao dia a dia. Ainda sobre percepção de diversidade, Hunt et al. (2018) concluíram que ela varia entre empresas. Se para umas é apenas para atender à legislação, para outras é uma questão de justiça e/ou responsabilidade social corporativa. Para algumas, ainda, é parte da estratégia e de vantagem competitiva.

Impacto financeiro da diversidade de gênero

A correlação entre diversidade de gênero e retorno financeiro foi publicada em diversos artigos. A começar por riqueza de países, o relatório *The global gender gap report 2017* (WEF, s.d.) salienta a forte correlação entre a desigualdade de gênero em um dado país e a performance econômica associada. As variáveis analisadas no estudo são: sucesso na educação, saúde e sobrevivência, participação e oportunidades econômicas e empoderamento político.

Com base nos resultados encontrados (WEF, s.d.), somente em 100 anos seria atingida a paridade nesses quesitos. No *ranking* geral, o Brasil ficou em 90º (85º em 2015), atrás de países como a Indonésia (84º), de maioria muçulmana, de um total de 144 países. Para relativizar o *ranking* geral, as colocações do Brasil por categoria foram 83º em participação e oportunidades econômicas, 1º em sucesso na educação, saúde e sobrevivência e 110º em empoderamento político. No *ranking* regional (América Latina e Caribe), o Brasil aparece em 22º de um total de 24 (à frente apenas de Paraguai e Guatemala). Nesse ritmo, ainda levará 100 anos para que a paridade seja alcançada.

Esse cenário de desigualdade de gênero no mundo foi analisado por Woetzel et al. (2015). A estimativa do cenário em que as mulheres atinjam completa paridade de gênero com os homens, participando plenamente na vida econômica, foi um aumento na geração de riqueza global em mais de 25% (34% para América Latina) comparando com o cenário atual projetado de produto interno bruto em 2025. Os cerca de US$ 12 trilhões adicionados à economia seriam suficientes para justificar economicamente a implantação de políticas de diversidade de gênero nas empresas. As maiores desigualdades identificadas foram em participação política, posições de liderança e trabalhos domésticos não remunerados. Entretanto, os autores salientam que esse resultado só será atingido quando diversas iniciativas forem implantadas pela sociedade: governo, indivíduos, empresas etc., enfatizando que a mulher não conseguirá atingir a paridade no ambiente de trabalho se a paridade não for primeiramente endereçada na sociedade em que vive, pois o ambiente de trabalho é um espelho da sociedade.

Hunt et al. (2018) ratificaram o estudo de Woetzel et al. (2015) para diversidade de gênero, mostrando a maior probabilidade de performance financeira acima da mediana nacional de indústrias entre empresas do 1º e do 4º quartis de diversidade de gênero (figura 2) e também em criação de valor (figura 3).

Figura 2
Comparação com estudo anterior (Woetzel et al., 2015, e Hunt et al., 2018): probabilidade de performance financeira (margem de Lajir)[1]

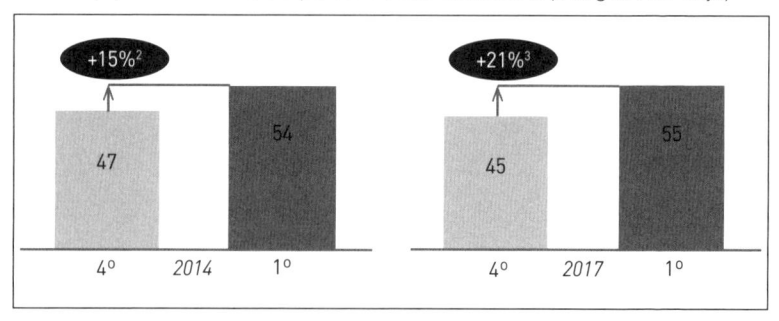

	+15%[2]			+21%[3]	
47		54	45		55
4º	2014	1º	4º	2017	1º

Fonte: adaptada de Hunt et al. (2018).
[1] Lajir: lucro antes de juros e imposto de renda.
[2] Resultados são estatisticamente significantes com valor de p < 0,1 em 2014 e < 0,05 em 2017.
[3] Tamanho da amostra de executivas com N = 383 em 2014 e 991 em 2017.

Figura 3
Como diversidade de gênero correlaciona com performance financeira: probabilidade de performance financeira (margem de Lajir)[1]

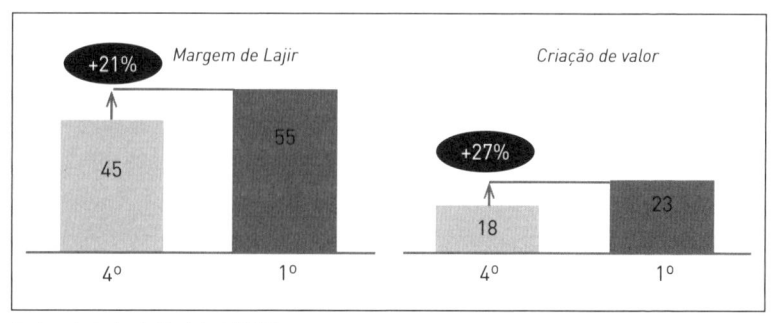

+21%	Margem de Lajir		Criação de valor	
45		55	+27%	
			18	23
4º		1º	4º	1º

Fonte: adaptada de Hunt et al. (2018).
[1] Lajir: lucro antes de juros e imposto de renda.

Entre os dois estudos, não apenas a tendência se manteve, mas a disparidade cresceu, juntamente com a confiança estatística dos resultados e o tamanho da amostra (346 empresas nos Estados Unidos e no Reino Unido *vs.* mais de mil empresas em 12 países).

Hunt et al. (2018) concluíram que a dimensão diversidade de gênero no nível de executivos tem correlação positiva com rentabilidade e com criação de valor, conforme figura 3. Quanto maior a diversidade, maior a probabilidade de melhor resultado financeiro.

Estudos separados chegaram a conclusões semelhantes. Noland, Moran e Kotschwar (2016) analisaram 21.980 empresas globalmente, com escritórios corporativos em 91 países. Os resultados sugerem que a presença feminina em posições de liderança corporativa (conselhos de administração e diretorias executivas) apresenta uma correlação positiva com a melhoria da performance financeira da empresa se comparados com empresas com menos mulheres nos altos escalões. Na amostra analisada, as mulheres estavam ausentes de quase 60% dos conselhos de administração, um pouco mais da metade das diretorias executivas e em mais de 95% das posições de diretor-presidente. Entretanto, os autores observam que os países que hoje estão mais avançados em participação feminina nas empresas (França, Finlândia, Islândia, Noruega e Espanha) passaram por um processo político em que foi necessário que o governo promulgasse leis que determinavam o mínimo de mulheres nos conselhos de administração de empresas estatais. Desses países, somente Noruega e Islândia replicaram a lei de cotas para os conselhos de administração de empresas de capital aberto em suas respectivas bolsas de valores. Coincidência ou não, esses dois países são os que têm maior participação feminina nos conselhos (40% e 51% respectivamente).

A agência governamental britânica Innovate UK (Science..., 2017) estima que o Reino Unido perca aproximadamente £ 2 bilhões (aproximadamente R$ 10 bilhões na data do estudo) por ano devido à falta de mulheres como empreendedoras em ciências e outras áreas sociais.

Impacto em inovação da diversidade de gênero

Estreitando o foco na relação entre gênero e inovação, Alsos, Ljunggren e Hytti (2013) afirmam que é desafiador revelar como gênero causa impacto em inovação quando está escondido dentro de processos, organizações e sistemas, haja vista que o processo de inovação apresenta viés de gênero e que o poder público deve levar isso em conta no momento de elaborar políticas públicas.

Economist Intelligence Unit (EIU, 2008) afirma que, quando uma equipe é formada por empregados com maior diversidade, o resultado do trabalho (solução do problema) é mais inovador do que quando todos os empregados compartilham o mesmo ponto de vista, e que nos fornecedores (produtos e serviços) as empresas apreciam diversidade na cadeia fornecedora pois trazem inovação, fazendo-a mais competitiva.

Em amostra longitudinal, Dezso e Ross (2012) analisaram as empresas que formavam o índice Standard & Poors 1.500 durante 15 anos, concluindo que quanto mais mulheres em posições de liderança em empresas cuja estratégia fosse orientada para a inovação, melhor o resultado da empresa.

Outros estudos localizados principalmente na Europa chegaram a conclusões similares. Na Dinamarca, Østergaard, Timmermans e Kristinsson (2011) investigaram o impacto de aspectos intangíveis de diversidade (idade, gênero, raça e área de formação) em inovação, considerando empregados de vários níveis hierárquicos. A conclusão é que havia correlação positiva para gênero na amostra de 1.648 empresas locais.

Na Espanha, Diaz-Garcia, Gonzalez-Moreno e Saez-Martinez (2013) constataram impacto positivo da maior presença de mulheres nos resultados de inovação radical de equipes de pesquisa e desenvolvimento. Com a maior diversidade, verificou-se que a dinâmica formada nas equipes favorecia o aparecimento de soluções novas, em ambiente de incerteza, culminando na inovação radical.

Também na Espanha, Romero-Martinez, Montoro-Sanchez e Garavito-Hernandez (2017) estudaram o impacto de gênero e nível educacional dos empregados de uma empresa na geração de inovação. Nesse contexto, os resultados do trabalho demonstraram que a diversidade de gênero favorece a inovação de produto que seja novo no mercado, em linha com Diaz-Garcia, Gonzalez-Moreno e Saez-Martinez (2013).

Outro estudo abrangente, que relaciona inovação e gênero e analisa 171 empresas da Alemanha, Suíça e Áustria, foi feito por Lorenzo et al. (2017) envolvendo o Boston Consulting Group (BCG) e a Universidade Técnica de Munique. Com análise empírica e por meio de métodos estatísticos, foi quantificada a relação entre diversidade de gestão (todos os níveis e não somente executivo) e inovação. Diversidade foi definida em gênero, país de origem, experiência de indústrias e histórico de carreira, enquanto inovação foi definida como novas fontes de receitas. Esse estudo mostrou uma clara relação entre inovação e diversidade, apesar de os tipos de diversidade causarem impactos distintos em diferentes empresas.

Alinhado com Mayer, Warr e Zhao (2017), o estudo anterior de Valera e Fernandez (2014) utilizou a métrica de geração de patentes como forma de avaliar o impacto em inovação em nove países da América Latina, por gênero, desde 1990 até 2006, focando na área de pesquisa. De forma geral, 3,62% das patentes foram geradas apenas pelo gênero feminino, 79,44% pelo gênero masculino e 16,94% por equipes mistas. Esse resultado é similar ao encontrado em outros países, tais como Estados Unidos e Espanha. Os autores sugerem que um aumento de diversidade nas equipes possa contribuir para um aumento de patentes para ambos os gêneros.

Olhando para as políticas públicas para compreender os resultados obtidos por Valera e Fernandez (2014), Pecis (2016) sugere que estas possam estar por trás de um maior investimento em pesquisa para áreas com menor participação feminina, como ciência e tecnologia. Assim, ficaria silenciosa a exclusão feminina, fazendo invisíveis as organizações tipicamente femininas, reforçando e perpetuando o ciclo não inclusivo. Essa conclusão foi reforçada por Beede et al. (2011), que verificaram a baixa representatividade feminina nos cargos de ciência, tecnologia, engenharia e matemática (STEM em inglês) nos Estados Unidos, apesar de as mulheres representarem aproximadamente 50% da força de trabalho e dos detentores de diploma.

Quantificação de inovação

Em recente relatório do *The global innovation index 2017* (Wipo, 2018a) foram analisados 126 países. O Brasil está posicionado em 64º lugar globalmente, 15º entre os países de renda média para alta, sexto na região da América Latina e Caribe, 85º no *ranking* de eficiência (contribuições em relação aos resultados) e está considerado dentro do grupo de países inovadores ineficientes, em relação ao PIB. Para efeito de comparação com outros membros do grupo Brics,[3] o Brasil ocupa a pior colocação global, atrás de China (17º), Rússia (46º), Índia (57º) e África do Sul (58º).

Mayer, Warr e Zhao (2017) discutiram a forma de medir inovação por meio de um estudo envolvendo 3 mil empresas listadas em bolsa entre os anos 2001 e 2014. Um dos indicadores utilizados foi o número de patentes requeridas e patentes citadas no ano (novos produtos), e uma das conclusões do trabalho foi que políticas pró-diversidade (incluindo gênero) aumentam a eficiência de inovação e, como consequência, o valor da empresa.

Analisando o Brasil pela forma de medição utilizada por Mayer, Warr e Zhao (2017) por meio de geração de patentes, o Brasil ocupa a 25ª posição no *ranking* global de registro de patentes pelo sistema PCT (*patent cooperation treaty*), desenvolvido pela Organização Mun-

---

3 Grupo de países formado por Brasil, Rússia, Índia, China e África do Sul, considerados países de economia emergente.

dial de Propriedade Intelectual (OMPI) para comparar a performance de países (Wipo, 2018b, tabela A27). Quando o número de patentes é comparado ao PIB, o Brasil cai para a 51ª posição. Um dos indicadores que contribuem para o *ranking* final é o de mulheres com diplomas avançados e empregadas em relação ao número total de empregados, objetivando mostrar a sofisticação do capital humano. Nesse caso individual, o Brasil cai um pouco mais, ficando em 55º lugar nesse indicador (Wipo, 2017b).

Produção científica brasileira

Analisando os dados obtidos nas bases de dados da OMPI (sistema PCT) e da Demografia de Mestres e Doutores (CGEE, 2015), algumas tendências se apresentaram. O gênero feminino vem aumentando o total de patentes pelo sistema PCT no mundo entre 2003 e 2017 (figura 4). A regressão apresenta inclinação positiva, com alta correlação ($y = 0{,}6836x + 20{,}435$, $R^2 = 0{,}9714$).

Figura 4
Percentual de registros PCT incluindo mulheres inventoras (2003-2017)

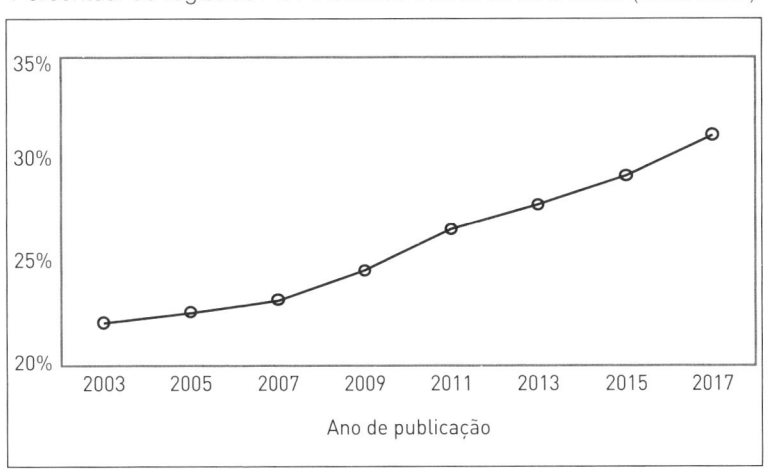

Fonte: adaptada de Wipo (2018b, tabela A22).

Nesse ritmo, mantendo-se a taxa de crescimento atual, a paridade de 50% de mulheres somente será atingida em 43 anos (durante o ano de 2061).

A análise do crescimento da participação feminina no sistema PCT por país mostra que China e Coreia do Sul atingiram a paridade e lideram o *ranking*, conforme ilustra a figura 5.

Figura 5
Percentual de registros de patentes internacionais com mulheres inventoras por origem (1995-1999 e 2011-2015)

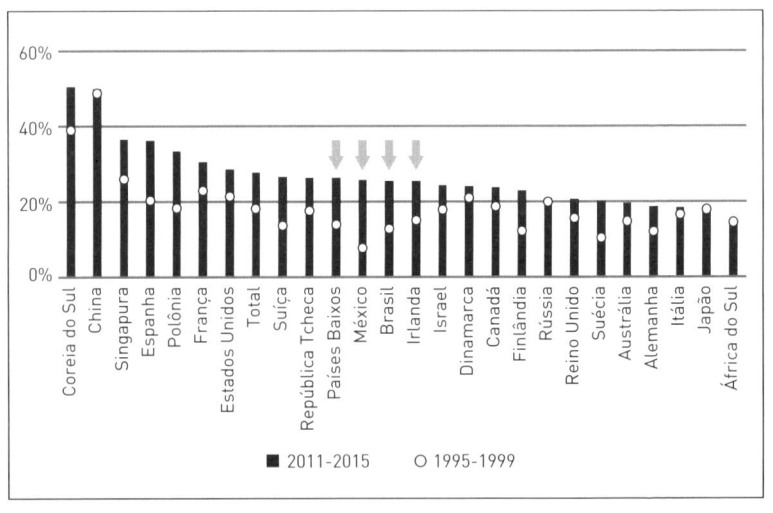

Fonte: adaptada de Wipo (2016, fig. 2).

Na figura 6, pode-se verificar que o Brasil foi o segundo país que mais cresceu no período analisado entre 1995-1999 e 2011-2015, com 201%, ficando atrás apenas do México, com 331% de crescimento. Comparativamente com países ricos, o Brasil está no mesmo nível de Irlanda e Países Baixos no registro de patentes internacionais com mulheres inventoras (Wipo, 2016). Entretanto, na escala mundial, o número absoluto de mulheres inventoras no Brasil ainda é baixo (figura 6).

Figura 6
Número de mulheres inventoras em registros de
patentes internacionais por origem (2011-2015)

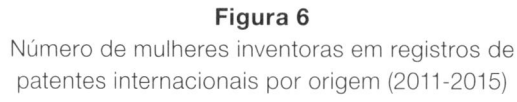

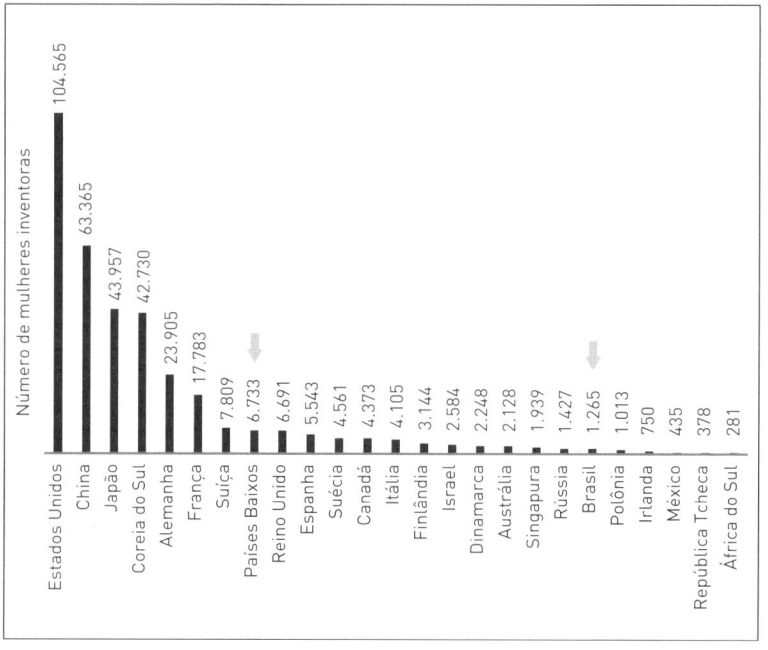

País	Número de mulheres inventoras
Estados Unidos	104.565
China	63.365
Japão	43.957
Coreia do Sul	42.730
Alemanha	23.905
França	17.783
Suíça	7.809
Países Baixos	6.733
Reino Unido	6.691
Espanha	5.543
Suécia	4.561
Canadá	4.373
Itália	4.105
Finlândia	3.144
Israel	2.584
Dinamarca	2.248
Austrália	2.128
Singapura	1.939
Rússia	1.427
Brasil	1.265
Polônia	1.013
Irlanda	750
México	435
República Tcheca	378
África do Sul	281

Fonte: adaptada de Wipo (2016, fig. 3).

Comparando os resultados do Brasil em relação aos Países Baixos (referenciados anteriormente), o número absoluto de inventoras brasileiras é cinco vezes menor (6.733 *vs.* 1.265). Assim, pode-se inferir que, apesar de inferiores em números absolutos, as brasileiras conseguem participar em maior frequência, para que a proporção analisada na figura 6 seja mantida.

Olhando as diferenças nos setores institucionais, o setor acadêmico tem maior proporção de registro de solicitações ao sistema PCT com mulheres inventoras de acordo com Wipo (2016). No período entre 2011 e 2015, o Brasil ficou na terceira colocação, com cerca de 2/3 de mulheres participando das solicitações de patentes acadêmicas. Em contrapartida, o Brasil está entre os países com maior diferença entre a academia e o setor empresarial, mostrando como é baixa a participação feminina na inovação empresarial (figura 7).

198 • O elo perdido

Figura 7

Percentual de registros de patentes internacionais com mulheres inventoras por setor institucional e origem (2011-2015)

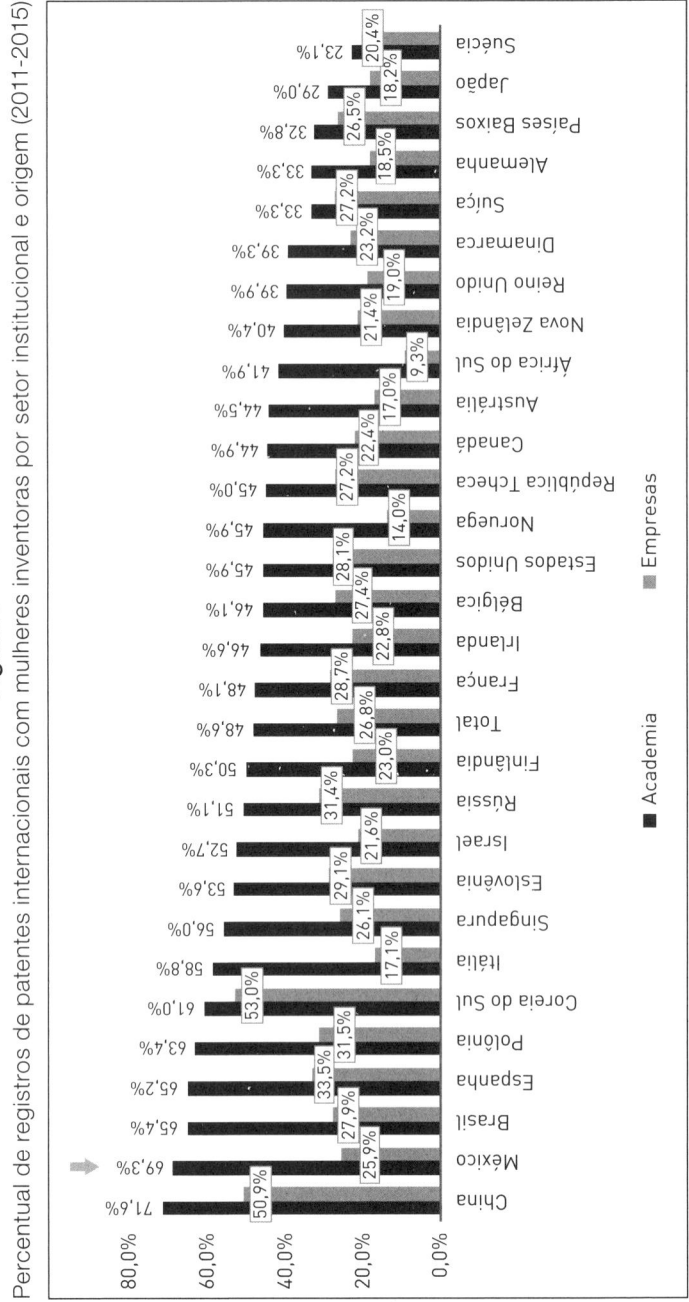

País	Academia	Empresas
China	71,6%	50,9%
México	69,3%	25,9%
Brasil	65,4%	27,9%
Espanha	65,2%	33,5%
Polônia	63,4%	31,5%
Coreia do Sul	61,0%	53,0%
Itália	58,8%	17,1%
Singapura	56,0%	26,1%
Eslovênia	53,6%	29,1%
Israel	52,7%	21,6%
Rússia	51,1%	31,4%
Finlândia	50,3%	23,0%
Total	48,6%	26,8%
França	48,1%	28,7%
Irlanda	46,6%	22,8%
Bélgica	46,1%	27,4%
Estados Unidos	45,9%	28,1%
Noruega	45,9%	14,0%
República Tcheca	45,0%	27,2%
Canadá	44,9%	22,4%
Austrália	44,5%	17,0%
África do Sul	41,9%	9,3%
Nova Zelândia	40,4%	21,4%
Reino Unido	39,9%	19,0%
Dinamarca	39,3%	23,2%
Suíça	33,3%	27,2%
Alemanha	33,3%	18,5%
Países Baixos	32,8%	26,5%
Japão	29,0%	18,2%
Suécia	23,1%	20,4%

Fonte: adaptada de Wipo (2016, fig. 9).

A liderança de registros de patentes internacionais com mulheres inventoras na área acadêmica no Brasil é da Unicamp, com 24 submissões em 2017; na área empresarial é da Natura, com 17 submissões (Wipo, 2017a). Os 10 maiores solicitantes juntos (academia e empresas) somam 114 submissões (ou cerca de 20% do total nacional).

O perfil de percentual de registros de patentes internacionais com mulheres inventoras no Brasil é similar ao do mundo por campo de tecnologia (figuras 8 e 9) para os seis campos com maior e menor participação feminina.

Figura 8
Percentual de registros de patentes internacionais com mulheres inventoras no mundo por campo de tecnologia (1995-2015)

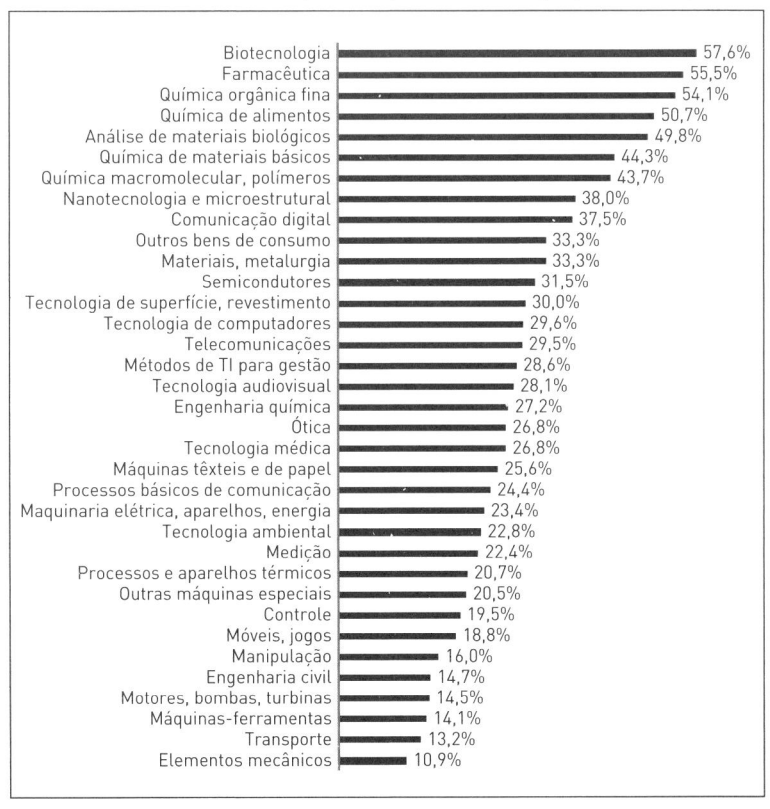

Campo de tecnologia	%
Biotecnologia	57,6%
Farmacêutica	55,5%
Química orgânica fina	54,1%
Química de alimentos	50,7%
Análise de materiais biológicos	49,8%
Química de materiais básicos	44,3%
Química macromolecular, polímeros	43,7%
Nanotecnologia e microestrutural	38,0%
Comunicação digital	37,5%
Outros bens de consumo	33,3%
Materiais, metalurgia	33,3%
Semicondutores	31,5%
Tecnologia de superfície, revestimento	30,0%
Tecnologia de computadores	29,6%
Telecomunicações	29,5%
Métodos de TI para gestão	28,6%
Tecnologia audiovisual	28,1%
Engenharia química	27,2%
Ótica	26,8%
Tecnologia médica	26,8%
Máquinas têxteis e de papel	25,6%
Processos básicos de comunicação	24,4%
Maquinaria elétrica, aparelhos, energia	23,4%
Tecnologia ambiental	22,8%
Medição	22,4%
Processos e aparelhos térmicos	20,7%
Outras máquinas especiais	20,5%
Controle	19,5%
Móveis, jogos	18,8%
Manipulação	16,0%
Engenharia civil	14,7%
Motores, bombas, turbinas	14,5%
Máquinas-ferramentas	14,1%
Transporte	13,2%
Elementos mecânicos	10,9%

Fonte: adaptada de Wipo (2016, fig. 4).

Figura 9
Percentual de registros de patentes internacionais com mulheres inventoras brasileiras por campo de tecnologia (1995-2015)

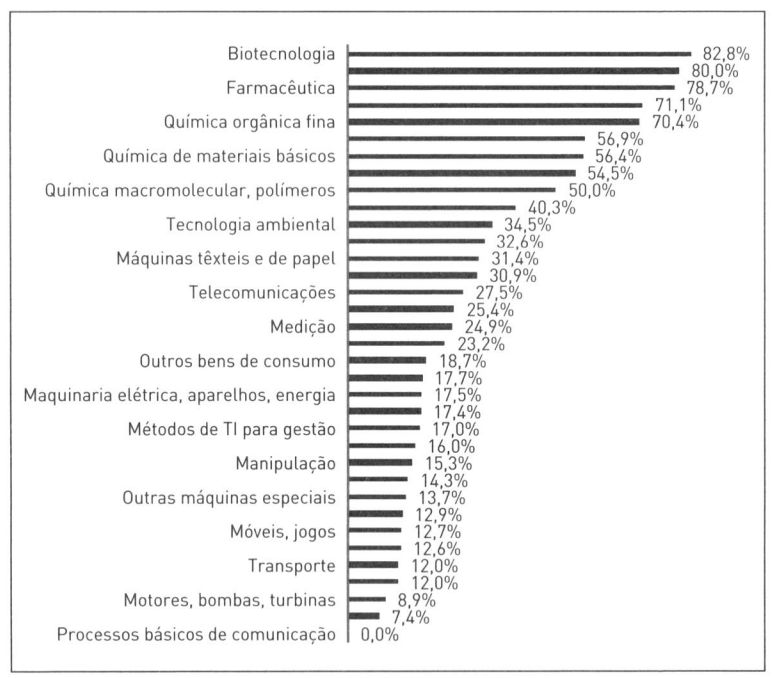

Campo de tecnologia	%
Biotecnologia	82,8%
	80,0%
Farmacêutica	78,7%
	71,1%
Química orgânica fina	70,4%
	56,9%
Química de materiais básicos	56,4%
	54,5%
Química macromolecular, polímeros	50,0%
	40,3%
Tecnologia ambiental	34,5%
	32,6%
Máquinas têxteis e de papel	31,4%
	30,9%
Telecomunicações	27,5%
	25,4%
Medição	24,9%
	23,2%
Outros bens de consumo	18,7%
	17,7%
Maquinaria elétrica, aparelhos, energia	17,5%
	17,4%
Métodos de TI para gestão	17,0%
	16,0%
Manipulação	15,3%
	14,3%
Outras máquinas especiais	13,7%
	12,9%
Móveis, jogos	12,7%
	12,6%
Transporte	12,0%
	12,0%
Motores, bombas, turbinas	8,9%
	7,4%
Processos básicos de comunicação	0,0%

Fonte: elaboração própria (2018), com base em Wipo (2017c, tab. A40, parcial).

Mudando da base OMPI, a análise das bases de dados de grandes áreas de doutores no Brasil (CGEE, 2015) traz o percentual de mulheres doutoras entre 2009 e 2014 (figura 10).

Como é possível ver na figura 10, não há variação maior que 3% para as áreas de estudo no período analisado, e pode ser que essa variação esteja dentro da margem de erro do levantamento, o que não foi informado. Dessa forma, é possível inferir uma posição estática para o percentual de doutoras por área de conhecimento, para o período analisado. As engenharias e as ciências exatas e da terra são as duas áreas com menor participação feminina no Brasil, e estas são as áreas responsáveis por aproximadamente sete das oito classificações da OMPI para registro de patentes PCT. Dessa forma, a baixa escolha de área

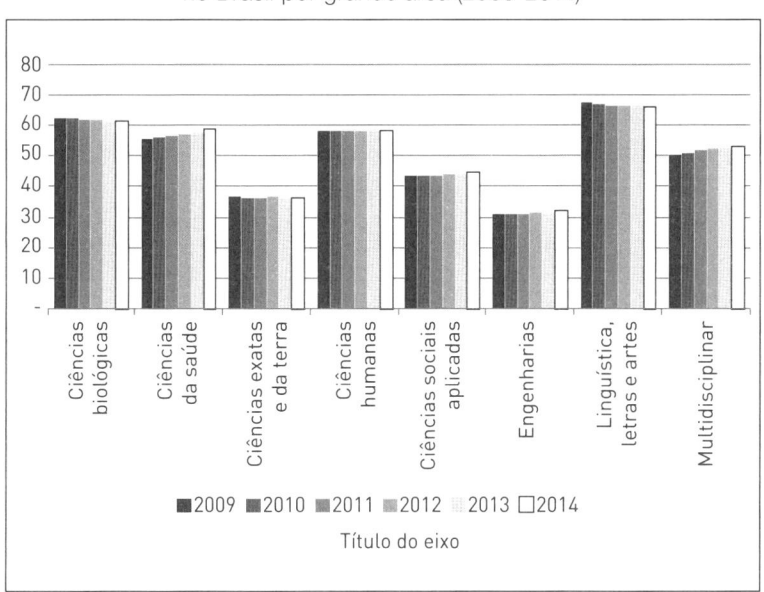

Figura 10
Percentual de mulheres entre os titulados doutores
no Brasil por grande área (2009-2014)

[Gráfico de barras mostrando percentuais por área: Ciências biológicas (~60%), Ciências da saúde (~55-58%), Ciências exatas e da terra (~36%), Ciências humanas (~58%), Ciências sociais aplicadas (~43%), Engenharias (~31-33%), Linguística, letras e artes (~67%), Multidisciplinar (~50-53%), para os anos 2009, 2010, 2011, 2012, 2013, 2014]

Título do eixo

Fonte: elaboração própria (2018), com base em CGEE (2015, tab. D.EMP.05).

tecnológica por mulheres já impacta significativamente o potencial feminino de geração de patentes no Brasil.

Comparando as cinco áreas de maior participação feminina de patentes PCT (Wipo, 2016) nas figuras 8 e 9 nas áreas de conhecimento mais próximas de acordo com a classificação brasileira (CGEE, 2015), infere-se que a participação feminina brasileira nesses campos é maior que a média mundial (Paiva, 2018).

Além do viés da própria classificação do sistema de patentes (concentrando sete das oito categorias nas engenharias e ciências exatas (Paiva, 2018), existe outra correlação importante no contexto nacional para saber se há viés de gênero na formação profissional que possa explicar a participação feminina na inovação brasileira. Independentemente do campo de estudo escolhido pelas mulheres, a distribuição do investimento público em pesquisa por área de conhecimento também é enviesada para as áreas com menor formação de mulheres, conforme verificado nas séries históricas do investimento em bolsas e fomento do CNPq (CNPq, 2015).

A figura 11, se comparada com a figura 10, já mostra indícios de viés de maior fomento às áreas com menor proporção de doutoras, tais como ciências exatas e da terra e engenharias, e de menor fomento à área de linguística.

Figura 11
CNPq: percentual de investimentos realizados em bolsas e no fomento à pesquisa por grandes áreas (2002-2015)

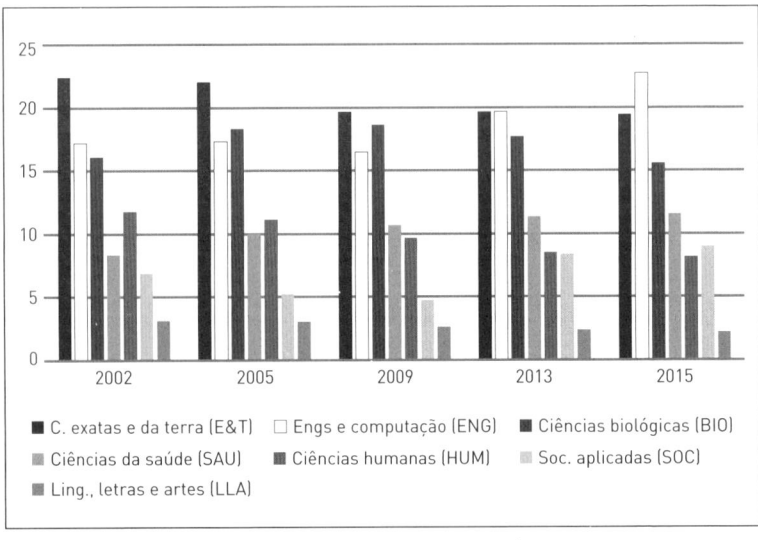

Fonte: elaboração própria (2018), com base em CNPq (2015, tab. 1.3.1).

Já a figura 12 sacramenta quaisquer dúvidas quando se agrupa a figura 11 em dois grupos: três maiores e três menores áreas de formação de doutoras. Além disso, é possível verificar que a tendência de fomentar as áreas com menor participação feminina é crescente e inversamente proporcional à tendência de redução de fomento nas áreas com maior participação feminina. O total é menor que 100% (áreas agrupadas em três maiores e três menores).

Figura 12
CNPq: percentual de investimentos realizados em bolsas e no fomento à pesquisa para as três grandes áreas com viés feminino e masculino (2002-2015)

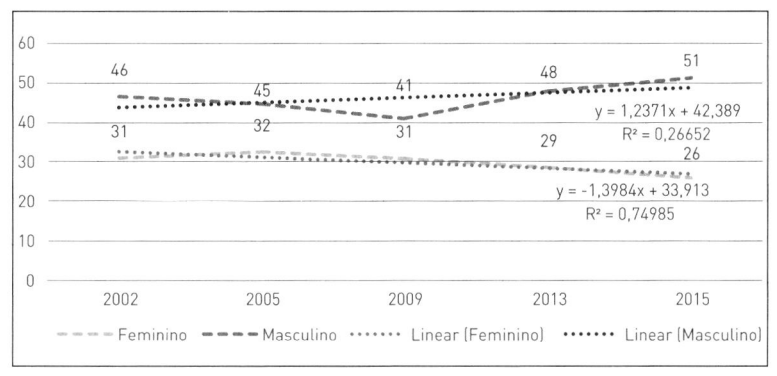

```
60
50    46                                         51
           - - - - - 45 - - - - - - 41 - - - 48 - - - - -
40    ---                              --------  y = 1,2371x + 42,389
      31         32         31                   R² = 0,26652
30                                     29                26
                                                 y = -1,3984x + 33,913
20                                               R² = 0,74985
10
 0
    2002       2005       2009       2013       2015
    ---- Feminino   ---- Masculino   ······ Linear (Feminino)   ······ Linear (Masculino)
```

Fonte: elaboração própria (2018), com base em CNPq (2015, tab. 1.3.1 e ajustes de três maiores e três menores).

Além da comparação de verbas por área de atuação, também é possível validar a hipótese de gênero causar impacto negativo em inovação no Brasil olhando a distribuição de gênero para os tipos de bolsas fornecidas pelo CNPq no Brasil e no exterior.

A tabela 1 mostra as modalidades de bolsas no Brasil, enquanto a tabela 2 mostra as modalidades de bolsas no exterior.

Apesar de a distribuição de bolsas no Brasil estar equilibrada com 50% para cada gênero, as mulheres são favorecidas nas bolsas mais baratas, como iniciação científica (cerca de 60%), enquanto o oposto ocorre com bolsas mais prestigiadas, como produtividade em pesquisa (cerca de 35%), com percentuais estáveis durante os seis anos do período de análise.

Tabela 1
Bolsas CNPq no Brasil por modalidade e gênero (2010-2015), em %

Modalidades	Feminino						Masculino					
	2010	2011	2012	2013	2014	2015	2010	2011	2012	2013	2014	2015
Iniciação científica	57	58	59	59	59	59	43	42	41	41	41	41
Mestrado	52	52	53	52	52	52	48	48	47	48	48	48
Doutorado	51	51	51	51	51	51	49	49	49	49	49	49
Pós-doutorado	57	58	57	58	58	56	43	42	43	42	42	44
Produtividade em pesquisa	35	35	35	36	36	36	65	65	65	64	64	64
Estímulo à inovação para competitividade	48	49	49	49	53	49	52	51	51	51	47	51
Outras	42	48	47	45	44	45	58	52	53	55	56	55
Total Brasil	**49**	**50**	**50**	**50**	**50**	**50**	**51**	**50**	**50**	**50**	**50**	**50**

Fonte: elaboração própria (2018), com base em CNPq (2015, tab. 2.9.1).

Já a distribuição de bolsas no exterior não esteve equilibrada em nenhum dos tipos de bolsas ou anos de análise. Em todos os anos e em todas as modalidades, houve menor participação feminina. Chamam a atenção os anos de 2010 e 2011, quando 96% e 100% das bolsas de especialização foram destinadas ao gênero masculino, tendo estabilizado em cerca de 70%. Como o intercâmbio científico traz valor ao país e permite que pesquisadores publiquem em conjunto com instituições estrangeiras, se não houver política de incentivo ao gênero feminino será difícil reverter o atual viés de gênero desfavorável à participação de mulheres na inovação.

No mundo também existe sugestão de que haja viés de gênero na formação profissional que possa explicar a baixa participação feminina na inovação. Wipo (2016) sugere que a Alemanha, por exemplo, tem baixa participação de mulheres nos registros de patentes

PCT, pois a maior quantidade de patentes desse país concentra-se em campos em que há baixíssima participação feminina, como as áreas tecnológicas.

Tabela 2
Bolsas CNPq no exterior por modalidade e gênero (2010-2015), em %

Modalidades	Feminino						Masculino					
	2010	2011	2012	2013	2014	2015	2010	2011	2012	2013	2014	2015
Doutorado no exterior	30	33	37	40	40	41	70	67	63	60	60	59
Doutorado sanduíche no exterior	46	49	47	48	47	48	54	51	53	52	53	52
Especialização no exterior	4		30	32	33		96	100	70	68	67	
Estágio no exterior	42	34	27	31	41	21	58	66	73	69	59	79
Graduação sanduíche no exterior			46	44	43	47			54	56	57	53
Pós-doutorado no exterior	36	43	43	47	45	47	64	57	57	53	55	53
Total exterior	39	43	45	44	43	46	61	57	55	56	57	54

Fonte: elaboração própria (2018), com base em CNPq (2015, tab. 2.9.1).

Na figura 13, foram marcados os resultados brasileiros (dentro de um círculo) e da Alemanha (dentro de um quadrado). Na figura da esquerda, verifica-se que para os cinco campos da tecnologia com *maior* participação feminina no mundo, compõem apenas 10% dos registros alemães e 18% dos brasileiros. Já na figura da direita, verifica-se que para os cinco campos da tecnologia com *menor* participação feminina no mundo, compõem 30% dos registros alemães e 22% dos brasileiros. Ambos os países registram maior proporção de patentes em campos com menor participação feminina.

Figura 13

Percentual de participação de mulheres por campo de tecnologia com maior e menor concentração e origem

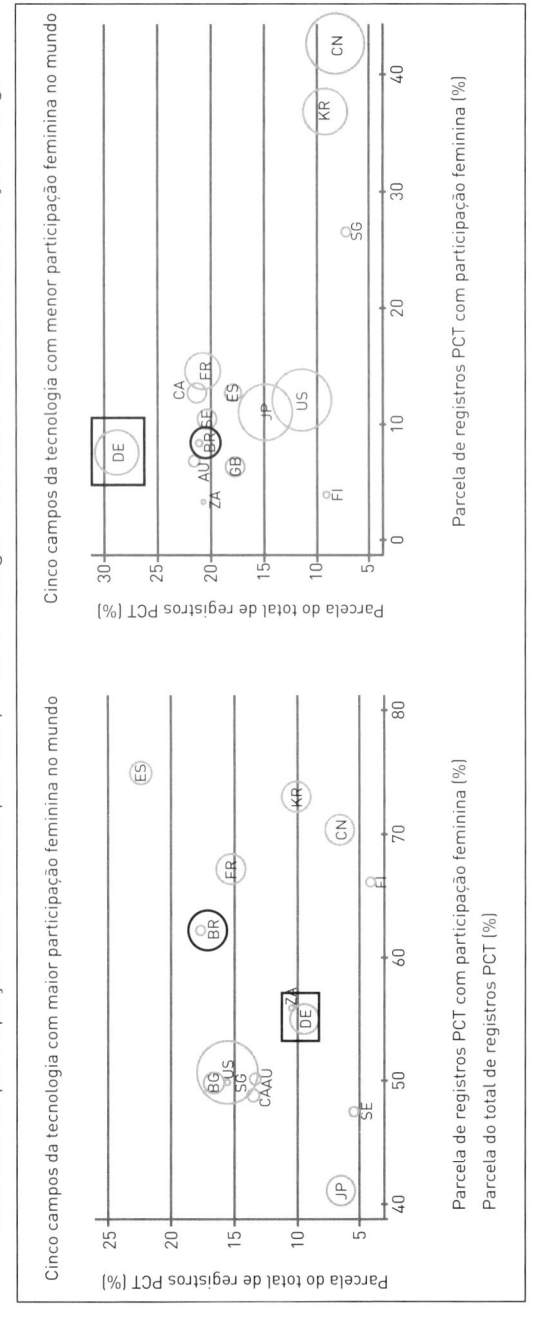

Fonte: Wipo (2016, fig. 6).

Notas:
As cinco áreas com a maior participação feminina nas patentes PCT são: biotecnologia; farmacêutica; química orgânica fina; química de alimentos; e análise de materiais.
As cinco áreas com a menor participação feminina nas patentes PCT são: engenharia civil; motores, bombas, turbinas; máquinas-ferramentas; elementos mecânicos; e transporte.
Códigos de países: AU (Austrália), BR (Brasil); CA (Canadá); CN (China); DE (Alemanha); ES (Espanha); FI (Finlândia); FR (França); GB (Reino Unido); JP (Japão); KR (Coreia do Sul); SE (Suécia); SG (Singapura); US (Estados Unidos); ZA (África do Sul).

Considerações finais

Se mais mulheres se formam em todos os níveis educacionais, como se tornam minoria nas organizações e na academia? E como ficam as organizações e a academia diante de evidências de que diversidade de gênero impacta favoravelmente o resultado financeiro e de inovação? A forma de medir a participação feminina em inovação por meio de patentes foi validada por Poutanen e Kovalainen (2017) porque a possibilidade de comercialização da inovação traz patentes ao foco, validando o estudo de Valera e Fernandez (2014).

Conforme Alsos, Ljunggren e Hytti (2013), para aumentar a participação feminina em inovação é necessária a expansão da definição de inovação, e as políticas públicas devem ser mais abertas e mais amplas nessa definição. Os autores sugerem que siga o modelo de países nórdicos, como a Finlândia, promovendo explicitamente a significância do setor de serviços e de inovações sociais, tais como cuidados com a saúde, turismo etc., abrindo para setores com maioria feminina e incluindo empresas pequenas e médias.

Assim como Blake e Hanson (2005) e Valera e Fernandez (2014), os resultados obtidos por CNPq (2015) validam a teoria de que políticas públicas suportam o viés de investimento nas áreas em que há menor participação feminina.

Se inovação, pela forma de medição por patentes, ocorre em áreas tecnológicas em que existe baixa participação feminina, a baixa escolha das mulheres por engenharias pode parcialmente se justificar. Ao mesmo tempo, o simples fato de ter menos mulheres fazendo engenharia não significa que não haja mulher suficiente para inovar. Comparativamente (Wipo, 2018a; CGEE, 2015), o Brasil forma 0,08% de sua população em doutores, enquanto a Finlândia faz menos da metade com 0,03%. Segundo o Inep (2016), no Brasil existem cerca de 8 milhões de alunos na graduação, o que, segundo Wipo (2018a), é quase 1,5 vez a população da Finlândia como um todo.

De acordo com Wipo (2018b), o Brasil inova pouco, sendo esse resultado aplicável para ambos os gêneros. Quantificando o pouco em relação ao sistema PCT, foram 593 registros em 2017, ficando na 25ª colocação no mundo. Os Estados Unidos lideram o *ranking* com 56.624, seguidos pela China com 48.882.

O estudo concluiu que, além de poucos registros, existe viés de gênero por área de estudo, por tipo de tecnologia (figura 13) e por financiamento público (figura 12 e tabelas 1 e 2). Dessa forma, existe a oportunidade de o Brasil avançar em inovação corrigindo esse viés no campo tecnológico e de financiamento público, abrindo a possibilidade de avançar na meta de inovação do gênero feminino sem grandes investimentos em escolarização ou pesquisa.

Além de China e Coreia do Sul, outros países citados no estudo, em comparação com o Brasil, também foram incluídos na figura 14, tais como Finlândia, Países Baixos, Alemanha e Estados Unidos.

Figura 14
Percentual de registros de patentes internacionais com mulheres inventoras para países comparados neste estudo (2000-2017)

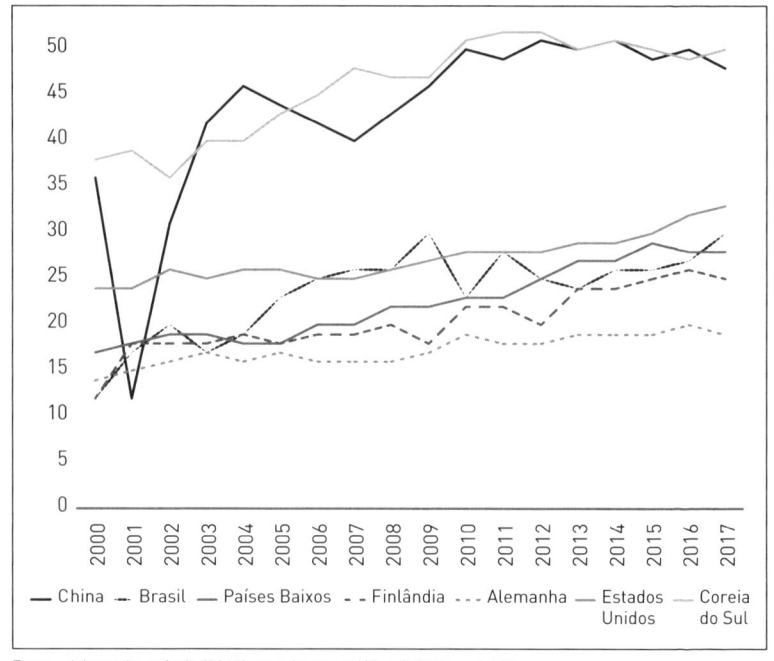

Fonte: elaboração própria (2018), com base em Wipo (2017a, pct_13).

Comparando a performance desses países segundo Wipo (2018a), o posicionamento no *ranking* global de inovação é: Países Baixos (2º), Estados Unidos (6º), Finlândia (7º), Alemanha (10º), Coreia do Sul (12º), China (17º) e Brasil (64º). Apesar de o Brasil ser o pior colocado nessa amostra de sete países, quando o tópico é inovação do gênero feminino, fica melhor que Alemanha e Finlândia de forma consistente, e alterna posições com os Países Baixos, mostrando que o esforço necessário para avançar a participação feminina é menor do que o esforço de melhorar a inovação no país como um todo, sendo possível realizar saltos nesse quesito em vez de aumento incremental.

Alinhando os resultados com a teoria, no campo da gestão de pessoas Zanini e Migueles (2017) definem capital humano como elemento intangível de uma organização e asseveram que a gestão integrada de ativos intangíveis contribui para a sustentação e a longevidade das empresas. Já Mascarenhas (2009:32) afirma que "o planejamento estratégico de pessoas pode ser conceituado como os processos por meio dos quais são antecipadas demandas ambientais dos negócios". Se a estratégia da gestão de pessoas for para a inovação, existem comportamentos que precisam ser promovidos e coordenados. Para uma diversidade meritocrática, torna-se importante a avaliação de Barbosa (2003), em que o conceito de "desempenho" é analisado culturalmente, contextualizado em termos do conjunto de significados que se constitui em um dos principais sistemas de hierarquização social nas sociedades modernas, discutindo dilemas da implementação da meritocracia no Brasil.

Referências

ALSOS, G.; LJUNGGREN, E.; HYTTI, U. Gender and innovation: state of the art and a research agenda. *International Journal of Gender and Entrepreneurship*, v. 5, n. 3, p. 236-256, 2013.

ASIAN billionaires outnumber US ones for first time. *Financial Times*, Londres, 1 jan. 2017. Disponível em: <www.ft.com/content/2a708f3c-bf28-11e7-b8a3-38a6e068f464>. Acesso em: 3 nov. 2017.

BARBOSA, J. et al. A gestão da diversidade: uma questão de valorização ou de dissolução das diferenças? In: ENANPAD, XXXI., 2007, Rio de Janeiro. *Anais...* Rio de Janeiro: Anpad, 2007. Disponível em: <www.anpad.org.br/admin/pdf/EOR-B3178.pdf>. Acesso em: 23 abr. 2017.

BARBOSA, L. *Igualdade e meritocracia*: a ética do desempenho nas sociedades modernas. 4. ed. Rio de Janeiro: FGV Ed., 2003.

BEEDE, D. et al. Women in STEM: a gender gap to innovation. *Economics and Statistics Administration*, n. 4-11, 2011.

BHALLA, V.; DYRCHS, S.; STRACK, R. Twelve forces that will radically change how organizations work. *BCG*, 27 mar. 2017. ("The new way of working series").

BLAKE, M.; HANSON, S. Rethinking innovation: context and gender. *Environment and Planning A*, v. 37, n. 4, p. 681-701, 2005.

CGEE (Centro de Gestão e Estudos Estratégicos). *Mestres e doutores 2015*: estudos da demografia da base técnico-científica brasileira. CGEE, 2015. Disponível em: <www.cgee.org.br/web/rhcti/mestres-e--doutores-2015>. Acesso em: 11 mar. 2018.

CNPq (Conselho Nacional de Desenvolvimento Científico e Tecnológico). *Séries históricas até 2015*. CNPq, 2015. Disponível em: <http://cnpq.br/series-historicas>. Acesso em: 8 set. 2018.

COMPANIES dominated by white men in top jobs face ire. *Financial Times*, Londres, 12 nov. 2017. Disponível em: <www.ft.com/content/a8f0a656-c54c-11e7-b2bb-322b2cb39656>. Acesso em: 20 nov. 2017.

DEZSO, C.; ROSS, D. D. Does female representation in top management improve firm performance? A panel data investigation. *Strategic Management Journal*, v. 33, n. 9, p. 1072-1089, 2012.

DIAZ-GARCIA, C.; GONZALEZ-MORENO, A.; SAEZ-MARTINEZ, F. Gender diversity within R&D teams: its impact on radicalness of innovation. *Innovation*: management, policy and practice, v. 15, n. 2, p. 149-160, 2013.

DIVERSITY brings boost to profitability. *Financial Times*, Londres, 4 abr. 2017. Disponível em: <www.ft.com/content/1bc22040-1302-11e7-80f4-13e067d5072c>. Acesso em: 20 nov. 2017.

DIVERSITY is just the first step. Inclusion comes next. *BCG*, 24 abr. 2019. Disponível em: <www.bcg.com/publications/2019/diversity-first--step-inclusion-comes-next.aspx?utm_medium=Email&utm_source=201904DIVERSITY&utm_campaign=201904_DIVERSITY_IANDI_NONE_GLOBAL&utm_usertoken=b1ac13d9396ec3537777b21c702b59760b2cd27a&redir=true>. Acesso em: 4 ago. 2019.

EIU (Economist Intelligence Unit). *Global diversity and inclusion*: perceptions, practices and attitudes. Londres: Society for Human Resource Management, 2008.

EMPRESAS criam cargos de gestor para a diversidade. *Valor Econômico*, São Paulo, 21. jun. 2018. Disponível em: <www.valor.com.br/carreira/5609971/empresas-criam-cargos-de-gestor-para-diversidade>. Acesso em: 1 ago. 2018.

EXAME. *Reportagem de capa*. São Paulo, Abril, v. 51, n. 17, ed. 1.145, 13 set. 2017.

EY BECOMES first big UK accounting firm to publish partners' pay gap data. *Financial Times*, Londres, 7 mar. 2018. Disponível em: <www.ft.com/content/d9bf3914-2226-11e8-9a70-08f715791301>. Acesso em: 11 mar. 2018.

FIVE out of six UK companies fail to submit gender pay gap data. *Financial Times*, Londres, 4 mar. 2018. Disponível em: <www.ft.com/content/353e031c-1cad-11e8-aaca-4574d7dabfb6>. Acesso em: 11 mar. 2018.

HUNT, V. et al. Delivering through diversity. *McKinsey & Company*, jan. 2018. Disponível em: <www.mckinsey.com/business-functions/organization/our-insights/delivering-through-diversity>. Acesso em: 11 mar. 2018.

IBGE (Instituto Brasileiro de Geografia e Estatística). *Pesquisa nacional por amostra de domicílios*. Rio de Janeiro: IBGE, 2015a. Disponível em: <https://brasilemsintese.ibge.gov.br/educacao/anos-de-estudo--e-sexo.html>. Acesso em: 29 abr. 2017.

_____. *Pesquisa nacional por amostra de domicílios*: Brasil em síntese. Rio de Janeiro: IBGE, 2015b. Disponível em: <http://biblioteca.ibge.gov.br/visualizacao/livros/liv94414.pdf>. Acesso em: 30 jul. 2018.

_____. *Pesquisa mensal de emprego (PME), fevereiro 2016*: taxa de desocupação das pessoas de 10 anos ou mais de idade, por sexo (%). Rio de Janeiro: IBGE, 2016. Disponível em: <www.ibge.gov.br/home/estatistica/indicadores/trabalhoerendimento/pme_nova/Mulher_Mercado_Trabalho_Perg_Resp_2012.pdf>. Acesso em: 29 abr. 2017.

INEP (Instituto Nacional de Estudos e Pesquisas Educacionais Anísio Teixeira). *Censo da Educação Superior*, tabela 4.06. Brasília: Inep, 2016. Disponível em: <http://abmes.org.br/arquivos/documentos/censo_superior_tabelas.pdf> e <http://portal.inep.gov.br/web/guest/censo-da-educacao-superior>. Acesso em: 31 jul. 2018.

KOCHHANN, S. C.; RODRIGUES, G. O. Gestão da diversidade: questão social emergente ou dignidade humana? *Revista Espaço Acadêmico*, n. 182, 2016.

LORENZO, R. et al. The mix that matters: innovation through diversity. *BCG*, fev. 2017.

MAN GROUP says female employees' bonuses almost 60% lower than men. *Financial Times*, Londres, 9 mar. 2018. Disponível em: <www.ft.com/content/98986248-238a-11e8-ae48-60d3531b7d11>. Acesso em: 11 mar. 2018.

MASCARENHAS, A. *Gestão estratégica de pessoas*. São Paulo: Cengage Learning, 2009. p. 32, 43.

MAYER, R.; WARR, R.; ZHAO, J. Do pro-diversity policies improve corporate innovation? *Financial Management*, 18 dez. 2017. Disponível em: <https://doi.org/10.1111/fima.12205>. Acesso em: 31 jul. 2018.

MCKINLEY, W.; LATHAM S.; BRAUN, M. Organizational decline and innovation: turnarounds and downward spirals. *Academy of Management Review*, v. 39, n. 1, p. 88-110, 2014.

MORE women are joining Fortune 500 boards than ever before. *CNN*, 29 maio 2019. Disponível em: <www.cnn.com/2019/05/29/success/board-diversity-women-minorities/index.html>. Acesso em: 4 ago. 2019.

NOLAND, M.; MORAN, T.; KOTSCHWAR, B. R. Is gender diversity profitable? Evidence from a global survey. Peterson Institute for International Economics. *Working paper*, n. WP 16-3, p. 1-35, 2016.

ONLY 33 women now lead Fortune 500 companies. And that's a record high. *CNN*, 16 maio 2019. Disponível em: <www.cnn.com/2019/05/16/success/women-ceos-fortune-500/index.html>. Acesso em: 4 ago. 2019.

ØSTERGAARD, C.; TIMMERMANS, B.; KRISTINSSON, K. Does a different view create something new? The effect of employee diversity on innovation. *Research Policy*, v. 40, n. 3, p. 500-509, 2011.

PAIVA, A. L. *Inovação sob a ótica de gênero*: uma análise do contexto brasileiro. Dissertação (mestrado em administração) — FGV Ebape, Rio de Janeiro, 2018.

PECIS, L. Doing and undoing gender in innovation: femininities and masculinities in innovation processes. *Human Relations*: The Tavistock Institute, v. 60, n. 11, p. 2117-2140, 2016.

POUTANEN, S.; KOVALAINEN, A. *Gender and innovation in the new economy*. Nova York: Palgrave Macmillan, 2017.

PROMOTING women better for diversity than recruiting. *Financial Times*, 24 abr. 2017. Disponível em: <www.ft.com/content/1fc9182a-28fa-11e7-9ec8-168383da43b7>. Acesso em: 20 nov. 2017.

QUADRO mais heterogêneo aumenta a competitividade. *Valor Econômico*, São Paulo, 21 jun. 2018. Disponível em: <www.valor.com.br/carreira/5609973/quadro-mais-heterogeneo-aumenta-competitividade>. Acesso em: 1 ago. 2018.

QUASE 70% das companhias não têm conselheira. *Valor Econômico*, São Paulo, 28 jun. 2018. Disponível em: <www.valor.com.br/carreira/5624075/quase-70-das-companhias-nao-tem-conselheiras> Acesso em: 31 jul. 2018.

RELIANCE on 'usual suspects' hurts effort to close CFO gender gap. *Financial Times*, Londres, 24 abr. 2017. Disponível em: <www.ft.com/content/cb9f98f0-268d-11e7-a34a-538b4cb30025>. Acesso em: 20 nov. 2017.

RIO TINTO faces pressure over lack of female directors. *Financial Times*, Londres, 11 abr. 2017. Disponível em: <www.ft.com/content/0a11d61c-1ec2-11e7-a454-ab04428977f9>. Acesso em: 20 nov. 2017.

ROCK, D.; GRANT, H.; GREY, J. Diverse teams feel less comfortable — and that's why they perform better. *Harvard Business Review*, p. 2-6, 22 set. 2016. Disponível em: <https://hbr.org/2016/09/diverse-teams-feel-less-comfortable-and-thats-why-they-perform-better>. Acesso em: 30 abr. 2017.

ROMERO-MARTINEZ, A. M.; MONTORO-SANCHEZ, Á.; GARAVITO-HERNANDEZ, Y. El efecto de la diversidad de género y el nivel educativo en la innovación. *Revista de Administração de Empresas*, v. 57, n. 2, p. 123-135, 2017.

SCIENCE start-ups struggle to bridge the gender gap. *Financial Times*, Londres, 24 out. 2017. Disponível em: <www.ft.com/content/80b49f7a-76b5-11e7-90c0-90a9d1bc9691>. Acesso em: 3 nov. 2017.

SCOTLAND sets out to tackle its gender data gap. *Financial Times*, Londres, 30 jul. 2019. Disponível em: <www.ft.com/content/cfbf1e92-a22d-11e9-a282-2df48f366f7d?desktop=true&segmentId=7c8f09b9-9b61-4fbb-9430-9208a9e233c8#myft:notification:daily-email:content>. Acesso em: 4 ago. 2019.

UN (United Nations). *2030 agenda for sustainable development*. Nova York: UN, 2015. Disponível em: <www.un.org/development/desa/disabilities/envision2030.html>. Acesso em: 15 ago. 2020.

US FUND manager diversity falls under regulatory spotlight. *Financial Times*, Londres, 5 mar. 2018. Disponível em: <www.ft.com/content/25633870-1c78-11e8-aaca-4574d7dabfb6>. Acesso em: 11 out. 2018.

VALERA, R.; FERNANDEZ, D. La actividad innovadora por género en América Latina: un estudio de patentes. *Revista Brasileira de Inovação*, v. 13, n. 1, p. 163-186, 2014.

WEF (The World Economic Forum). *The global gender gap report 2017*. Cologny: WEF, [s.d.]. Disponível em: <www.weforum.org/reports/the-global-gender-gap-report-2017>. Acesso em: 3 nov. 2017.

WIPO (World Intellectual Property Organization). *World intellectual property indicators*. Genebra: Wipo, 2016. Disponível em: <www.wipo.int/edocs/pubdocs/en/wipo_pub_941_2016.pdf>. Acesso em: 31 ago. 2018.

_____. *Statistics database*. Genebra: Wipo, 2017a. Disponível em: <www.wipo.int/ipstats/en/statistics/country_profile/profile.jsp?code=BR>. Acesso em: 10 mar. 2018.

_____. *The global innovation index 2017*: innovation feeding the world. Genebra: Wipo, 2017b. Disponível em: <www.globalinnovationindex.org/gii-2017-report>. Acesso em: 14 ago. 2018.

_____. *World intellectual property indicators*. Genebra: Wipo, 2017c. Disponível em: <www.wipo.int/publications/en/details.jsp?id=4234>. Acesso em: 11 mar. 2018.

_____. *The global innovation index 2018*: energizing the world with innovation. Genebra: Wipo, 2018a. Disponível em: <www.wipo.int/edocs/pubdocs/en/wipo_pub_gii_2018.pdf>. Acesso em: 14 ago. 2018.

_____. *Patent cooperation treaty yearly review 2018*. Genebra: Wipo, 2018b. Disponível em: <www.wipo.int/publications/en/details.jsp?id=4344>. Acesso em: 30 ago. 2018.

WODON, Q.; BRIERE, B. *The cost of gender inequality*: unrealized potential. [S.l.]: World Bank Group, 2018.

WOETZEL, J. et al. The power of parity. *McKinsey & Company*, set. 2015. Disponível em: <www.mckinsey.com/insights/growth/how_advancing_womens_equality_can_add_12_trillion_to_global_growth>. Acesso em: 30 abr. 2017.

WORLD BANK. *Press Release 2018*. Disponível em: <www.worldbank.org/en/news/press-release/2018/05/30/globally-countries-lose-160-trillion-in-wealth-due-to-earnings-gaps-between-women-and-men>. Acesso em: 30 abr. 2019.

ZANINI, M.; MIGUELES, C. *Gestão integrada de ativos intangíveis*. São Paulo: Saraiva, 2017.

6

Agilidade e antifragilidade: navegadores para um mundo VICA

Jose Mauro Gonçalves Nunes

> *O imprevisto é uma espécie de Deus avulso que pode ter voto decisivo na assembleia dos acontecimentos.*
> Machado de Assis, *Esaú e Jacó* (cap. CXV, "Troca de opiniões")

Introdução

Os desafios da competitividade entre empresas e países tornam-se cruciais quando navegamos em ambientes com níveis crescentes de complexidade e instabilidade. Conforme o exposto ao longo deste livro, tais saídas não dependem apenas do esforço de indivíduos dotados de preparo técnico, disciplina e entendimento dos problemas cruciais a serem endereçados em suas respectivas áreas de atuação. A capacidade de inovação e de buscar soluções criativas para a complexidade de desafios que vivemos atualmente não é resolvida apenas pela especialização individual, ou pela genialidade prometeica expressa no mito do inovador. Para que possamos fazer com que indivíduos produzam soluções de valor para as turbulências que enfrentamos no ambiente de negócios, é preciso endereçar três questões principais: a capacidade de colaboração, a criação de times de alto desempenho e a superação das barreiras individuais em prol de uma cultura de confiança em que a cooptação positiva — presente em jogos do tipo "ganha-ganha" — possa se estabelecer como um *modus operandi* desses arranjos coletivos.

Este capítulo aborda a questão da atual turbulência que enfrentamos no mundo dos negócios. No vocabulário corrente, ela recebeu o acrônimo de VICA,[1] ganhando ampla difusão no vocabulário no mundo executivo e da gestão. Não que antes disso o universo organizacional fosse um mar de calmaria e crescimento esporadicamente marcado por choques competitivos provenientes da concorrência. As crises consecutivas do petróleo da década de 1970 e da indústria automobilística norte-americana dos anos 1980 proporcionaram uma violenta onda de choque nas organizações. Um dos resultados foi o surgimento de teorias ambiciosas da gestão, como a *reengenharia*, criada nos anos 1990 por James Champy e Michael Hammer (1993), visando a refundação das empresas a partir do zero, tendo por base a concentração em seu "núcleo duro" de negócios (*core business*), e realizando um profundo corte de custos tanto na produção quanto de pessoal (*downsizing*), eliminando em sua grande maioria postos de gerência média.

A combinação dessas duas crises proporcionou a desconstrução do modelo organizacional tradicional concebido por Alfred Sloan durante seus anos como presidente na empresa automobilística General Motors, entre 1923 e 1937. Segundo Micklethwait e Wooldridge (1998:80-81), as fontes dessa desconstrução são variadas: a "invasão" de produtos japoneses melhores, mais baratos e confiáveis, produzidos de maneira mais eficiente a partir da eliminação de desperdícios; o conflito de agência, nas organizações sloanistas, especialmente entre gestores de nível intermediário, mais preocupados com a manutenção dos seus salários e bônus do que propriamente em proporcionar a entrega de valor para os acionistas; o sucesso da Apple e outras empresas do Vale do Silício que obtiveram taxas elevadas de crescimento sem a neces-

---

1 Em inglês, VUCA, acrônimo que expressa a combinação das expressões *volatility* (volatilidade), *uncertainty* (incerteza), *complexity* (complexidade) e *ambiguity* (ambiguidade).

sidade de estruturas organizacionais pesadas e burocratizadas e, por fim, como dito, a reengenharia.

Logo, a incerteza em si é uma condição *sine qua non* do mundo dos negócios. Porém, o quadro muda de figura quando entram em cena a internet, as tecnologias digitais e as plataformas de aplicativos baseadas no uso de algoritmos, *machine learning* e *big data*, revolucionando a paisagem de negócios e gerando uma nova onda de impacto no universo da gestão. Atualmente, a literatura de negócios nomeia este fenômeno de *transformação digital* (Rogers, 2017). A transformação digital eleva a complexidade dos negócios a um novo patamar, fazendo com que a turbulência se torne o novo normal no universo da atividade empresarial. O outro vetor de disrupção provém da biotecnologia, e a junção dessa com as tecnologias digitais coloca a humanidade diante de um dos maiores desafios para a nossa espécie (Harari, 2018).

O termo VICA expressa essa paisagem em que a combinação envolvendo volatilidade, incerteza, complexidade e ambiguidade ameaça a longevidade de empresas e segmentos de atividade empresarial. Para Millar, Groth e Mahon (2018), o aumento da turbulência representada no acrônimo VICA se deve tanto ao incremento da complexidade global representada por fatores como alterações demográficas de mercados, migrações, barreiras comerciais de mercado, mudanças geracionais que engendram novos estilos de vida e comportamentos de compra como também pelo efeito disruptivo das tecnologias e negócios digitais. Para esses autores, tais impactos disruptivos provêm dos seguintes fatores: a emergência de tecnologias que proporcionam novos produtos e modelos de negócios; novas formas e benefícios provenientes da aplicação destas tecnologias nos mercados e na sociedade; mudanças rápidas no ambiente global de negócios oriundas de novos arranjos de governança, marcos legais e questões sociais; e dos impactos do ciberterrorismo e das questões referentes à privacidade e posse de informação dos usuários em plataformas digitais impactando na performance, sustentabilidade e longevidade da estratégia de negócios (Millar, Groth e Mahon, 2018:3).

Para um melhor entendimento do conceito VICA, é importante notar que ele é não apenas resultado das inovações disruptivas das tecnologias digitais, *big data* e biotecnologia, mas também o catalisador destas. O VICA é um vetor não apenas de *destruição*, mas também de *construção de valor*. Seu efeito nas estruturas e ações organizacionais é bastante amplo, impactando áreas como gestão da inovação, mudança organizacional, arquitetura organizacional, planejamento estratégico, gestão de pessoas, retenção de talentos, estabelecimento de parcerias, bem como a construção de ecossistemas de negócios (Millar, Groth e Mahon, 2018). Para Raghuramapatruni e Kosuri (2017), por exemplo, o VICA torna atividades essenciais da gestão de negócios, como o planejamento estratégico, um mero exercício de futilidade.

Este capítulo está estruturado em cinco seções. Na segunda seção, discutirei a origem militar do acrônimo VICA, sua aplicação no mundo empresarial e a inter-relação entre seus diferentes componentes. Na terceira seção, introduzirei o conceito *wicked problem*, originário do campo de estudos e pesquisas do *design*, como essencial na compreensão dos desafios atualmente enfrentados em um ambiente VICA pelos gestores. Na quarta seção, a *agilidade organizacional* será abordada como elemento central de uma resposta organizacional rápida e flexível para cenários de negócios turbulentos e incertos. O conceito de *antifragilidade,* proposto pelo ensaísta e matemático norte-americano de origem libanesa Nassim Taleb, será o ponto de partida da quinta seção deste trabalho. O objetivo é não apenas delimitar esse conceito, mas proporcionar uma reflexão sobre o que seria uma organização antifrágil. Nas observações finais, os temas discutidos nas seções anteriores serão retomados à guisa de delimitar um conjunto de respostas para os desafios enfrentados pelas empresas no ambiente VICA, com vistas a uma nova abordagem em gestão, em que uma organização aprende com a turbulência e a incerteza, e não apenas minimizando seus riscos e agindo reativamente frente aos desafios do caos ambiental.

O conceito de VICA: a turbulência como novo normal

O termo VICA surge na literatura em gestão empresarial no início nos anos 2000, tendo se originado no seio de estudiosos norte-americanos de estratégia militar debruçados na criação de uma nova doutrina militar para o cenário posterior ao final da Guerra Fria, objetivando novas situações como as vividas no conflito do Vietnã. O redesenho da estratégia militar norte-americana necessitava de um novo olhar para os desafios impostos em uma realidade na qual tornavam-se mais frequentes conflitos assimétricos não mais entre grandes nações com exércitos organizados, mas sim entre pequenos grupos coordenados de forma flexível com táticas e objetivos difusos, visando a confrontos longos e incertos com resultados imprevisíveis (Franke, 2011). Situações de engajamento contra grupos políticos insurgentes, terroristas, narcotraficantes, além da ação de "lobos solitários" são exemplos típicos de ocorrências militares que podem ser relacionadas com o cenário VICA. No âmbito da internet, o ciberterrorismo — ações de *hackers*, guerra cibernética, entre outras — exige novas habilidades e competências a partir do enquadre de situações dessa natureza (Visacro, 2009, 2018).

Portanto, originalmente, o conceito de VICA está associado a um novo ambiente político-militar em que a turbulência é o novo normal, tornando o ambiente instável e incerto em demasia, beirando o caos (Mack e Khare, 2011). Assim como em outras ocasiões — como no caso do conceito de estratégia —, o acrônimo é rapidamente absorvido pela literatura sobre gestão e começa a surgir em congressos, simpósios, palestras, *papers* e livros no final da primeira década do século XXI.

No entanto, afastado do seu contexto original de surgimento, é necessário delimitar o significado do termo VICA na literatura sobre gestão empresarial. A primeira questão é entendê-lo não como um fenômeno indiferenciado, uma mera junção de letras ao acaso, apontando para um cenário de um caos absoluto. Essa é a principal tentação a ser evitada, apesar da natural reação instintiva de pânico quando o ser humano se encontra diante de situações de extrema incerteza.

Deve-se empreender um esforço de identificação e isolamento dos seus elementos constitutivos para que o executivo tenha uma compreensão mais aprofundada de sua dinâmica de funcionamento. Isso ocorre já que cada elemento constitutivo possui características particulares e, por extensão, recomendações distintas de enfrentar seus desafios. Segundo Bennett e Lemoine (2014:312):

> Se o VICA é visto como genérico, inevitável e insolúvel, os líderes não tomarão nenhuma ação e irão falhar na solução do problema atual. Por outro lado, se os líderes equivocam-se na leitura do ambiente e se preparam para o desafio errado, eles irão organizar mal os seus recursos e falharão na tentativa de resolver o problema.

Segundo Bennett e Lemoine (2014), as características do ambiente VICA podem assim ser resumidas:

- *Volatilidade*. Entendida como instabilidade e imprevisibilidade do ambiente. Não necessariamente o ambiente volátil significa ausência de informação e falta de compreensão, mas sua dinâmica se altera rapidamente evidenciando a precariedade de qualquer tomada de decisão. Um dos exemplos recentes de volatilidade ambiental pode ser visto nas Jornadas de Junho de 2013, em que as respostas dadas pelos operadores políticos (governos municipais, estaduais e federal, aparato policial, partidos políticos, sindicatos etc.) estavam aquém da rápida evolução da dinâmica do processo (Locatelli, 2013; Ortellado et al., 2013). As alterações no preço do petróleo resultantes de instabilidades geopolíticas no Oriente Médio também são exemplos de volatilidades para empresas no mundo inteiro. É importante ressaltar que a volatilidade não é resultante da complexidade da situação, da imprevisibilidade de resultados ou da ausência de informação crucial, mas sim de uma dinâmica ambiental que evolui rápida e imprevisivelmente. A maneira mais adequada para lidar com essa situação é as organizações apresentarem *respostas ágeis* que possam produzir uma diminuição da turbulência, possibilitando que os executivos compreendam as ameaças e as oportunidades inerentes às organizações a fim de criar flexibilidades táticas visando a reorganizações estratégicas futuras. Em suma, agilidade e flexibilidade organizacionais durante o processo decisório são a chave para enfrentar um ambiente de negócios volátil.

- *Incerteza*. Está relacionada com uma situação na qual não há conhecimento suficiente ou disponível não apenas em termos de sua causalidade, mas também de seu significado. O *gap* de conhecimento experimentado pela organização em uma situação de incerteza a impele a reduzi-la a partir do crescimento do processo de coleta de dados e da construção da informação a fim de proporcionar aos executivos um entendimento do contexto, mesmo que preliminar e precário, da situação a ser enfrentada. Nesse ponto, as ferramentas de inteligência de mercado são as mais indicadas para lidar com eventos desse tipo: o robustecimento dos mecanismos de coleta de informações com parceiros, clientes, especialistas e *stakeholders*; a construção de redes de gestão de conhecimento visando ao aumento da responsividade organizacional; o fortalecimento de mecanismos de detecção de mudanças ambientais visando à construção de cenários alternativos de decisão. Como exemplo, observa-se como a Mercedes-Benz vem investindo fortemente na construção de redes de conhecimento, parcerias com outras empresas e desenvolvimento de novas competências internas a fim de lidar com o desafio dos carros autônomos fabricados por empresas com estratégias notoriamente disruptivas como o Google e a Tesla (Stecher, 2018).
- *Complexidade*. Reflete uma situação em que muitas partes/atores/processos estão interconectados. Um ambiente complexo não é um ambiente ambíguo, volátil ou incerto; é um contexto no qual a presença de muitos elementos torna difícil a identificação das partes integrantes, bem como sua interação. Os problemas

de políticas públicas podem ser identificados como tendo tais características, uma vez que a produção de seus efeitos tem por resultados a articulação (na maioria das vezes ineficiente) dos diversos atores, recursos e processos envolvidos. As dificuldades do processo decisório no âmbito das políticas públicas envolvendo tais situações refletem não apenas a escassez dos recursos disponíveis para enfrentá-las, mas, com muita frequência, *conflitos de agência* entre as partes envolvidas e interessadas que geram graves consequências não apenas ao processo decisório, mas também na execução das soluções propostas. Além da coleta de informações para melhor compreensão da dinâmica da situação, organizações enfrentando situações de complexidade inevitavelmente devem reorganizar seus processos internos e sua estrutura de governança a fim de entregar melhores resultados para a sociedade. Os escândalos recentes de corrupção nos setores de infraestrutura no Brasil são um exemplo clássico de situações de complexidade que exigem reformas nas empresas, tanto públicas quanto privadas, que reflitam o novo quadro institucional de atuação dos órgãos dos poderes Executivo, Legislativo e Judiciário em nosso país.

- *Ambiguidade.* Caracteriza situações novas nas quais as relações de causa e efeito entre as forças ambientais não estão suficientemente claras para a previsão dos seus resultados. É uma situação típica de cenários de inovação disruptiva ou oceanos azuis, em que a novidade impede uma previsão adequada dos resultados possíveis. De todos os componentes do ambiente VICA, a ambiguidade é a mais desafiadora para as organizações e executivos, dado o alto grau de imprevisibilidade do cenário e de seus resultados futuros. No caso de situações ambíguas, a solução empregada deve ser a experimentação organizacional. Atualmente, observa-se tal cenário no âmbito dos negócios digitais representados pelo GAFA — acrônimo utilizado para representar Google, Apple, Facebook e Amazon (Galloway, 2017). Observa-se com bastante frequência que essas gigantes costumam "entrar" em mercados não apenas de outras empresas (música, jornais, automóveis, varejo, televisão), mas também entre si mesmas, gerando uma forte competição na busca de um modelo de negócios de captura de valor que seja predominante no segmento. Isso explica o imperativo da inovação para as organizações nos dias de hoje: o custo de não buscar novas formas de criar, distribuir e captar valor é muito maior do que a experimentação contínua de novos negócios.

De acordo com Bennett e Lemoine (2014), o caráter distintivo de cada elemento do VICA está na singularidade de cada remédio. A solução de um elemento não necessariamente é eficaz quando aplicada a outro. Isso exige dos executivos uma competência ímpar no diagnóstico e entendimento do cenário, um olhar acurado para as caraterísticas da situação enfrentada e o uso eficiente das informações coletadas pela empresa. Por outro lado, ao mesmo tempo que é raro que *todos* os elementos do VICA estejam presentes em um cenário, a *combinação de dois deles* é frequente, exigindo dos executivos uma combinação das ferramentas de resolução propostas. Portanto, o diagnóstico e a identificação das características do ambiente VICA é de fundamental importância na solução dos seus desafios, exigindo dos executivos novas competências e conhecimentos para a proposição de visões de futuro que reduzam o risco de perda de posição competitiva ou até mesmo extinção do seu próprio negócio.

Wicked problems e os desafios do ambiente VICA

O ambiente VICA torna os desafios enfrentados, tanto pelas organizações públicas quanto pelas privadas, cada vez mais difíceis de serem "domesticados". A complexidade do cenário de negócios, outrora restrito aos movimentos competitivos da concorrência, torna-se palavra de ordem no cotidiano de executivos e gestores, uma vez que extrapola o que a literatura de estratégia até então mapeou como ameaças ao negócio (matriz SWOT, o diagrama das cinco forças competitivas de Porter). Cada vez mais, esses desafios, além de complexos, tornam-se difíceis — quando não impossíveis — de solucionar. Isso necessariamente exige não apenas uma mudança da cultura organizacional, mas também do *mindset* de gestores e executivos alocados nos diferentes postos da empresa.

O pesquisador alemão em *design* Horst Rittel desenvolveu uma distinção interessante entre *wicked problems* e *tame problems*,[2] que expressa o aumento da complexidade dos desafios enfrentados na atualidade. Segundo o autor, os *wicked problems* abrangem uma gama de situações nas quais a disponibilidade de informação é escassa e/ou confusa, situações que não são claramente definidas e nas quais há um grande número de atores, usuários e *stakeholders* envolvidos com agendas, valores e interesses conflitantes, associados a um considerável número de desdobramentos imprevisíveis que aumentam a complexidade. Tais problemas envolveriam tanto situações de problemas estratégicos de negócios quanto as relacionadas com a experiência do usuário (Churchman, 1967; Rittel e Webber, 1973). Rittel e Webber definem os *wicked problems* como apresentando 10 características:

1) São problemas que não apresentam uma *formulação definitiva*, isto é, a informação necessária para sua compreensão e resolução é incompleta.
2) Não têm uma regra de parada, ou seja, não existe um momento específico em que se considera uma solução final para esse tipo de problema. O que pode ser feito é minorar seus efeitos, decompô-los para entender melhor sua dinâmica, mas nunca resolvê-los em definitivo.

---

2 Os *wicked problems*, em uma tradução aproximada, podem ser definidos como "problemas complexos e não estruturados", enquanto os *tame problems* podem ser definidos como "problemas domesticados". Por haver divergências quanto à tradução para o português, utilizarei os termos aqui em sua forma original na língua inglesa.

3) As soluções para essas situações, dado serem precárias, são sempre do *tipo melhor/pior*, e não do *tipo bom/mau*. Isso se justifica pelo fato de que o par bom/mau se baseia em um julgamento de valor, e não em critérios objetivos e/ou factuais. Os julgamentos de valor, quando realizados nessas situações, são objeto de disputa política entre os atores envolvidos, refletindo os interesses de cada um que estão em jogo.

4) Não existe uma *solução imediata ou final* para esses problemas, posto que sua "solução" abre um conjunto de relações causais que se desdobram no futuro sem consequências claramente definidas ou previsíveis. Logo, pode-se dizer que não existem *soluções boas* para os *wicked problems*, mas sim *soluções adequadas*, dependendo do contexto no qual eles aparecem.

5) Cada solução para um problema dessa natureza é de *"tiro único"*, posto que o uso de estratégias baseadas em curvas de aprendizagem via ensaio e erro é impossibilitada por sua natureza caótica e incerta. Logo, não é aconselhável a adoção de uma solução gradual, visto que cada solução proposta possui um caráter irreversível que se desdobra em efeitos concretos na realidade, muitas vezes de cunho dramático e irreversível. Testagem e ensaio e erro como soluções para situações desse tipo são desaconselháveis e até mesmo eticamente reprováveis.

6) São situações que *não possuem um conjunto enumerável e exaustivamente descrito de potenciais soluções* baseadas em tentativas anteriores. São situações que impõem sempre um conjunto novo de ideias a serem adotadas e implementadas como caminhos de resolução.

7) *Cada wicked problem é essencialmente único*. Apesar de potencialmente guardar semelhanças com situações vistas anteriormente, seu ineditismo faz com que qualquer tentativa de aplicação de soluções anteriormente aplicadas traga em si um potencial fracasso.

8) Cada problema desse tipo pode ser considerado um *sintoma de outro wicked problem*. Por isso seu caráter interminável, cuja

solução pode abrir para outros problemas da mesma natureza. Há dois caminhos possíveis para lidar com esses problemas: solucioná-los diretamente, ou então considerá-los sintomas de outros problemas deste tipo, o que leva a resolver estes em primeiro lugar.

9) A *discrepância de percepções* sobre a natureza, causa e possíveis soluções desses problemas reflete o número de atores envolvidos e impactados, direta ou indiretamente, por eles.

10) Apesar da incerteza envolvida em sua resolução, os tomadores de decisão não têm uma margem de manobra útil para solucioná-los de maneira errada. *Decisores não têm o direito de agir errado nessas situações*, uma vez que os efeitos decorrentes serão efeitos irreversíveis sobre a vida das pessoas e dos sistemas envolvidos.

Em resumo, os *wicked problems* seriam problemas abertos, com múltiplos caminhos de solução e praticamente insolúveis, enquanto os *tame problems* seriam de solução mais fácil, com um único caminho de resolução. Os exemplos desses problemas são inúmeros, envolvendo tanto situações de políticas públicas (envelhecimento da população, eliminação da pobreza, planejamento urbano) quanto situações gerenciais ou de negócios (desenvolver sistemas de gestão de informação, conceber novas linhas de produtos, adequar-se a novas tendências de consumo e de comportamento dos consumidores).

Para gestores, um dos maiores desafios impostos pela incerteza e turbulência no cenário de negócios é não realizar um diagnóstico claro entre *wicked* e *tame problems*. Ambos podem ser vistos como ocupando os extremos de uma linha de continuidade envolvendo problemas com alto grau *versus* baixo grau de indeterminação. Com base na caracterização proposta por Kreuter et al. (2004) e Conklin (2006, 2009), os critérios de demarcação entre essas duas situações podem ser organizados conforme quadro 1.

Quadro 1
Critérios de demarcação entre *wicked* e *tame problems*

Wicked problems	Tame problems
Não existe uma única definição do problema	São claramente definidos
Os *stakeholders* divergem claramente quanto às suas causas	Os especialistas definem claramente suas causas a partir dos dados disponíveis
Não há um ponto claro de sua resolução	O problema termina quando resolvido
São problemas considerados únicos, cujas soluções são customizadas	São problemas cujas soluções podem ser transferidas para outros problemas

Fonte: elaboração própria.

O conceito de *wicked problem* ganha visibilidade no campo da gestão empresarial com o surgimento do *design thinking* como uma mudança de *mindset*, tanto na criação de ideias de negócios quanto no seu redesenho, pivotagem e reposicionamento. A associação entre *wicked problems* e o *design thinking* deveu-se inicialmente a Richard Buchanan com seu ensaio "Wicked problems in design thinking" (1992). Popularizada posteriormente pelo trabalho de autores como Tim Brown, David Kelley (ambos da consultoria norte-americana de *design* IDEO) e Roger Martin, a forma de pensar dos profissionais de *design* é parte integrante dessa nova forma de encarar problemas complexos e com vários caminhos possíveis de solução. Pensar como um *designer* é entender o negócio a partir da perspectiva de seus clientes e usuários, estabelecendo uma conexão de empatia que permite compreender e entender as "dores" e atritos experimentados por estes (Liedtka e Ogilvie, 2015; Brown, 2010; Martin, 2017). Essa é outra competência importante a ser adquirida por gestores que navegam em cenários de negócios do tipo VICA.

Agilidade organizacional

A turbulência e a incerteza tornam-se enormes desafios tanto para indivíduos quanto para as organizações, pois a busca da estabilidade, a aversão ao risco e a busca pelo controle são reações instintivas do ser humano. No entanto, dado o caráter inexorável desse cenário, novas habilidades e competências devem ser buscadas a fim de melhorar o desempenho tanto de gestores quanto das organizações.

A partir de pesquisas realizadas com várias empresas, os trabalhos de Doz e Kosonen (2008, 2010) apontam para um novo modelo de resposta corporativa diante de ambientes instáveis e incertos: a *agilidade estratégica*. A primeira constatação dos autores é a de que as oportunidades de negócios são cada vez mais interdependentes, dados os cenários competitivos cada vez mais fluidos e confusos. Muitos concorrentes que subtraem valor do negócio são oriundos de setores em que a grande maioria dos executivos nem poderia imaginar ou prever em seus respectivos planejamentos estratégicos.

Evidentemente que nem todas as empresas sofrem esses efeitos da mesma maneira, e alguns setores são mais afetados do que os outros. Conforme dito na introdução deste capítulo, uma das maiores forças disruptivas dos negócios nos dias atuais é a *transformação digital*, entendida como a transformação dos modelos de negócios a partir da emergência das tecnologias digitais. Segundo Rogers (2017), os impactos da digitalização nas formas de criação, entrega e captação de valor abrangem cinco dimensões essenciais: *clientes, competição, dados, inovação e valor*. Tais impactos podem ser assim definidos:

- *Clientes*. Mudanças nas formas de conexão e oferta de valor para os clientes, tornando-as mais interativas e flexíveis.
- *Competição*. Não ocorre apenas com os rivais tradicionais, mas é proveniente também de outros setores que captam os clientes com ofertas digitais mais atrativas, fazendo com que as empresas busquem estabelecer parceiros dentro e fora do próprio setor que possam reagir de maneira conjunta aos desafios impostos pelos concorrentes.
- *Dados*. O diferencial competitivo da transformação digital é a coleta de dados dos usuários e sua transformação em informação

relevante para que seu valor de uso faça a diferença na produção de novas ofertas de valor para os clientes.
- *Inovação*. Formas mais ágeis de inovação são concebidas com a digitalização, a partir da construção e teste de protótipos a custo baixo, o que permite um *feedback* dos clientes de maneira a acelerar o desenvolvimento e a melhoria contínua de produtos e serviços.
- *Valor*. A digitalização dos negócios permite que as organizações desenvolvam novas maneiras de compreender os clientes, com as quais novas ofertas de valor podem ser criadas.

Dado o ambiente VICA, Doz e Kosonen (2008) identificam quatro tipos de organizações a partir da relação entre velocidade e natureza da mudança (figura 1).

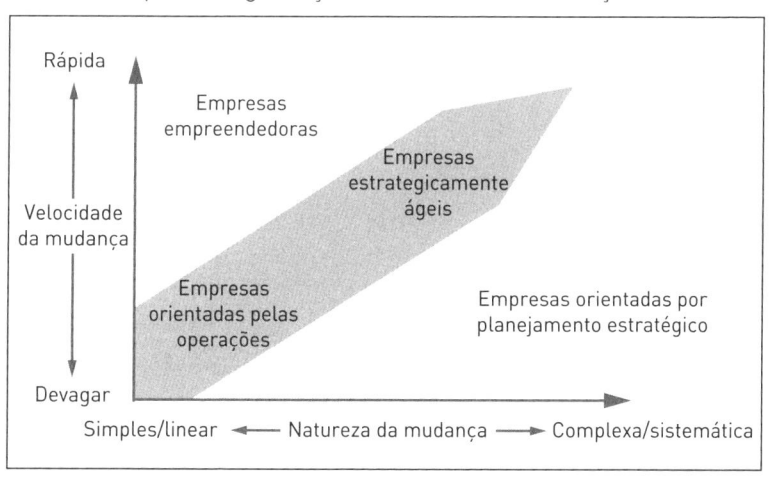

Figura 1
Tipos de organizações diante das transformações

Fonte: Doz e Kosonen (2008:14).

Segundo os autores, as organizações mais notáveis são aquelas denominadas *estrategicamente ágeis*, posto serem as mais preparadas para enfrentar um ambiente de negócios do tipo VICA. Suas competências básicas são: *sensibilidade estratégica*, *unidade de liderança* (ou capacidade de estabelecer *compromissos coletivos*) e *fluidez de recursos* (Doz e Kosonen, 2008, 2010). Vamos entender melhor essas noções.

A *sensibilidade estratégica* pode ser entendida como "a acurácia perceptiva e a intensidade de conscientização e atenção a desenvolvimentos estratégicos" (Doz e Kosonen, 2010:371). Organizações ágeis estão em constante monitoramento das tendências de consumo e dos impactos do ambiente no comportamento de compradores e usuários. Em vez de terem uma mentalidade de negócios pautada apenas nos indicadores de performance tradicionais (número de unidades vendidas, número de clientes convertidos, entre outros), essas organizações estabelecem formas de conexão e detecção de mudanças significativas do ambiente de negócios que podem gerar novas oportunidades, produzindo *insights* significativos que podem proporcionar novos ciclos de receitas que garantam sua longevidade. Muitas das vezes, trata-se de "sacrificar" unidades de negócios já existentes e consolidadas. O caso da Apple, por ocasião do lançamento da sua plataforma de *streaming* de música Apple Music, reposicionando sua plataforma iTunes de um repositório de canções para entretenimento (filmes, séries de TV), é um exemplo típico de sensibilidade estratégica, por se tratar de uma resposta rápida a competidores emergentes como Spotify e Deezer, que apresentavam elevadas taxas de crescimento entre os consumidores de conteúdo musical.

O monitoramento e a detecção de tendências que podem destruir a fonte de valor do negócio têm pouca utilidade quando se está diante de uma organização lenta, hierarquizada e extremamente burocratizada. Organizações ágeis possuem uma competência de, com rapidez, tomar decisões amparadas em compromissos coletivos que sejam fortes, mesmo que gerem implicações dolorosas em seus primeiros instantes.

A *unidade de liderança* está relacionada com a habilidade dos altos executivos em construir decisões rápidas e ousadas, sem perder tempo em disputas de poder estéreis (Doz e Kosonen, 2010:371). Conflitos de agência e disputas de poder fazem com que muitas empresas percam o *timing* das mudanças, comprometendo sua sobrevivência no futuro. Essa talvez seja uma das maiores dificuldades enfrentadas pelas organizações em sua transição para a agilidade estratégica. Rapidez no processo decisório e a construção de consensos tornam-se elementos-chave para uma execução adequada diante dos desafios impostos por um ambiente de negócios turbulento e incerto.

Muitas organizações são reféns do sucesso obtido em estratégias de negócios do passado, mas que não necessariamente são aplicáveis em cenários atuais. Durante décadas, as empresas de equipamento esportivo, como Nike, Adidas, Puma, New Balance, Mizuno, entre outras, obtiveram receitas significativas com tênis, calções e camisetas confeccionados para atletas de alto rendimento em competições esportivas. Esportes como corrida, basquetebol, futebol e voleibol eram os grandes laboratórios para pesquisa e desenvolvimento de novos produtos, visando à melhoria da performance de seus praticantes.

No entanto, nas últimas décadas, houve uma mudança no comportamento do praticante de atividades esportivas. Os esportes individuais crescem, em detrimento dos esportes coletivos, e cada vez mais pessoas ingressam em academias de ginástica ou até mesmo em atividades por conta própria, objetivando perda de peso, diminuição do estresse e melhoria da saúde. A maioria desses praticantes não irá se tornar um atleta de alto rendimento; logo, a busca por equipamentos de alta performance é reduzida. Novas linhas de produtos direcionadas para essa tendência tiveram de ser desenvolvidas com rapidez a fim de atender a essa demanda de consumo emergente. Muitas empresas do segmento tiveram de aprender com esses novos consumidores, cocriando com estes e lançando novas linhas que combinassem conforto, multifuncionalidade e *lifestyle*.

Uma vez tomada a decisão, um dos maiores fatores de insucesso é sua implementação. Além dos conflitos de agência e disputas de poder que são reduzidas pela construção de fortes consensos patrocinados por uma liderança unificada que compartilhe uma visão de futuro, a garantia de recursos necessários para sua consecução é fundamental para que o sucesso seja atingido. O grau de comprometimento da alta direção se expressa pela capacidade de mobilização e alocação de recursos com rapidez necessária. Tempo, recursos financeiros, novas tecnologias, novos métodos de trabalho, pesquisas de mercado, entre outros elementos, são de fundamental importância para que uma execução adequada em *timing* e qualidade da resposta estratégica possa acontecer.

O conceito de agilidade não é uma novidade no campo dos estudos e pesquisas em gestão, tendo suas origens no método *lean* de gestão da qualidade adotado pela montadora japonesa Toyota. Mais recentemente, suas ramificações abrangem o campo do empreendedorismo — com a noção de *"startup* enxuta" (*lean startup*) proposta por Ries (2011) — e da programação e desenvolvimento de *software*, dando origem às metodologias ágeis em projetos. Mais importante do que as ferramentas a serem adotadas, a combinação entre uma liderança unificada, capaz de construir consensos fortes e duradouros, e uma cultura organizacional menos burocrática e de maior confiança é essencial para os desafios impostos pela turbulência e a incerteza no mundo dos negócios.

Antifragilidade: uma forma contraintuitiva de pensar a turbulência nos negócios

Uma das principais críticas ao conceito de VICA diz respeito ao fato de as turbulências e incertezas não serem fenômenos novos, mas sim inerentes à natureza e à civilização humana. Pestes, alterações climáticas, agentes biológicos são vetores de destruição — isso sem falar dos desastres causados pelos próprios seres humanos, tais como guerras, fome e outros flagelos. No próprio ambiente de negócios, os ciclos de ascensão e queda de grandes conglomerados empresariais são comuns na história econômica. A *destruição criadora* de Joseph

Schumpeter[3] é um conceito que remete aos ciclos de criação/erosão de valor evidenciados por ocasião de momentos de inovação tecnológica, ou pela ação deliberada de empreendedores que reinventam as regras do jogo, criando novos produtos, serviços e modelos de negócios. E a tarefa primordial da gestão é a criação de valor (Magretta, 2013).

Por um lado, conforme discutido por Harari (2016, 2018), as revoluções da biotecnologia e das tecnologias digitais colocam a humanidade diante de dilemas complexos, tais como o fim dos empregos, o questionamento do liberalismo econômico e da democracia como regime político capaz de promover o progresso e a justiça social, e até mesmo a possibilidade do fim da nossa espécie. Por outro, catástrofes naturais climáticas e ambientais, cada vez mais frequentes, dada a intervenção humana no ecossistema do nosso planeta, nos dão a sensação de que vivemos em tempos nos quais a vulnerabilidade dos sistemas naturais e artificiais ao caos e à turbulência é cada vez maior. Isso explica o porquê de a literatura atual em gestão se preocupar cada vez mais com o tema da incerteza nos negócios. A história da espécie humana em nosso planeta pode ser entendida como uma longa caminhada em direção ao controle do caos e da turbulência, por intermédio do progressivo controle das forças da natureza via conhecimento científico e a tecnologia daí derivada. É o que autores como Landes (2003) definem como o caráter prometeico do empreendimento científico-tecnológico.

O estatístico e professor de gestão de risco, libanês radicado nos Estados Unidos, Nassim Nicholas Taleb é um dos pensadores mais instigantes e provocativos na literatura atual de negócios. Seu pensamento, contraintuitivo por definição, defende que a única maneira de lidar com a incerteza e a aleatoriedade é introduzi-la cada vez mais na vida cotidiana. "Essa é a ilusão central na vida: que a aleatoriedade é arriscada, que é algo ruim — e que a eliminação da aleatoriedade é feita eliminando-se a aleatoriedade" (Taleb, 2013:118). O autor é um crítico da atual teoria da gestão de riscos, que, ao supostamente controlá-la,

---
3 Esse conceito é discutido em sua obra de 1942, *Capitalismo, socialismo e democracia*.

aumenta em demasia a chance de ocorrência de grandes tragédias. O aprendizado não se dá a partir do impedimento do erro, mas sim da sua ocorrência (controlada), que possibilita o entendimento do funcionamento do sistema, seja ele natural ou artificial. Aprende-se com os pequenos erros, e o objetivo de qualquer executivo não é evitá-los, mas sim impedir que os erros tomem proporções gigantescas a ponto de iniciar a ruína e a falência total do sistema. O objetivo final da gestão de riscos, portanto, é evitar a ruína.

A afirmação de que adicionar pequenas doses de incerteza e agentes estressores em qualquer sistema como forma de torná-lo mais estável está no centro da noção de *antifragilidade* (Taleb, 2013). Segundo o próprio autor, a antifragilidade é um neologismo, dada a ausência de um termo que expresse com maior acurácia a noção de fragilidade reversa. Bem entendido, *antifrágil não é o oposto de frágil*, como o termo parece subentender, uma vez que o termo *robusto* seria o mais apropriado para expressar o oposto. Apesar de ser um conceito de difícil apreensão num primeiro contato, dado seu caráter contraintuitivo, a antifragilidade é uma característica de sistemas naturais que sobreviveram a choques e intempéries por milhões de anos. A própria natureza, segundo o autor, é um exemplo emblemático de antifragilidade por reinventar-se constantemente a partir de ondas de choque e turbulências, algumas delas bastante violentas.

Taleb (2013) elenca situações em que o raciocínio antifrágil é utilizado, algumas delas bastante antigas na história da humanidade. A *mitridização* consiste no processo de submeter um organismo a pequenas doses de uma determinada substância com o intuito de torná-lo imune ao longo do tempo. Seu princípio é a base da vacinação e de muitos tratamentos contra reações alérgicas. Já a *hormese* significa prescrever pequenas doses de uma substância nociva a um organismo com o intuito de aumentar sua resistência e performance. Ministrar pequenas doses de veneno era uma prática comum na Idade Média entre reis e nobres, dado o envenenamento ser uma causa de óbito bastante comum naquela época.

As características de um sistema antifrágil para Taleb (2013:45) podem assim ser elencadas:

- são sistemas que se beneficiam da incerteza e da instabilidade;
- são sistemas que prosperam e crescem quando expostos ao caos e à volatilidade;
- são sistemas que apreciam o erro;
- o comportamento desses sistemas diante da turbulência permite uma compreensão melhor do processo decisório não preditivo.

A antifragilidade, portanto, é uma propriedade exibida por sistemas que aprendem e crescem a partir do contato com o caos e o erro. Nesse sentido, Taleb (2013) diferencia o conceito de antifragilidade do conceito de *resiliência*. A resiliência seria a propriedade de resistir aos choques impostos pela incerteza, porém não modificando as características do próprio sistema. Sistemas resilientes seriam robustos ao caos, porém não modificariam suas propriedades essenciais. Já sistemas antifrágeis, pelo contrário, aprenderiam com o caos, modificando suas propriedades em prol de um melhor desempenho. A antifragilidade significa prosperar no caos, e não evitá-lo a qualquer custo. Aprender com a turbulência e melhorar seu desempenho a partir de pequenos choques, submetendo-o a doses controladas de agentes estressores e aleatoriedades: eis o cerne do pensamento antifrágil.

Tseitlin (2013) discute a aplicação dos princípios da antifragilidade no caso do Netflix, em que testes com agentes estressores dos mais variados tipos são realizados constantemente pela equipe de desenvolvimento de *software* com o intuito de garantir uma estabilidade maior da plataforma para os usuários. Basicamente, duas formas de evitar o colapso da plataforma da empresa são utilizadas. A primeira consiste no uso de unidades redundantes de execução caso haja alguma falha de funcionamento nos sistemas existentes. A segunda, característica do *mindset* antifrágil, consiste em induzir erros de forma regular nos sistemas a fim de verificar seus problemas de desempenho visando corrigi-los e robustecê-los.

Outros exemplos de antifragilidade envolvem os organismos vivos, os sistemas naturais e os sistemas econômicos globais. Tal como descrito por Darwin, o funcionamento da natureza é bastante distinto do ideal de refúgio idílico e de beleza tal como descrito pelos poemas arcadistas, mas sim uma esfera onde a aleatoriedade, destruição e o caos seriam as principais características. A seleção natural é o mecanismo *per se* de indução de aleatoriedade que aumenta a robustez dos sistemas da natureza (Dennett, 1996). A aleatoriedade proporcionada pelo mecanismo de seleção natural tornaria a busca da robustez algo não apenas ineficaz, mas absolutamente não recomendado, pois os sistemas submetidos à incerteza não apenas seriam aniquilados, mas perderiam a possibilidade de terem sua performance melhorada.

Neste ponto entra em cena a crítica que Taleb (2013) dirige às tentativas de produção de estabilidades artificiais baseadas não na introdução da aleatoriedade, mas sim em sua supressão. Nas ciências médicas, a *iatrogenia* — literalmente "danos causados pelo curador" — é indicativa de como podem ser dramáticos os efeitos de busca da estabilidade a partir da supressão da turbulência. O princípio hipocrático do *primum non nocere*[4] pode ser estendido a outras esferas da atividade humana, como a economia, a política e a gestão empresarial. Nestas, o autor critica o que denomina "intervencionismo ingênuo", que seria a intervenção da racionalidade de políticos, planejadores econômicos e gestores visando à redução da aleatoriedade, com ganhos ilusórios de estabilidade de curto prazo, mas com um significativo potencial catastrófico de médio e longo prazos. A história econômica brasileira após a democratização é repleta de exemplos de intervenções de planos econômicos desse tipo que produziram ondas de choque que ecoam até os dias de hoje.

Cabe aqui uma ressalva. Pensar com uma mentalidade antifrágil não significa não realizar intervenções de qualquer tipo, mas sim evitar as que suprimem a aleatoriedade e os agentes estressores. O princípio

---

4 Expressão latina que significa "primeiro, não faça mal".

básico da antifragilidade é o do aprendizado via erros; logo, suprimi-los ou eliminá-los sem antes submeter os sistemas aos seus impactos é pavimentar a estrada para a ruína total. O ditado popular "o que não mata fortalece" é uma metáfora que expressa de maneira compreensível o princípio da antifragilidade.

Para Taleb (2013:25), a antifragilidade seria o elemento-chave para lidar com os *cisnes negros*, entendidos como "acontecimentos imprevisíveis e irregulares em larga escala, com grandes consequências". Paradoxalmente, o desenvolvimento científico e o aumento da complexidade envolvendo a interligação entre sistemas humanos e artificiais, ao contrário do que se espera, aumentam em demasia a ocorrência dos *cisnes negros* (Taleb, 2008). Logo, a antifragilidade, e não a robustez ou a resiliência, seria o motor para o desenvolvimento tecnológico e o crescente domínio do humano sobre a natureza e suas vicissitudes:

> Temos a ilusão de que o mundo funciona graças ao planejamento, às pesquisas universitárias e ao financiamento burocrático, mas há provas convincentes — bastante convincentes — de que tudo isso é uma ilusão, ilusão que chamo de ensinar os pássaros a voar. A tecnologia é o resultado da antifragilidade, explorada por aqueles que assumem riscos sob forma de ajustes e de tentativa e erro, ficando o planejamento obsessivo confinado aos bastidores [Taleb, 2013:28].

Com base nesse raciocínio, a antifragilidade está situada numa linha de continuidade envolvendo o *frágil* e o *robusto*. Enquanto o antifrágil deseja o caos e a turbulência, o frágil os evita e o robusto situa-se a meio caminho entre os dois, numa posição de indiferença quanto à turbulência (Taleb, 2013:42). Apreciar o erro, aprender com ele e incrementar sua performance: esse é um dos segredos da antifragilidade.

Aplicar o pensamento da antifragilidade para a gestão empresarial implica entender que qualquer tentativa de supressão da aleatoriedade pode incorrer em resultados catastróficos. Em um cenário VICA, negar a aleatoriedade pavimenta o caminho para a ruína e a destruição.

Vários casos de supressão da incerteza gerada por inovações tecnológicas foram fartamente documentados em diferentes setores: na indústria musical (Knopper, 2017; Witt, 2015), nos transportes coletivos (Stone, 2017), na indústria jornalística e, mais recentemente, na indústria de entretenimento televisivo.

Observações finais

O ambiente VICA nos oferece a certeza da incerteza, a de que mudanças rápidas e constantes no ambiente de negócios se tornem a regra e não a exceção. Devemos compreender que a turbulência é o novo normal, e no campo da gestão empresarial um dos maiores desafios é o de preparar executivos a navegar com maior destreza nesse torvelinho de instabilidade e aleatoriedade. Não é uma tarefa fácil, haja vista a tendência arraigada da nossa espécie de aversão ao risco.

Isso implica necessariamente retirar a capa de negatividade que a expressão VICA desperta no *mindset* dos gestores como algo a ser evitado a qualquer custo. De maneira categórica, é preciso afirmar que a turbulência é inevitável, logo é preciso entendê-la como um fenômeno que fecha algumas portas e abre outras, isto é, promove riscos e oportunidades. Traduzindo para o linguajar dos negócios, o VICA possibilita a emergência do binômio destruição/criação de valor. Gestores e profissionais de liderança precisam se colocar na situação de "apreciar os erros", e não de evitá-los a qualquer custo (Taleb, 2013:43).

Vimos neste capítulo que o pensamento antifrágil é uma forma contraintuitiva de lidar com o aumento da turbulência e da incerteza em nosso cenário atual. A ideia de não intervir a fim de que sistemas econômicos, políticos, sociais e organizacionais possam se tornar melhores com a volatilidade é algo que, num primeiro momento, perturba uma mentalidade orientada para a redução de riscos e a busca de uma estabilidade maior. Atualmente, há uma grande resistência, nas universidades de ponta e nas escolas de negócios de prestígio no mundo inteiro, a um escrutínio mais detido sobre os pressupostos do raciocínio da antifragilidade. Pelo contrário, o raciocínio intervencionista é extremamente sedutor, especialmente em situações de crises e convulsões sociais, em que o ímpeto de interferência pode produzir impactos mais devastadores do que os já existentes. Crises econômicas globais como as de 2007, guerras assimétricas e ataques terroristas, as crises da mobilidade e da habitação em megalópoles, o aumento da violência urbana pelo narcotráfico são exemplos de "efeitos rebote", são exemplos do incremento da volatilidade e da instabilidade geradas por intervencionismos voluntaristas ingênuos. A formação intelectual de iatrogenistas econômicos, políticos e sociais está na base de uma mentalidade acadêmica que evita a incerteza e não capacita executivos e especialistas em políticas públicas a utilizá-la a seu favor. Taleb (2013:29) denomina esse perfil *fragilista*, aquele que

> se apaixona pela *ilusão soviética de Harvard*, a superestimação (não científica) do alcance do conhecimento científico. Devido a essa ilusão, ele é o que se chama de um *racionalista ingênuo*, um *racionalizador*, ou, às vezes, apenas um *racionalista*, por acreditar que as razões por trás das coisas lhe são automaticamente acessíveis [grifos no original].

No âmbito da gestão, é importante a difusão da mentalidade antifragilista com o intuito de demonstrar os efeitos catastróficos em escala de intervenções nas organizações, com o intuito de minimizar os efeitos da incerteza e da volatilidade. Entretanto, isso não significa ser contra todo e qualquer tipo de intervenção ou negligenciar situações graves nas quais a intervenção se faz necessária. O que Taleb (2013) nos mostra é que se deve evitar o *intervencionismo ingênuo*, que pode desembocar em situações tanto de superintervenção (excesso de zelo) quanto de subintervenção (de resultados pouco eficazes). Em outras palavras, tanto o excesso quanto a ausência de intervenções podem ter efeitos absolutamente catastróficos. Taxar em demasia cidadãos pode gerar ineficiências do aparato governamental, tais como o excesso de gastos públicos, mas incentivá-los a gastar em demasia também pode levar as pessoas a níveis de insolvência que as colocam em considerável risco.

É importante ressaltar que mercados, organizações e governos são bastante ineficazes por ocasião de *cisnes negros*, por isso se deve atentar para os mecanismos da natureza em lidar com tais eventos. Esse raciocínio aplicado a situações de negócios implica considerar a possibilidade de que determinados produtos ou serviços devem ser eliminados para que novos, mais rentáveis e eficientes possam tomar seu lugar. A lógica da destruição criativa schumpeteriana obedece a esse modelo de antifragilidade, em que pequenas extinções são parte constitutiva do fortalecimento do sistema como um todo.

Prevenir os sistemas contra o efeito da incerteza e de agentes estressores pode ter um efeito contrário, que é aumentar a probabilidade de eventos catastróficos e *cisnes negros*. Quanto mais transferimos o controle do nosso comportamento para aplicativos, sensores corporais inteligentes e outras formas de monitoramento, mais perdemos nossa capacidade de controlar nossa própria vida. Tragédias como a do voo 447 da Air France em 2009 ocorrem no contexto da transferência de controle da aeronave para os computadores; quando os mesmos colapsam, as chances de uma saída humana se tornam nulas.

O pensamento antifrágil mostra que é possível melhorar a robustez de qualquer sistema submetendo-os a falhas. Entretanto, sem uma cultura e uma liderança capazes de construir consensos robustos, o esforço pode ser em vão. Segundo Tseitlin (2013), uma cultura alinhada com a antifragilidade deve valorizar o erro como forma de aprendizagem, posto ser um caminho para a evitação de erros futuros. Além disso, dadas a agilidade e a velocidade necessárias na produção de respostas rápidas diante da volatilidade do ambiente, a ocorrência de falhas é algo extremamente natural e provável. Os gestores devem evitar a ocorrência do fenômeno de culpabilização dos erros, pois, como afirma Tseitlin (2013:44), ao se referir ao caso do Netflix, "se não estamos errando, é porque não estamos nos movendo com a rapidez necessária".

Os desafios da gestão em um mundo complexo, incerto e turbulento apontam para a necessidade de construir sistemas intraorganizacionais antifrágeis, que melhorem seu desempenho diante das exigências a serem enfrentadas. Essa construção passa por um manejo das questões culturais discutidas ao longo dos textos apresentados neste livro. A busca por arranjos organizacionais baseados em confiança, pertença coletiva e cooperação é fundamental para que as empresas possam dar respostas cada vez mais eficientes aos desafios da complexidade ambiental. No entanto, o que mais se tem observado nas empresas brasileiras é uma conjunção nefasta entre o sistema de compadrio, patronagem e distribuição de benesses aos satélites que orbitam ao redor da constelação dos altos executivos. Esse é um dos principais impasses culturais que as organizações brasileiras encontram diante do desafio da complexidade e da inovação. Ao sequestrarem valor do potencial individual, criando um sistema disfuncional de repartição de pequenas vantagens subordinado aos interesses espúrios dos gestores, tais arranjos organizacionais não apenas atrasam as respostas às pressões do ambiente VICA, mas também extraem valor do potencial coletivo de entrega de resultados. A lógica estanque dos silos organizacionais é um exemplo de como *o todo pode ser menor do que a soma das partes*. A extração de valor que essa lógica instaura gera respostas organizacionais ineficientes, além de drenar a energia dos gestores na busca de saídas que reforcem os laços de colaboração e cooperação.

Urge a superação desses entraves culturais se quisermos produzir arranjos organizacionais antifrágeis. Caso contrário, o ambiente VICA continuará sendo visto pelos executivos como algo cuja natureza é essencialmente negativa. Ser antifrágil é encarar esses desafios com o devido respeito e prudência, mas também como propulsores de novas oportunidades de melhoria e de robustez organizacional.

Referências

BENNETT, N.; LEMOINE, G. J. What a difference a word makes: understanding threats to performance in a VUCA world. *Business Horizons*, v. 57, n. 3, p. 311-317, maio 2014.

BROWN, T. *Design thinking*. Rio de Janeiro: Campus, 2010.

BUCHANAN, R. Wicked problems in design thinking. *Design Studies*, v. 8, n. 2, p. 5-21, primavera 1992.

CAMILLUS, J. Strategy as wicked problem. *Harvard Business Review*, v. 86, n. 5, maio 2008.

CHAMPY, J.; HAMMER, M. *Reengenharia*: revolucionando a empresa. Rio de Janeiro: Campus, 1993.

CHURCHMAN, C. W. Wicked problems. *Management Science*, v. 14, n. 4, p. B141-B142, 1967.

CONKLIN, J. *Dialogue mapping*: building shared understanding of wicked problems. Nova York: John Willey & Sons, 2006.

_____. Building shared understanding of wicked problems. *Rotman Magazine*, inverno 2009.

DENNETT, D. C. *Darwin's dangerous idea*: evolution and the meanings of life. Nova York: Simon & Schuster, 1996.

DOZ, Y.; KOSONEN, M. *Fast!* Como usar a agilidade estratégica para vencer. Porto Alegre: Bookman, 2008.

_____; _____. Embedding strategic agility: a leadership agenda for accelerating business model renewal. *Long Range Planning*, v. 43, p. 370-382, 2010.

FRANKE, V. Decison-making under uncertainty: using case studies for teaching strategy in complex environments. *Journal of Military and Strategic Studies*, v. 13, n. 2, p. 1-21, inverno 2011.

GALLOWAY, S. *The four*: the hidden DNA of Amazon, Apple, Facebook and Google. Nova York: Portfolio, 2017.

HARARI, Y. N. *Sapiens*: uma breve história da humanidade. Porto Alegre: L&PM, 2015.

_____. *Homo Deus*: uma breve história do amanhã. São Paulo: Companhia das Letras, 2016.

_____. *21 lições para o século 21*. São Paulo: Companhia das Letras, 2018.

KNOPPER, S. *Appetite for self-destruction*: the spectacular crash of the record industry in the digital age. Nova York: Free Press, 2017.

KREUTER, M. W. et al. Understanding wicked problems: a key to advancing environmental health promotion. *Health Education Behaviour*, v. 31, n. 4, p. 441-454, ago. 2004.

LANDES, D. *The unbound Prometheus*: technological change and industrial development in Western Europe from 1750 to the present. Cambridge: Cambridge University Press, 2003.

LIEDTKA, J.; OGILVIE, T. *A magia do design thinking*. São Paulo: HSM, 2015.

LOCATELLI, P. *#VemPraRua*: as revoltas de junho pelo jovem repórter que recebeu passe livre para contar a história do movimento. São Paulo: Companhia das Letras, 2013.

MACK, O.; KHARE, A. Perspectives on VUCA world. In: MACK, O. et al. (Ed.). *Managing in a VUCA World*. Zurique, primavera 2011.

MAGRETTA, J. *What management is*: how it works ad why it's everyone business. Londres: Profile Books, 2013.

MARTIN, R. *Design de negócios*. Rio de Janeiro: Alta Books, 2017.

MICKLETHWAIT, J.; WOOLDRIDGE, A. *Os bruxos da administração*: como entender a Babel dos gurus empresariais. 3. ed. Rio de Janeiro: Campus, 1998.

MILLAR, C. C. J. M.; GROTH, O.; MAHON, J. F. Management innovation in a VUCA world: challenges and recommendations. *California Management Review*, v. 61, n. 1, p. 1-10, outono 2018.

ORTELLADO, P. et al. *Vinte centavos*: a luta contra o aumento. São Paulo: Veneta, 2013.

RAGHURAMAPATRUNI, R.; KOSURI, S. R. The sraits of success in a VUCA world. *IOSR Journal of Business and Management*, v. 1, n. 1, p. 16-22, 2017.

RIES, E. *The lean startup*: how today's entrepreneurs use continuous innovation to create radically successful businesses. Nova York: Crown Business, 2011.

RITTEL, H.; WEBBER, M. M. Dilemmas in a general theory of planning. *Policy Sciences*, n. 4, p. 155-169, 1973.

ROGERS, D. L. *Transformação digital*: repensado o seu negócio para a era digital. São Paulo: Autêntica Business, 2017.

SCHUMPETER, J. A. *Capitalism, socialism and democracy*. Nova York: Harper Perennial, 2008 [1942].

STECHER, N. Mercedes-Benz's plan for surviving the auto revolution. *Wired*, 30 abr. 2018. Disponível em: <www.wired.com/story/daimler-mercedes-case-wilko-stark-interview/?CNDID=30221171&mbid=nl_043018_daily_list1_p2\>. Acesso em: 1 maio 2018.

STONE, B. *As upstarts*: como o Uber, o Airbnb e as *killer companies* do novo Vale do Silício estão mudando o mundo. Rio de Janeiro: Intrínseca, 2017.

TALEB, N. N. *A lógica do cisne negro*: o impacto do altamente improvável. São Paulo: Best Business, 2008.

_____. *Antifrágil*: coisas que se beneficiam com o caos. São Paulo: Best Business, 2013.

TSEITLIN, A. The antifragile organization. *Communications of the ACM*, v. 56, n. 8, p. 40-44, ago. 2013.

VISACRO, A. *Guerra irregular*: terrorismo, guerrilha e movimentos de resistência ao longo da história. São Paulo: Contexto, 2009.

_____. *A guerra na era da informação*. São Paulo: Contexto, 2018.

WITT, S. *Quando a música ficou grátis*: o fim de uma indústria, a virada do século e o paciente zero da pirataria. Rio de Janeiro: Intrínseca, 2015.

Autores

Carmen Pires Migueles (org.)
Professora e pesquisadora sênior da Escola Brasileira de Administração Pública e de Empresas da Fundação Getulio Vargas (FGV Ebape). Coordenadora do Centro de Estudos em Sustentabilidade e Gestão de Excelência (Cesge/FGV Ebape). Doutora em sociologia das organizações e mestre em antropologia do consumo, ambos os títulos pela Universidade de Sophia, em Tóquio. Historiadora. Professora adjunta da McDonough School of Business da Georgetown University para o programa Corporate International Masters (Georgetown University/Esade/FGV, 2013-2015). Professora titular da Fundação Dom Cabral de 2006 a 2010, onde atuou em todos os programas voltados para a alta administração, atualmente professora associada. Foi professora da Universidade Santa Úrsula, do Ibmec e da ESPM. Professora visitante do Departamento de Gestão Internacional da Universidade Otto-von-Guericke, em Magdeburg (Alemanha).

Sócia-fundadora da Symbállein Consultoria. Foi diretora da Praia K. K. Traduções e Publicidade, em Tóquio (1988-1994 e 1997-1998), assessora para assuntos de ciência e tecnologia na Embaixada do Brasil, também em Tóquio (1995-1997), e secretária de Cultura do município de Duque de Caxias (2005-2007). Como consultora da Symbállein, atuou em vários projetos em cultura e gestão de ativos intangíveis e em programas de capacitação de executivos em organizações públicas e privadas. Autora dos livros: *Pesquisa: por que administradores precisam entender disso?* (E-papers, 2004); *Antropologia do consumo: casos brasileiros* (org.; FGV Ed., 2007); *Responsabilidade cultural* (Symbállein, s.d.). Coautora de *Criando o hábito da excelência* (Qualitymark, 2007);

Liderança baseada em valores (Elsevier, 2009); *A ponta da lança* (Elsevier, 2014); *Excelência em gestão pública* (Alta Books, 2015); *Gestão integrada de ativos intangíveis* (Saraiva, 2016).

Marco Tulio Fundão Zanini (org.)

Professor e pesquisador sênior da Escola Brasileira de Administração Pública e de Empresas da Fundação Getulio Vargas (FGV Ebape). Coordenador adjunto do Centro de Estudos em Sustentabilidade e Gestão de Excelência (Cesge/FGV Ebape). Doutor em *management* pela Universidade Otto-von-Guericke, em Magdeburg (Alemanha), e mestre pela FGV Ebape. Ocupou cargos de gestão e coordenação acadêmica de programas nacionais e internacionais, como: *program director* do Corporate International Masters (Georgetown University/ Esade/FGV, 2011-2016); *program director* do International Master Programs for Executives: Global MBA (University of Manchester/FGV, 2017-2018); coordenador do Mestrado em Gestão Empresarial da FGV Ebape entre 2010 e 2014; professor adjunto da McDonough School of Business da Georgetown University para o programa Corporate International Masters (2013-2015); professor titular da Fundação Dom Cabral de 2006 a 2010, onde atuou em todos os programas voltados para a alta administração, atualmente professor convidado.

Sócio-fundador da Symbállein Consultoria. Colunista do jornal *Valor Econômico* desde 2010. Entre 1994 e 2002, ocupou cargos executivos em grandes empresas nacionais e multinacionais, como Häfele GmbH, Telecom Itália, Embratel e Telefónica. Atualmente trabalha como consultor no Brasil e no exterior. Publicou, como autor e organizador, os livros no Brasil: *Confiança: o principal ativo intangível de uma empresa* (FGV Ed., 2007); *Gestão integrada de ativos intangíveis* (Saraiva, 2009); *Excelência em gestão pública* (Alta Books, 2015); *A ponta da lança* (Elsevier, 2014); *Liderança baseada em valores* (Elsevier, 2009). Na Alemanha, publicou *Trust within organizations of the new economy: a cross industrial study* (Deutscher Universitätsverlag, 2007).

José Roberto Vieira de Resende
Mestre em gestão empresarial pela Escola Brasileira de Administração Pública e de Empresas da Fundação Getulio Vargas (FGV Ebape). Economista formado pela Universidade Federal do Rio de Janeiro (UFRJ). Trabalha no BNDES, exercendo a função de assessor, na área de estruturação de empresas e desestatização. É responsável por acompanhar, no âmbito dos governos federal e estaduais, a estruturação de projetos de privatização, gestão de ativos imobiliários e ofertas públicas de valores mobiliários. Anteriormente, participou da estruturação financeira de grandes projetos de infraestrutura urbana, como arenas para a Copa do Mundo 2014, Linha 4 do Metrô do Rio de Janeiro e Olimpíadas Rio 2016. É membro do Conselho Consultivo da Gamboa Ação, uma entidade sem fins lucrativos que incentiva o desenvolvimento humano integrado de crianças e adolescentes em estado de vulnerabilidade familiar e social.

Grace Aparecida de Oliveira Melo
Mestre em gestão empresarial pela Escola Brasileira de Administração Pública e de Empresas da Fundação Getulio Vargas (FGV Ebape). Pós-graduada em marketing pela Pontifícia Universidade Católica do Rio de Janeiro (PUC-Rio). Administradora de empresas pela Universidade do Estado do Rio de Janeiro (Uerj). Tem mais de 20 anos de experiência corporativa, atuando na liderança de diferentes áreas.

Alexandra de Lauro Paiva
Mestre em gestão empresarial pela Escola Brasileira de Administração Pública e de Empresas da Fundação Getulio Vargas (FGV Ebape). Pós-graduada em contabilidade pela Curtin Austrália, com MBA em gestão empresarial pela FGV. Graduada em engenharia química pela Universidade do Estado do Rio de Janeiro (Uerj). Possui registro contábil pelo CPA Austrália e Cima Reino Unido, com mais de 20 anos de experiência em empresas multinacionais de grande porte no Brasil e no exterior, nas áreas de engenharia, operações, estratégia,

controladoria, planejamento e análise financeira (FP&A), finanças, contabilidade e suprimentos. Professora convidada pela FGV nos cursos de pós-graduação e MBA.

José Mauro Gonçalves Nunes
Professor colaborador da Escola Brasileira de Administração Pública e de Empresas da Fundação Getulio Vargas (FGV Ebape), lecionando nos programas de Mestrado Executivo em Gestão Empresarial (MEX), Masters in Management (MiM), graduação em administração e nos programas de MBA e de Estudos Avançados do Instituto de Desenvolvimento Empresarial (IDE/FGV Management). Professor adjunto do Instituto Multidisciplinar de Formação Humana com Tecnologias (IFHT) da Universidade do Estado do Rio de Janeiro (Uerj) e pesquisador do Laboratório de Políticas Públicas do Design (DPLab). Doutor em psicologia pela Pontifícia Universidade Católica do Rio de Janeiro (PUC-Rio) e psicólogo pela Universidade Federal do Rio de Janeiro (UFRJ). Consultor Associado da Symbállein Consulting Company na área de marketing. Sócio-diretor da Pragma Consultoria e Treinamento. Coautor dos livros: *Comportamento do consumidor e pesquisa de mercado* (FGV Ed., 2004); *Design & desenvolvimento: 40 anos depois* (Blucher, 2015); *Linguagem e cognição* (LTC, 2006).

Este livro foi impresso nas oficinas gráficas da Editora Vozes Ltda.,
Rua Frei Luís, 100 – Petrópolis, RJ.